JN111257

新版 コミュニケーション・スタディーズ

渡辺 潤 監修

世界思想社

序

「コミュニケーション」について学びたいという学生が増えています。その理由を聞くと大半が、「コミュニケーション能力」を身につけたいからとこたえます。実際、企業が求める人材として、「コミュニケーション能力」のある人という条件や希望をあげるところが少なくないようです。ですから、大学生にとっては切実な課題だと言えるでしょう。

しかし、「コミュニケーション能力」とはいったい何なのでしょうか。人と仲良くすること、人を説得すること、あるいは議論で相手に勝つことなど、答えはいろいろあるでしょう。それは話すことであり、聞くことであり、書くことでも読むことでもあります。あるいは見る、見せる、見られるといった行為でもあります。さらに、こういった「コミュニケーション」は面と向かいあってするばかりでなく、多様な「メディア」を使ってもおこないます。そうすると、当然、「コミュニケーション能力」には、「メディア」を使いこなす力や技術も含まれてきます。

だとすると、「コミュニケーション能力」があるとは、このようなことすべてに秀でた人をさすのでしょうか。そうであれば、能力があると認められる人は、きわめてかぎられた人ということになってしまいます。そうではなく、「コミュニケーション能力」とはさまざまな仕事や人間関係のなかで、それぞれに求められる個別の力であるはずです。

商品をセールスする営業マンと新聞や雑誌に記事を書く記者では、求められる能力は大きくちがいます。子どもに勉強を教える人、老人を介護する人、店でお客の応対をする人など、人と直接かかわる仕事は、たくさんあります。あるいは、芝居を演じる役者や歌を歌う歌手、人を笑わせる芸人など、エンターテインメントや芸術にも、「コミュニケーション能

力」は、不可欠です。
ですから、「コミュニケーション能力」を身につけたいと思うのなら、いったいどんな能力なのかを見定めたうえで、実践的な形での勉強や練習に励むことが必要です。

もっともこの本は、「コミュニケーション能力」を実践的に身につけることを目的にしたものではありません。そうではなく、日頃、ほとんど自覚なしに「自然」に振るまっている自分の行動を、「コミュニケーション」という視点に絞って見つめなおしてみることを、一番大きなテーマにしています。
知っている人に会ったら挨拶をします。その上手なやり方は実践的に学ぶことですが、ここで考えたいのは、「なぜ人は会うたびに挨拶をするのだろう」という疑問です。「そんなこと当たりまえだ」と思うかもしれませんが、知っている人でも挨拶がしづらかったり、ときにはしたくないと思ったりすることが誰にでもあるはずです。そのことを「なぜ」と考えてみる。それは「コミュニケーション」を自覚的にして、自分の行動を客観的に見なおすきっかけになるでしょう。
「コミュニケーション」は英語です。しかし、なぜ日本語に翻訳されずに、原語のままで使われてきたのでしょうか。それは何より、ピタッと適合する日本語がなかったからで、その意味では、「コミュニケーション」には、伝統的に日本人がしてきたのとは異なるやりとりや人間関係の仕方があるということになります。そのことを「コミュニケーション」ということばを点検して、探しだしてみましょう。
「コミュニケーション」(communication) は com (共に) を意味する接頭辞と municate (有する) の結合したことばです。「共有」するために「伝え」たり、「かかわる」行為が「コミュニケーション」の意味になりましたが、「共有」した状態については「コミュニティ」(community) ということばが使われます。ですから、「コミュニケーション」について考えようと思えば、「コミュニティ」について考える必要が出てきます。詳細は本文に譲りますので、ここでは、ふたつの関係を考えることが、英語を母語とする国の人たちには重要であるのに対して、日本では、それぞれ別々に扱われて、「コミュニケーション」だけが身近なものになっていることを指摘しておきます。「コミュニケーション」と「コミュニティ」を関連したものとして理解していないことが、日本人にとっての「コミュニケーション」の特徴と問題点を解明するひとつの糸口になると言えるかもしれません。

comという接頭辞がつくことばは他にもたくさんあります。たとえば、「会社」(com-pany)はパンを一緒に食べることが原義で、そこから一緒に働く場になりましたし、「戦争」(com-bat)は共に戦うこと、「競争する」(com-pete)は共に求めること、「比較する」(com-pare)は共に置くこと、そして「同情」(com-passion)は共に思うことが原義です。

どのことばも「コミュニケーション」に関係することばだと言ったら、意外に思うかもしれません。「戦争」は「コミュニケーション」が失敗に終わったためにおこるものだと考えるのが普通だからです。しかし、理解しあったり、仲良くしたりすることだけが「コミュニケーション」ではありません。「共に」何かをすることを意味するcomが含まれることばには、それが何であれ、「コミュニケーション」の要素があると考えた方が、「コミュニケーション」をより深く、そして広く理解することができるでしょう。

競争したり喧嘩をしたりするのは間違いなく「コミュニケーション」そのものです。そうすると、そうならないように仲良くすることとのあいだには、どんな違いがあるのでしょうか。あるいは、「遊び」として競いあうことは「マジ」で競うこととどう違うのでしょうか。私たちには表面上仲良く、和やかにつきあう関係を持続させながら、同時に、そこに競争心や優劣の感情を自覚したり、不信感や嫌悪感を持つことがあります。「ホンネ」と「タテマエ」の違いとしてよく話題になることです。喜怒哀楽といった感情は、ときに応じて

自然発生的に自分のなかに湧きあがるものです。しかし、人間関係においては、それをそのまま表出することを控える場合が少なくありません。抑えることが必要な場合もあれば、ないのにわざわざあるかのように見せかけなければ、と思うこともあるでしょう。

「コミュニケーション」を微妙で複雑でむずかしいことだと感じさせる理由がここにあります。「コミュニケーション」を理解するのは簡単なことではないと言えるかもしれません。普段何気なくしていることを、その無意識におこなう部分にまで入りこんで見つめなおしたり、仕組みや構造を解きあかすためには、それなりの努力と好奇心が必要だからです。あるいは今の自分のことを知るためには、時間（歴史）や空間（世界）をこえて知識を身につけることと、それにもとづく認識が必要でしょう。

この本は「コミュニケーション」について、大きく４つのテーマに分けて構成されています。それぞれの Part は７つの章とひとつの補論でできていて、全体は 28 の章と４つの補論で成りたっています。大学で１年かけて勉強するための教科書や参考書という性格づけをしたからです。ですから、内容の構成も、順序にしたがって勉強していくことを想定していますし、各章ごとにエクササイズをつけて、自覚的に学習してもらうようにもしました。

ただし、関連する事項や問題は Part をこえてあちこちに散在してもいますから、そのことを見つけやすくするために、側注に関連する章を指示することにしました。また、考えるうえで重要な概念やそれを提示した人物、参考文献なども側注に載せています。自分にとって関心のあるテーマであれば、紹介した参考文献を探して読むことが必要になるでしょう。

この本は「コミュニケーション」についてはじめて自覚的に考え、勉強する人たちを読者に想定してつくられています。けれどもまた、ここを出発点にして、さまざまな方向に興味や関心の目が向けられるようにも工夫したつもりです。

目　次

Part 1：コミュニケーションを考えるための基礎

1. 結合と分離
2. 対面、傍観、覗き
3. アイデンティティ
4. 自己と他者
5. 行為と演技
6. 関係と距離
7. 嘘と秘密

補　論

1. 結合と分離

コミュニケーションとアイデンティティ

コミュニケーションとは人と人が結びつくこと、かかわること、交わることを意味します。現代の社会では、その必要性を認識しない人はいないと言えるかもしれません。いつでも誰かと一緒にいたい、自分の気持ちをわかってくれる人がいて欲しい、せめて誰かとつながっていると確認したい。そう思う人は少なくないはずです。人はひとりでは生きられない。だから、いつでも誰かと関係しあう必要があるのです。その意味で、「コミュニケーション」は、人間という生き物にとって本質的なものだと言えますが、それはまた、現代の社会で人びとが何よりも大事だと思う行為のひとつでもあります。なぜでしょうか。

人間はその歴史のほとんどを、生まれてから死ぬまで、同じ人たちと関係しあって生きてきました。しかし、現代は違います。そのような生き方が大きく変容したことは、「近代化」ということばで説明されます。たとえばフェルディナント・テンニースの「ゲマインシャフト」と「ゲゼルシャフト」といった概念は、近代化以前と以後の、人間のつくる集団や社会の特徴の違いを比較したものです。簡単に言えば地縁や血縁のように生得的な関係にもとづくもの（ゲマインシャフト）と、個人が選択してつくる後天的な関係（ゲゼルシャフト）の違いです。

テンニエス『ゲマインシャフトとゲゼルシャフト——純粋社会学の基礎概念』杉之原寿一訳、岩波文庫、1957年。

近代化は、一人ひとりの生き方に「自由」をもたらしました。どこに住んで、何の仕事をして、誰とつきあい、どんな生き方をするか。少なくとも名目上は、それらは個人が選択できるものに変わりました。しかし、自分の意思で、主体的に生きるためには、確固とした「私」という意識、つまり「アイデンティティ」（identity）が必要になります。それが確定できなければ、あるいは他者から強制されたのでは、思

「コミュニティ」←
「都会と田舎」
「アイデンティティ」

うような人生はおくれません。

近代化を遂げた社会に生きる人間は、各自が自由な個人として生きながら、他者とかかわり、集団をつくることを理想とするようになりました。「コミュニケーション」への注目は、まさにこのような社会の変容に原因があります。その意味では「コミュニケーション」は、「アイデンティティ」を自覚した人びとが、それではばらばらになってしまうと気づいたときに注目されはじめたことばだと言うことができるでしょう。

橋と扉

このように、「アイデンティティ」は自分と他人の違いを明確にするものですし、「コミュニケーション」は逆に、自己と他者を結びつけるためにするものです。その正反対のものに人はどう対応し、どう扱うのか。そのことをゲオルグ・ジンメルが「橋」「扉」「窓」などのメタファーを使って説明しています。

一本の川が流れているとき、私たちは、それによって両岸が分離されていると考えます。本来なら対岸で暮らす人たちとのあいだに生まれたはずの関係が、川が障害になって分断されている。そう考えたからこそ、人は船を利用したり、「橋」を架けようと思ったのです。

ジンメルはまた、家を「アイデンティティ」にたとえます。家は生活をするために欠かせないものですが、それは雨露をしのぎ、暑さや寒さを和らげるためにあるばかりでなく、広い世界から切りとった自分の世界、他者のものではない自分だけの場所をつくる行為でもあります。四方を壁で囲み屋根をつけるのは、まさにかぎりない空間に、ひとつの閉ざされた世界をつくることなのです。

もちろん、人は自分の家にばかり閉じこもってはいません。たえず、外の世界や、人びととのつながりを確認します。ジンメルは、その機能を「扉」と「窓」を使って説明していま

ゲオルグ・ジンメル
Georg Simmel
1858–1918

M. ウェーバー、E. デュルケムと並び、社会学を確立させたひとりと言われる。代表作に『貨幣の哲学』『社会学の根本問題』などがある。
「橋と扉」『ジンメル・エッセイ集』川村二郎編訳、平凡社、1999 年。

す。扉は開け閉めをして、そこから出たり入ったりするところです。自分はもちろん、他人を家に招きいれるときにも、扉からです。このように、扉は閉じた世界を外に向かって開くものですが、であるだけに、いつも閉まって開かない場合には、かえって壁よりもいっそうの隔離を感じさせることになります。

他方で窓はというと、それはガラスなどで透明にすることによって、内と外を分断する壁の役割を否定するものです。これも家という閉じた世界を外に向かって開くもののように思えますが、通常、窓を通して外から中を覗くことはむずかしいと言えるでしょう。日中は明るい外から窓の中はよく見えませんし、夜になればカーテンや雨戸でさえぎられます。何より、他人が窓の外から中を覗きこむのは失礼なこととされていますし、場合によっては犯罪にすらなります。このような意味で、窓はあくまで、内から外を見るもの、内部にいる人にとって、外の世界との結びつきを確認させるものだということになります。

このような説明をしながら、ジンメルは、結びついているという自覚が分離を前提にし、逆に分離されているという認識には、結びついているのが本来の姿だとする考えがあると言います。このことはそのまま、「コミュニケーション」と「アイデンティティ」の関係に当てはまります。

コミュニケーションとディスコミュニケーション

視点をコミュニケーションという行為そのものに移しましょう。コミュニケーションが成立するのは、おたがいに知りあいであるとか、他人同士であっても必要のある場合です。もちろん友だちでも、喧嘩をしていれば、たがいに知らん顔ということもあるでしょう。本来ならコミュニケーションがあるはずなのにおこらない状態をさして、その否定語として「ディスコミュニケーション」ということばがあり、「ディスコミ」と略して使われることもあります。当然、この否定

鶴見俊輔
1922-2015
日本において「コミュニケーション」を「ディスコミュニケーション」との関係でとらえることの必要性を最初に説いたのは、鶴見俊輔だろう。
伝わらないこと、伝えないことの必要性、十分に伝わるためにはその範囲の限定や関係の特定が必要なことなどを指摘した。その発想は、人びとの日常的な関係からジャーナリズムにいたる彼の分析に通底している。
「二人の哲学者――デューイの場合と菅季治の場合」『鶴見俊輔集 2』筑摩書房、1991 年。
黒川創『鶴見俊輔伝』新潮社、2018 年。

語が意味するのは、あってはならない状態で、関係の修復に向かうべきものということになります。しかし、現実には、コミュニケーションとディスコミュニケーションの関係は、それほど単純なものではありません。

→「関係と距離」

今、目の前にいる他者とコミュニケーションをしているとします。そのために必要なのは、まずことばです。ことば、それも相手と共通のことばを使えなければ、コミュニケーションは、きわめてむずかしいものになります。しかし、コミュニケーションは、ことばさえあればうまくいくというものではありません。

たとえば、私たちは話しながらたがいに相手を目で観察しあいます。それによって相手の表情や仕草、あるいはその他のさまざまな行動に注意を向けますし、相手の服装などにも関心を持ちます。かわすことばに注意を向けながら、同時に、私たちは、その他の面にも意識をめぐらしているのです。しかも、私が相手を観察して見ることは、それ自体がひとつの表出行為となって、相手に受けとられてしまいます。見るという行為が同時に、見ているというひとつの表現になる。目の前にいる相手とコミュニケーションをしているときに、その向けたり向けられたりする視線を強く意識するのはこのためです。

→「顔とからだ」

その意味では、コミュニケーションは、たがいに感じていることや考えていることをそのまま表現しあったからといって、うまくいくものではないということになります。相手の視線を意識すれば、話していることと表情の一致を自覚しなければなりません。それはまた使うことばそのものにおいても同様で、思うことをはっきり、直接、口にしたのでは、相手が不快に思ったり傷ついたりしかねないことにもなります。つまり、正直であることが、必ずしも、人間関係やコミュニケーションにとって万能であるわけではないのですが、私たちはそのことを、すでに十分に承知しているはずです。だから遠回しに、婉曲的に表現したり、ときには嘘をついたりも

「自己と他者」←
「嘘と秘密」

するわけですし、相手が過度に緊張したりしないように、視線の向けどころを意識したりもするのです。

要するに、相手といい関係をつくるためには、100パーセントの結合だとはかぎらず、ときには何かを隠したり、偽ったりして分離させる必要があるということです。コミュニケーションには必ず、ディスコミュニケーションの側面がともないます。そういったやりとりを社会学では、自然にする「行為」とは性質の異なる、もっと演技的な色彩の濃いものとして扱っています。コミュニケーションの難しさは、まさにここにあると思いますが、逆にまたそれがおもしろさの根拠にもなっているのです。

「行為と演技」←

メディア、その結合と分離

ジンメルが橋や扉、そして窓という比喩で説明したものは、そのままメディアに置きかえて考えることができます。メディアの語源は「メディウム」（medium）で、中間とか仲立ちを意味します。メディアはその複数形ですが、コミュニケーションを仲立ちして可能にさせるものと言えるでしょう。

私たちがコミュニケーションで使うメディアには、まずことばがあります。それは口を使って話されるものですが、そこには同時に、声の調子や顔の表情、さらには仕草や身振りがともないます。そしてことばは文字として書かれて使われます。同じことばでも、話されたものと書かれたものには大きな違いが見られます。人間を「記号を使う動物」（animal symbolicum）と定義することがあります。その意味でも、ことばや文字の発明は、人間関係やコミュニケーションの仕方はもちろん、社会全体のあり方にとって、きわめて本質的で大きな影響を与えたのだと思います。

「話すことと書くこと」←

さらに現在では、自分の声や書いたもの、あるいは描いたり写したものを遠くに届け、逆に誰かのものを受けとるための、さまざまなメディアがつくられ普及しました。マーシャル・マクルーハンは、それらを人間の知覚能力を拡張するものと考えました。つまり電話やラジオは耳の、写真は目の、そして映画やテレビは目と耳の能力を拡張させる道具だというわけです。たしかに、こういったメディアの登場によって、私たちが新たに手にした能力は少なくありません。しかもそれらの多くは、すでに私たちの目や耳、あるいは口や手そのものと一体化して、なくてはならないもののようになっています。

しかしまた、メディアによる能力の拡張には、逆の側面、つまり能力の縮小がともなうことも指摘しておかなければなりません。ケネス・バークは「人間の定義」のなかで「自分自身がつくった道具によって本来の自然状態から隔離されているのが人間である」と言っています。彼はそれをことばについて説明して、ことばはことば以前に存在する世界を、人間に認識しやすくさせたが、それによって、ことばに盛りこまれない部分を見失いがちにしたと言っています。コミュニケーションのためのひとつの道具は、新たな結合を可能にするだけでなく、それによって必ず、それまで結合していた何かを分離させてしまうというわけです。

このことは、道具的なメディアが持つ性格にも当てはまります。けれども逆に、文字だけ、音だけ、映像だけといった機能の限定が、新たなコミュニケーションの世界を作りだして、それがひとつのメディア特性になるとも言えます。そのような指摘は、やはりマクルーハンが最初で、彼はそのことを「メディアはメッセージ」と簡単明瞭に表現しました。つまり、コミュニケーションのなかで伝えようとするメッセージは固定したものではなく、使うメディアによって、伝わる意味がかわってしまうという指摘です。

彼はその例として、ジョン・F. ケネディとリチャード・ニクソンが争った1959年のアメリカの大統領選挙の討論会での、ラジオの聴取者とテレビの視聴者の反応の違いをあげています。映像がともなうテレビでは、討論の内容がふたりの候補者の外見的特徴や話す際の表情や仕草によって、ラジ

H. マーシャル・マクルーハン
H. Marshall McLuhan
1911-1980

メディア論の草分け的存在。メディアの特質やメディアがもたらす人間や社会の変容についての洞察の確かさは、現在の現実を見ればあきらかである。

『メディア論――人間の拡張の諸相』栗原裕・河本仲聖訳、みすず書房、1987年。

→「メディア」

ケネス・バーク
Kenneth Burke
1897-1993

文芸批評家だが、その「ドラマティズム」という分析手法は、人間の行動を分析する社会学者に応用された。E. ゴフマンはその代表的な人である。

「人間の定義」『文学形式の哲学――象徴的行動の研究』森常治訳、国文社、1974年。

オとは違って伝わったというわけです。

私たちには今、このようなメディア特性を利用して、さまざまな人と多様なコミュニケーションをすることが可能になっています。同じ相手でも、直接会うのとスマホで話すのとでは、その内容も、関係自体も変わります。それが文字を使ったやりとりになれば、その違いはいっそう明確ですし、同じ文字とはいっても、手紙とメールのあいだにも、ずいぶん異なる性質が感じとれます。

このような多様なコミュニケーション・ツールの出現は、私たちが持つ人間関係やコミュニケーションの仕方をどのようにかえたのでしょうか。あるいは、私たちが自覚する「アイデンティティ」への影響はどうでしょうか。こういったことを考えるために、まず、コミュニケーションや人間関係を「分離」と「結合」、「コミュニケーション」と「ディスコミュニケーション」という視点で見つめなおすのは、きわめて有効なことだと思います。

マクルーハンと映画
ウッディ・アレンが監督・主演した映画『アニー・ホール』には、マクルーハンが登場するシーンがある。映画館の入り口に並ぶ行列で、後ろからマクルーハンの理論を得意げに話す客に腹を立てた主人公が、本人を呼んで間違いを訂正させるのである。

「スマホとネット」←

エクササイズ

＊「橋」以外に、「分離」と「結合」という視点、あるいは「コミュニケーション」と「ディスコミュニケーション」という角度で、観察し、分析できるものを探して、自分なりに考えてみましょう。たとえば自動車はどうでしょうか。

＊テレビは社会の窓だと言われます。その理由を「窓」の特性を考慮しながら考えてください。

2. 対面、傍観、覗き

コミュニケーションの形はひとつではない

人びとがするコミュニケーションの基本は、対面的な形でおこなわれます。顔と顔をつきあわすことはもちろんですが、遠く離れた相手と、電話で話す場合も同じです。しかし、私たちがするコミュニケーションは、この形式にかぎりません。たとえば、談笑する人びとの輪のなかにいても、自分では何も発言せずに、聞き役にとどまる人がいたとします。彼（彼女）はコミュニケーションに参加しているのでしょうか。あるいは、カフェでたまたま隣りの席に座った人たちの話が聞こえてきて、その中身に耳を傾けてしまったというのはどうでしょうか。そのとき、おたがいのあいだには衝立があって、隣りの人が自分の存在に気づかなかった場合はどうでしょうか。

これらをすべて、何らかのコミュニケーションだと考えると、相手と直接向きあう以外に多様な形態があることがわかります。街中で見知らぬ人とすれ違うとき、私たちは、その人がどんな人かを観察して、身につけているものから趣味やセンスの良さを品定めしたり、危険かどうかを判断したり、ぶつからないように脇に寄ったりという行動をとります。しかし、そこで大事なのは、あくまで、おたがいが無関係の人間でいつづけることなのです。アーヴィング・ゴフマンはそのような行為を「儀礼的無関心」(civil inattention）と名づけました。街中で大勢の人とすれ違うことを見れば、私たちが一日のうちにするコミュニケーションの大半は、これだと言ってもいいかもしれません。

E. ゴッフマン『ゴッフマンの社会学4　集まりの構造——新しい日常行動論を求めて』丸木恵祐・本名信行訳、誠信書房、1980年。
→「行為と演技」

文学の形式、声から文字へ

このような日常的なコミュニケーションの形を明確にするために、ここではまず、声と文字の文化的違いを分析したウォルター・J. オングや、文学の形式の変遷に注目した外山滋比古の指摘を参考にしてみましょう。私たちは今、小説や詩を印刷された文字で読んでいます。しかし、それは、印刷術の発明以後に普及したごく新しい形式にすぎません。

文学には長い歴史があります。物語にしても詩にしても、その大半は、作者によって目の前にいる聞き手に直接語られ、またそれを記憶した人によって、別の聞き手に語りつがれてきました。語り手が話す物語は、いつでも話し手と聞き手の両方を包みこむ独特の世界を作りだしました。つまり、聞き手は、単にひとつの物語を聞いているのではなく、その物語が今ここでおこっていて、それに参加している気にさせられたのです。オングはそれを「共有された「魂」にすっぽりくるまれた」感覚と言っています。

ところが、紙が発明され、文字を使ってそこに記録されるようになると、物語は話し手が記憶を呼びおこして再現するものから、書かれたものを聞き手に読んで聞かせるものに変化しました。「話す＝聞く」という関係は変わりませんが、物語そのものは聞き手にとって、話し手のなかにではなく、あくまで、話し手が読む本に書かれたものになったのです。外山はそこに聞き手と物語の関係の変化を見て、その特徴を「傍観」と名づけました。傍観者はひとつの出来事を目の当たりにしても、そこに参加するわけではありません。もちろん、語り手の口調や身振りによって、再現される物語の印象には違いが生まれます。しかし、物語はすでに本のなかに書かれているわけですから、物語そのものは、聞き手の反応によって大きく変わるものではなくなりました。

読書は最初、声を出しておこなわれました。と言うより、オングは書くという行為自体が、最初は声をともなっていたはずだと言います。それが黙読にかわったのは、書籍が印刷術によって多くの部数発行されるようになったこと、文字の読み書き能力（literacy）を多くの人が習得したことなどに原因があります。音読にはまだ、ことばを声に出すことで人び

ウォルター・J. オング
Walter J. Ong
1912-2003
英語学や古典研究を専門にして、ルネッサンスや宗教改革と文学、そして哲学の関係を分析した。その際に彼が最も注目したのが、ことばとその表現手段、つまりメディアが与えた影響である。
『声の文化と文字の文化』桜井直文・林正寛・糟谷啓介訳、藤原書店、1991年。

外山滋比古
1923-2020
文学における読者の意味、読者と作者や作品との関係に注目した。多数の著書があるが、『思考の整理学』が初版発行から 20 年以上も経って 100 万部をこえるベストセラーになった。
『外山滋比古著作集 2 近代読者論』みすず書房、2002 年。
『思考の整理学』ちくま文庫、1986 年。

とのあいだに生まれる共有的な一体感がありましたが、ひとりでする黙読は、集団から離れて、ひとりで考える機会を発展させることになりました。ここには当然、他人とはちがう自分を模索するようになった近代人の特徴が重なります。

→「アイデンティティ」「群集、公衆、大衆」

黙読する読者は、その物語とも作者とも、直接コミュニケーションをしているわけではありません。彼(彼女)は作者や物語の登場人物に気づかれずに、その物語を覗き見する位置にいます。読みながら感じることを返すことはできませんが、他方で、思うがままに自由に読みとることができるようになりました。主体的に読む近代的読者の誕生というわけです。

→「話すことと書くこと」

タテとヨコのコミュニケーション

同じことは演劇の歴史にも当てはまります。現代の芝居は舞台の上で演じられます。観客は客席から鑑賞するわけですが、舞台と客席はつながっていながら、まったく異なるふたつの世界になります。佐々木健一は、そのふたつの世界には、性質の異なるふたつの関係があると言います。つまり、舞台上で役者同士が演じあう「ヨコのコミュニケーション」と、それを観客たちが鑑賞する「タテのコミュニケーション」です。舞台で役者たちが繰りひろげるのはひとつの物語、つまり虚構の世界です。観客はその世界をいわば立ち聞きや覗きのようにして体験するのですが、役者たちはそのことを意識しません。立ち聞きや覗きという「タテのコミュニケーション」は役者たちにとって存在しない、潜在するものなのですが、その芝居自体は観客に見せることが目的なのです。

佐々木健一
1943-
演劇論のほかに絵画や音楽を美学的に考察する。代表作に『フランスを中心とする18世紀美学史の研究――ヴァトーからモーツァルトへ』や『タイトルの魔力――作品・人名・商品の《なまえ》学』等がある。
『せりふの構造』筑摩書房、1982年。

もちろん、演劇も最初からこのような形式をとったわけではありません。その原初形態は、祭や宴での誰もが参加する歌や踊りだったはずです。そこにやがて、おなじみの出し物が生まれ、演じる者と見る者にわかれ、役者を職業にする者が登場し、常設の芝居小屋ができ、といったプロセスがあって、現在のような演劇の形式が定着したのです。できあがった時代は、やはり近代化と関

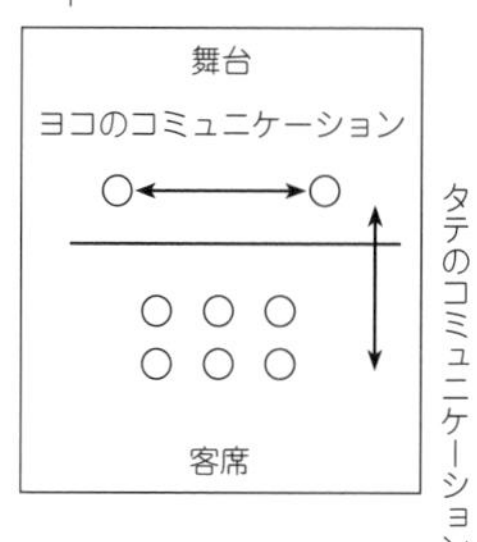

連します。

近代演劇は、物語でありながら、そこに虚構であるゆえに楽しめる娯楽の要素を排除して、真実の世界を再現することを第一の目的にしました。そのためには、観客はいないものとして扱う必要がありました。芝居は本来虚構の世界を作りだすものですから、そこに誇張や嘘があっても何も不都合なことはありません。対面や傍観の段階ならば、演劇のおもしろさは、むしろ、荒唐無稽さにこそあったと言えるでしょう。しかし、それが真実や真理を描きだすもので、それを客観的に経験すべきものだということになると、物語には他人の目や耳を気にしないところで演じる必要が生じたのです。

スクリーンと観客
ミア・ファロー主演の映画『カイロの紫のバラ』では、何度も繰りかえし映画館に来る女性客に気づいた主人公が、スクリーンから彼女に話しかけ、脱出してしまうシーンがある。ウッディ・アレン監督の映画には、ほかにもコミュニケーション論として、おもしろいしかけが溢れている。

このことは、クラシック音楽のコンサートの演奏にも当てはまります。そこでは、指揮者が登場して演奏がはじまったら、聴衆は、拍手やかけ声はもちろん、咳払いも慎まなければなりません。コンサート・ホールは、そこにどれほどの数の聴衆がいようと、演奏者にとっては、聴かせることではなく、定評のある作品をあるべき形に完璧に表現する場となったのです。

「音楽と場」←

とはいえ、演劇も音楽も、すべてがこのような形式で享受されるようになったわけではありません。役者の演技に笑い、泣き、かけ声をかける。あるいはミュージシャンの演奏に手拍子を打ったり、リズムにあわせて踊りだしたりする。こういった形式ももちろん楽しまれ、そのための場もパブやカフェ、それにミュージック・ホールなどが多様に登場しました。あるいはそのような違いは、やはり近代化の過程で登場したさまざまなスポーツにも当てはまります。19世紀のイギリスのロンドンやフランスのパリの話です。ただし、ここには、近代化の過程で生まれた階級の違いと、それにもとづいた高級な芸術や文化と低俗なそれという区別がなされました。

渡辺裕『聴衆の誕生——ポスト・モダン時代の音楽文化』中公文庫、2012年。

井野瀬久美惠『大英帝国はミュージック・ホールから』朝日新聞社、1990年。

「群集、公衆、大衆」←

日本の伝統芸である歌舞伎には、客席に向かって見栄を切る瞬間があって、それが役者にとっては一番の見せ所になっています。客はそれに応えて「音羽屋」とか「成駒屋」といった役者の屋号を呼ぶのですが、ここには近代のヨーロッパの演劇に見られるような、タテとヨコのコミュニケーションといった区別は明確ではありません。また、江戸時代までは、このような芝居小屋では、客席から拍手がおこることはなかったようです。手をたたいて賞賛するという仕草が、明治時代になって欧米から輸入されたものだったからです。

歌舞伎役者と屋号
尾上菊五郎＝音羽屋
市川猿之助＝澤瀉屋
市川團十郎＝成田屋
松本幸四郎＝髙麗屋
中村勘三郎＝中村屋
中村鴈治郎＝成駒屋
中村吉右衛門＝播磨屋
中村錦之助＝萬屋
坂東玉三郎＝大和屋

モノローグとダイアローグ

演劇ではモノローグがよく使われます。それは観客に物語の経緯を説明するためであったり、登場人物の心のなかを理解させるための常套手段だからです。で、そのセリフは、近くにいる登場人物には聞こえなかったりもします。つまり、そのセリフは、舞台の役者同士の「ヨコのコミュニケーション」ではなく、観客に向けた「タテのコミュニケーション」としておこなわれているのです。観客はそれを役者の独り言のように聞くのですが、こういったことばは、現実の場ではあまり経験しないことです。

たとえば、電車に乗っているときに、たまたま乗りあわせた人が不意に独り言を言いはじめたら、ちょっと奇異に感じるでしょう。それは話しことばが基本的には相手を必要とするダイアローグだと考えられているからです。酔っぱらいの独り言ならともかく、しらふであれば、それは何らかの病理現象として受けとられかねません。しかし、芝居では、その意味あいは異なります。

→「行為と演技」
「嘘と秘密」

舞台の上で役者がつぶやく独り言は、何より嘘のない真実のことばというニュアンスをもちます。それは、嘘が他人を必要とするものだからです。あるいは嘘とは言えないまでも、私たちは人前では、儀礼的な行為を意識したり、気どったり、またタテマエを表明して、ある種の演技をおこないます。だからこそ、人の目や耳のないところでする行為には本心やホンネ、あるいは素顔が感じられると思うのです。近代演劇は、その表現上の工夫としてモノローグを活用しますが、それは、

ノベルト・エリアス
Norbert Elias
1897-1990
ユダヤ系ドイツ人の社会学者で、のちにイギリスに亡命。
『文明化の過程』（改装版、上・下）赤井慧爾ほか訳、法政大学出版局、2010年。

「行為と演技」←
「群集、公衆、大衆」

観客を、「覗き」の立場においてはじめて成立することなのです。

とはいえ、近代演劇の特徴はモノローグだけにあるのではありません。役者同士がセリフをやりとりするダイアローグにも、近代になって特徴的になった形式として「議論」があります。議論はことばで相手と競い、どちらの主張や考えが勝っているか、一理あるか、白黒をつけることを目的にします。ノベルト・エリアスは、「議論」と「スポーツ」の共通性を指摘して、どちらも、近代化の過程で生まれた「暴力」を避けるための工夫だったと言っています。つまり、議論はたがいの人格や人間性をやっつけたりするものではなく、スポーツのように、決められたやり方とルールに則ってするゲームのようなものだということです。であれば、勝ち負けが決すれば、後は敵味方の違いはなくなるはずなのです。

「議論」は日本人には苦手な会話のひとつだと言われます。それはエリアスの言うような意味で「議論」を理解していないことに原因があるのかもしれません。「スポーツ」と同じものであれば、同じように技術の習得や精神的な強さを訓練によって身につけることが必要ですが、そういった教育はほとんどなされていないのが現状だと言えるでしょう。ここにはやはり、確固とした「アイデンティティ」を持つことを必ずしも良しとしない国民性、という要因があるようです。

「日本人の人間関係」←

メディアと対面、傍観、覗き

このような、コミュニケーションにおける「対面」「傍観」、そして「覗き」という形式は、もちろん、メディアを介したときにも多様にあらわれます。新しいメディアの登場に感じる驚きや新鮮さは、そんな関係に対するものであったとも言えるでしょう。電話をはじめて使った人は、遠く離れたところにいるはずの相手の声が、すぐ目の前にいる人のそれのように聞こえて驚いたはずです。ラジオから聞こえる声は、遠くにいる大勢の人が同時に聞いているにもかかわらず、人び

マイクロフォンと歌
囁くように歌っても、その声が大勢の人に届く。マイクロフォンのその特性を歌唱法に活かしたのは、ビング・クロスビーだと言われている。そのような歌唱法は、ラジオとレコードの普及によって、ポピュラー音楽の特徴になった。

(↗)

とに、対面している人からの話しかけのように感じられて、それがラジオ番組の制作に大きな影響を与えました。あるいは映画の場合には、現実そっくりの世界が、大きなスクリーンに映しだされたわけですから、はじめて見たときの驚きは、想像を絶するものだったと思われます。それでは、テレビはどうでしょう。映画に比べてテレビの方が、登場する人たちに親近感をもちやすいのはなぜでしょうか。それは、テレビは映画のように、制作者が完全に管理してつくりあげることができないもので、その普段着的な性格や偶然性のおもしろさが魅力になっているからと言うことができそうです。

また、電話で話をするときに、周囲の人を意識するのは、どういう場合でしょうか。もちろん、電車内での通話の禁止というマナーもあります。あるいは、ネットでSNSを楽しむ場合はどうでしょうか。SNSに何かを書きこむときに、自分の名前をあきらかにするのと匿名でするのでは、何がどうちがうのでしょうか。あるいは、読むだけで書きこまない場合はどうでしょうか。

それぞれのメディアに対する人びとの態度は、もちろん、普及する過程でかわってきますし、文化的違いによっても異なるものでしょう。このようにして、さまざまなメディアを見つめなおせば、出てくる疑問は尽きないものになるはずです。

(↘)
とはいえ、そのような技術の多くは、テープレコーダーやステレオ装置など、戦争のために開発されたものである。
細川周平『レコードの美学』勁草書房、1990年。
フリードリヒ・キットラー『グラモフォン・フィルム・タイプライター』（上・下）石光泰夫・石光輝子訳、ちくま学芸文庫、2006年。

SNS
ソーシャル・ネットワーキング・サービス（Social Networking Service）の略。人びとのつながりをサポートするコミュニティ型のサービスでFacebookやTwitter、LINEやInstagramなど多数ある。

→「メディア」
「スマホとネット」
「嘘と秘密」

◆◆

エクササイズ

＊「話を聞く」ことと「書いたものを読む」ことの違いについて、大学の講義と、そこで使われるテキストを例にして考えてみましょう。

＊自分が利用するメディアと「対面」「傍観」「覗き」の形式について、自覚的に考えてみましょう。

3. アイデンティティ

ジョハリの窓（本当の私はどれか）

自分のことは自分が一番知っている。常識的には、誰もがそう感じているでしょう。何しろ、生まれたときから死ぬまで、ずっと自分とつきあっているのですから。どんな近い関係でも、四六時中一緒にいるわけではありませんし、たがいの心のなかを直接覗けるわけでもありません。しかし、本当にそうでしょうか。

心理学者のジョセフ・ラフトと精神科医のハリー・インガムが考案した「ジョハリの窓」には、他人との関係のなかであらわれる４つの自分が整理されています。それによれば、私という存在には、自分と他人の両方が知っている自分のほかに、相手には隠している自分、相手が知っていて自分が気づいていない自分、そして、両者とも気づいていない自分がいます。つまり、他人に隠して秘密にする自分がいる反面、人に指摘されてはじめて気づく自分もいるということですし、今はまだ気づいていないけれども、将来には自覚されるかもしれない未知の自分もいるというわけです。

ジョハリの窓

		自分自身が 知っている	自分自身が 知らない
周囲の人が	知っている	自分もわかっており，他人も知っている自分	自分は気づいていないが，他人が知っている自分
周囲の人が	知らない	自分はわかっているが，他人にはわからない自分	自分も他人も気づいていない自分

これを見ると、自分が自分であることの自覚や確認には、常に他人の存在と、その関係が重要であることがわかります。また、自分という存在が固定したものではなく、たえずかわっていくものだということもわかります。しかし、そもそも自分という存在は、独力で今あるようなものになったわけではありません。

フロイトの「イド」「自我」「超自我」

精神分析学の祖として知られるジークムント・フロイトは、自分を自分と自覚する意識を「自我」と呼び、それが乳児期に親や身近な人たちとのやりとりを通して出来あがると考えました。彼によれば、生まれたばかりの子どもは、いわば欲求の固まりという存在です。お腹がすいた、抱いて欲しい、おしりが汚れたことなどを、いつでも泣いて訴えます。フロイトはその欲求を「イド」(id) と名づけました。この乳児の欲求にこたえるのは育児の基本ですが、いつでも欲求をかなえるわけではありません。甘やかしすぎて過保護になってはいけませんし、即座に対応できるわけではないからです。

育児には躾がともないます。子どもがいくら欲求しても、してはいけないことには応じませんし、ときには叱ることもあるでしょう。あるいは、こうしなさいと命じることもあります。その「禁止」と「命令」は、やがて皮膜のように「イド」を覆って、「イド」の欲求を抑えるようになります。フロイトはその皮膜を「超自我」(super ego) と呼び、いわば抑圧者として自分のなかに入りこんできた他人だと理解しました。もちろん、このふたつの要素だけでは、いつでも対立して、自分のなかで葛藤がおこってしまいます。そこで、そのふたつをうまく管理し、統率する働きが必要になります。フロイトは、それこそが「自我」だと考えました。

通常私たちが自分自身として意識するのはこの「自我」(ego) の部分です。フロイトは「イド」と「超自我」を私たちの心のなかで無意識に働く機能と考えました。たとえば厳しく躾けられて抑えつけられた欲求は、諦めて消えるのではなく、心の奥深くに潜在して蓄積されたり、たとえば夢のように、形を変えて表に発散されたりします。フロイトはそれをさまざまな精神病や奇行の原因と考えました。それは無意識に生じるものですから、当の本人には、その原因や理由はわかりません。精神分析学は、その無意識の部分を解明するために考案された研究方法です。

人はこの世界に生まれて、社会のなかで生きていくためには、自分の欲求を抑えて制度や規範、あるいは習慣や伝統にしたがわなければいけません。それはときに、人の心を苦し

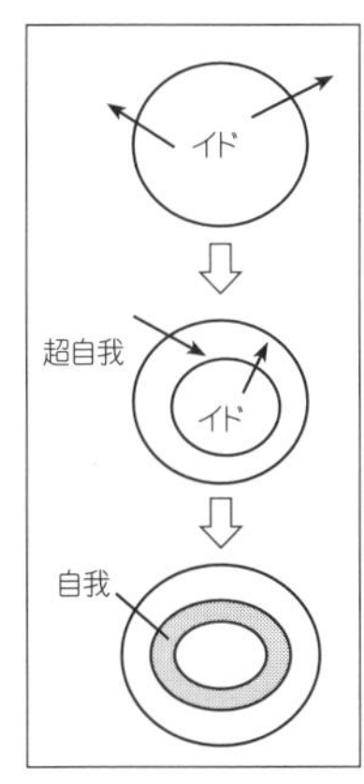

ジークムント・フロイト
Sigmund Freud
1856-1939

フロイトの影響は精神分析学にとどまらない。20 世紀の思想や文化に影響を与えたという意味で、マルクスと並び称されることも多い。性や人間の幸福を考えるうえで欠かせない人である。

『自我論集』竹田青嗣編／中山元訳、ちくま学芸文庫、1996 年。

めますが、フロイトはそこに、人間が作りだした文化や文明の原因を求めました。「快楽原則」ではなく「現実原則」の重要性と、それに自発的にしたがう「理性」をもった人間。それはまさに、近代化のなかで奨励された「近代的な自我」をもった「個人」の姿そのものだと言えるでしょう。

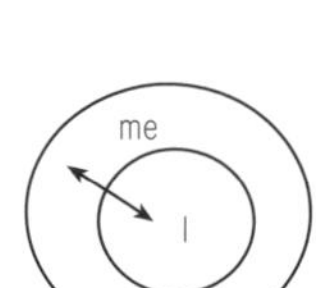

ジョージ・H. ミード
George H. Mead
1863-1931
J. デューイとともにアメリカのプラグマティズムを代表するひとり。その考えの出発点は、個人と社会の発生基盤にコミュニケーションを置くことである。
『精神・自我・社会』〈現代社会学大系 10〉(復刻版)稲葉三千男ほか訳、青木書店、2005 年。

G.H. ミードの「I(主我)」と「me(客我)」

フロイトの人間観は悲観主義的だと言われます。それは、人間がこの世で生きるためにはさまざまな規制や抑圧を受けいれなければならないと考えるからです。しかし、自己と他者の関係には、別の視点でとらえる考え方もあります。

ジョージ・H. ミードは、自分という意識が、他者を積極的に模倣することではじめて、自覚されるようになると考えました。その根拠になるのは、大人たちの言うことや身振り、あるいは表情を、おもしろがってまねる幼児の姿です。繰りかえしまねることで、やがて、それが自らのなかから出ることばや身振りや表情になる。ミードはフロイトとはちがって、親密で重要な他者から受ける影響を肯定的にとらえ、それが内面化されたものを「me(客我)」と呼びました。模倣して身につけたことばや身振り、そして表情には、それぞれ特定の意味があります。ミードはそれを「有意味シンボル」(significant symbol)と名づけました。「有意味シンボル」は、それに即して表現すれば、相手からは意味通りの反応が返ってきます。ですから、模倣するおもしろさは「有意味シンボル」を発見し、自分で理解し、蓄積して、それを他者に向かって応用するところにこそあると言えるのです。

このようにして、私が積極的に取りいれた「有意味シンボル」は、私のなかで「me」として私の一部になっていきます。それは外からやってきたお客さんのような私ですが、これがあってはじめて、それに対して私の内部から反応する自分が自覚されるようになるのです。ミードはそれを「I(主我)」と呼びました。

模倣によって積極的に他者を取りいれるのは、幼児の段階だけではありません。もう少し大きくなれば、子どもたちは戯れることに夢中になります。そこでおこなわれることの多くは「〜ごっこ遊び」ですが、それは、周囲の年長者や大人たちが家庭や近隣、あるいは職場でする行為を役割モデルとして模倣する遊びです。さまざまな役割を「遊び」として演じることで、それらは積極的に自分のなかに取りこまれます。このことは、子どもたちが自発的に遊ぶ仕方を見れば、容易に理解できることでしょう。

→「自己と他者」

子どもの遊びは、やがて、もっと組織的でルールも明確な「ゲーム」の要素が強くなります。たとえば野球やサッカーなどはその好例でしょう。ゲームは敵味方に分かれて勝敗を競うものですが、そこには、やるべきこと、してはいけないことが明確に決められています。そのルールにしたがうことを前提にしなければ、ゲームそのものが成りたちません。また、味方同士のあいだにも、それぞれの役割（守備や攻撃の位置）があって、相互に了解しあって組織的にプレイしなければなりません。「ゲーム」での「プレイ」（遊び）には、冷静で適確な自己管理が要求されるのです。

→「行為と演技」

E. H. エリクソンのアイデンティティ論

私たちが自分を強く意識するのは、大人として認められ、社会のなかで働いたり活動したりする直前の一時期です。それを心理学や社会学では「青年期」と呼びます。エリック・H. エリクソンは、自己の確立を「アイデンティティ」ということばで明確にし、青年期の課題として重視しました。

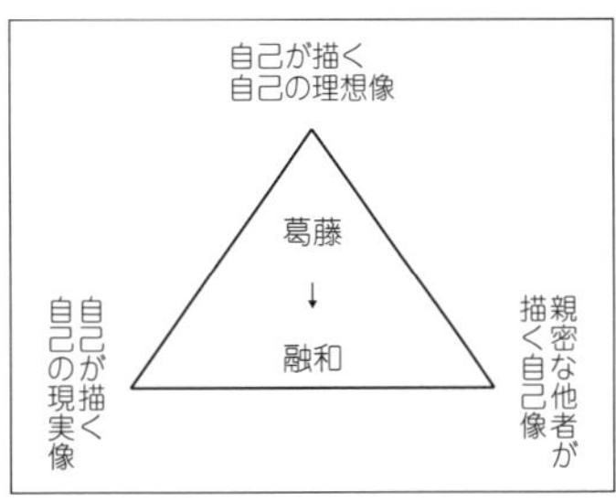

「アイデンティティ」にはまず、自分が将来なりたいと思う「自己が描く自己の理想像」の側面があります。しかしもちろん、「アイデンティティ」はそれだけで出来あがるわけではありません。青年期には誰もが夢を持つ反面で、その実

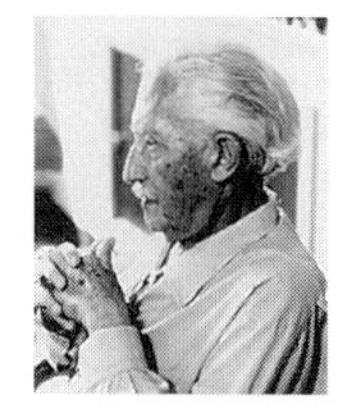

エリック・H. エリクソン
Erik H. Erikson
1902-1994

エリクソンの「アイデンティティ論」を批判したヒューイ・P. ニュートンは、「ブラック・イズ・ビューティフル」と主張した「ブラック・パンサー党」のリーダーだが、彼との論争は『エリクソン VS. ニュートン——アイデンティティーと革命をめぐる討論』に収められている。
『アイデンティティ——青年と危機』（改訂）岩瀬庸理訳、金沢文庫、1982 年。

現可能性について、現実的に判断する能力も必要になります。理想像には必ず「自己が描く自己の現実像」が重ねあわされるのです。また、「アイデンティティ」は自分ひとりで決めるものではなく、親、兄弟姉妹、そして教師など、自分にとって親密な他者の意見も無視できません。そんな「親密な他者が描く自己像」もまた、自分の「アイデンティティ」を確立するうえでは重要な意味を持ちます。ですから「アイデンティティ」の確立には、当然、強い葛藤がおこります。

たがいに葛藤しあう状態から、どういった融和点を見つけだしていくか。エリクソンは、そのような課題について模索する時期を「モラトリアム」と名づけました。もともとは犯罪者の刑の執行を猶予するという意味ですが、ここでは、大人として社会に出て行く前に、自分の「アイデンティティ」を確立するために与えられる時間的猶予として使われます。つまり、子どもとちがって自由に考え行動することが認められるけれども、社会に出て働いたり、大人としての義務を果たしたりしなくてもいい時期ということになります。

それを「青春」ということばに置きかえてもいいでしょう。年齢的には 10 代の後半から 20 代の前半をさしますが、この時期にこのような特徴があらわれたのは、それほど昔のことではありません。エリクソンが念頭に置いたのは、第二次世界大戦後のアメリカで、中産階級の白人家庭に生まれ、高等教育を受けられた人たちだけでした。もっとも英語には「ティーンエージャー」ということばもあります。これは広告会社が新しい市場を開拓できる年齢層として 1950 年代につくったマーケティング用語です。ここでは、エリクソンが想定した「青年期」ほどには人種や階層の違いが考慮されていません。この年代の人たちに向けて売りだされた新しい商品は、たとえばレコードやジーンズなど、人種や階層をこえて大量に消費させることを狙ったものだったからです。

多様なアイデンティティ

エリクソンの「アイデンティティ」は1960年代に若者たちがおこした政治運動や文化的な動きに影響を与えましたが、同時に、人種差別に抗議する黒人たちから白人に限定した概念だとして強い批判を受けました。しかし「アイデンティティ」の自覚は、民族や階級、そして性別などにもおよび、それぞれの立場や特徴を土台にした「アイデンティティ」の重要性が、広く叫ばれるようになりました。

ジグムント・バウマン
Zygmunt Bauman
1925-2017
ユダヤ系ポーランド人。イスラエルやアメリカを経てイギリスに住んだ。近代化をアイデンティティのほかに、コミュニティや貧困、そして消費の側面から分析して、その特徴を「流動化」と定義した。
『アイデンティティ』伊藤茂訳、日本経済評論社、2007年。

アメリカが多様な人種や民族によって構成された国であることは、言うまでもありません。しかし、かつて世界中に植民地を所有していたヨーロッパの国々にも、旧植民地から大勢の人たちが移住して生活するようになりましたし、その後も、紛争地から押し寄せる難民が問題化しました。そんな多人種、多民族の国に生きる人たちにとって、自らの「アイデンティティ」をどう見定め、確立させたらいいのか。こういう問いかけを大人になることの重要な要素として考える人たちは、世界中に数多く存在しています。

ジグムント・バウマンはそんな「アイデンティティ」を「コミュニティ」との関係で考えます。「アイデンティティ」は、親密で固定した人間関係によってつくられた「コミュニティ」が揺らぐときに自覚されますが、それは「コミュニティ」を否定するものではなく、むしろ、消滅しかかっている「コミュニティ」を基盤にして自覚されるものだと言うのです。祖国を離れた人たちが、新しい土地に馴染もうと努めると同時に、自分の存在基盤を捨ててきた「コミュニティ」に求めるのは、移民の実態についての研究が教えてくれることです。日本から海外に移住した人びとの「コミュニティ」に、すでに日本では失われたものが残されていたりするのです。

細川周平『サンバの国に演歌は流れる——音楽にみる日系ブラジル移民史』中公新書、1995年。

→「コミュニティ」

あるいは、性差別の問題についても、それが社会に広く問いかけられるようになりました。「ウーマンリブ」や「フェミニズム」という名でおこされた運動によって多くの差別が指摘され、改善されてきました。女たちが男にしたがうことで自分の人生を生きるのではなく、仕事にしても結婚にしても、自分で決めることが当たりまえになって、男女の関係にはずいぶん大きな変化がおきたと言えます。

性別について言えば、そもそも男と女の違いが、生まれたときにどちらかに決定されて変更がきかないことにも、疑問が向けられます。また、同性を愛し、結婚のパートナーにすることを社会的に認知する国も出はじめました。もちろん、このようにLGBTQ＋と呼ばれる多様な「アイデンティティ」の持ち方が、身近な人びとや社会の常識によって批判されたり、妨げられたりすることは、現在の日本でも少なくありません。その意味では、「アイデンティティ」の確立を他者との関係のなかで築くのは、エリクソンが指摘したように、相変わらずやさしいことではないと言えるかもしれません。

さらに、結婚相手や職業の選択が、人生のなかで一度のことではなくなってきたという傾向もあります。また、長寿社会の到来が、老いてからも新たな自分の生きがいや生き方を見定めるように要求してきます。その意味では、誰にとっても「アイデンティティ」は、死ぬまで変わりつづけるものだと言えるでしょう。

もうひとつ、日本人にとっての「アイデンティティ」の特殊性も押さえておく必要があります。詳しくはPart 3で考えますが、ここでは、「コミュニティ」と「世間」の違い、個人主義の自覚の希薄さと「身内」といった親密な関係のくくり方などがキー・ポイントであることだけ指摘しておきます。

スチュアート・ホール、ポール・ドゥ・ゲイ編『カルチュラル・アイデンティティの諸問題――誰がアイデンティティを必要とするのか？』宇波彰監訳、大村書店、2001年。

LGBTQ＋
女性同性愛者（Lesbian)、男性同性愛者(Gay)、両性愛者（Bisexual)、性的越境者(Transgender)、クエスチョニングとクィア、その他（＋）の頭文字を並べた性的マイノリティの総称。性別が男女の二つにかぎらないことを主張して、社会的、法的に認めることを目指す運動から生まれた。これにより2001年のオランダを皮切りに、ベルギー、スペイン、カナダ、南アフリカ、ブラジル、アメリカ、台湾など30近い国々で同性婚が合法化されたが、日本では認められていない。

北丸雄二『愛と差別と友情とLGBTQ＋――言葉で闘うアメリカの記録と内在する私たちの正体』人々舎、2021年。

エクササイズ

＊自分のアイデンティティは？と問われたときに思いつくものをあげてみましょう。また、その特徴についても考えてみましょう。

＊フロイトの「自我」と、ミードの「I」と「me」の概念を理解して、その違いを念頭に置きながら自己分析をしてみましょう。

4. 自己と他者

個性と模倣

「アイデンティティ」の自覚とそれを他者たちから認めてもらうことは、現代人にとっては不可欠です。自分がいったい誰で、どんな人間なのか。それがはっきりしなければ、人間関係はもちろん、ちょっとしたコミュニケーションもしにくいでしょう。ですから、「アイデンティティ」の指標となるものは、性別や年齢からはじまって、職業や役職など、タイプ化やパターン化したわかりやすいものということになります。

しかし「アイデンティティ」が持つ意味は、それだけではありません。それはまた自分らしさの指標、つまり「個性」という側面も持ちます。個性的であることは、人間的魅力の大きな要因でもあるのです。「個性」にあたる英語は individuality で、それは語源的には、もうこれ以上分けられないという意味です。一人ひとりが個々別々に持つユニークな特徴をあらわしますが、「個性」と呼ばれるものを見ると、必ずしもそうではない、やはり、タイプ化やパターン化したものが多いです。そのことは、個性的になるために、それを実現させる商品を選んで買うという行為を見ればあきらかでしょう。流行はまさに、「個性」の模倣を誘う現象だと言えます。

→「消費とコミュニケーション」

現在では、「個性」の見本を提示するのは、メディアに登場する多様な有名人の役割です。その人たちが身につけるもの、使うもの、好みのものなどが、ファンにとっては欲望の対象となり、売れ筋の商品となります。個性を「模倣」によって作りだすというのは矛盾していますし、皮肉な感じもします。しかし、前章で話題にしたように、私たちは成長する過程で、まず他者を「模倣」し、それを取りいれることで自分を自覚し、他人にも認めてもらうという行動を日々繰りか

ガブリエル・タルド
Jean Gabriel de Tarde
1843-1904

ギュスターヴ・ル・ボンの「群集心理学」を批判して、メディアを介して顕在化する「公衆」概念を提出した。社会の実在性や分業を巡ってデュルケムとかわした論争が名高い。

『模倣の法則』池田祥英・村澤真保呂訳、河出書房新社、2007年。

えして、大人になっていくのです。

まず最初に「模倣」(imitation) ありき。このことについて、ガブリエル・タルドは、「模倣」を、子孫に遺伝子を伝える生殖に匹敵する社会的な反復作業だと考えました。生殖が遺伝子情報の伝達であるように、「模倣」は社会や集団に記憶された情報の伝授だというのです。人が「模倣」をするのは、他者にあって自分にはない、あるいは他者にできて自分にはできないからですが、タルドは、そこに相手に対する服従や信頼の気持ちを読みとります。「模倣」を動機づけるのは優越し、信頼のおける他者に対していだく「羨望」(envy) だというわけです。

「羨望と嫉妬」←

社交性と誠実さ

「アイデンティティ」はこのように、一方では自他の関係に同質性を感じさせるものであると同時に、異質性をも感じさせるものだと言えます。たがいに完璧に同質の人びとであれば、わざわざコミュニケーションをする必要もないですし、まったく異質であれば、コミュニケーションの糸口すら見つけられないわけですから、「アイデンティティ」が二面性を持つのは、この点でもわかると思います。

「結合と分離」←

ジンメル『社会学の根本問題』清水幾太郎訳、岩波文庫、1979年。

G. ジンメルは、狭くて濃密な人間関係を持った「コミュニティ」とはちがって、都市に住む人たちが持つ人間関係は、全人的ではなく部分的なものにならざるをえないと言います。しかし、部分的だからといって、関係をおろそかにしたり、疎遠なままにはできません。彼は、その部分的ではあるけれども全体的であるかのようにして、親密さを装う作法を「社交性」(sociability) と呼びました。

「都会と田舎」←

社交的なふるまいの原則は、たがいが平等であり、たがいに敬意を示しあうことです。たがいの素顔や本心は問わずに、形式として親愛の情を示し、信頼感を作りだすという作法です。これは人間関係を円滑にするためのフィクションですが、素顔や本心、つまりリアリティの部分と切れてしまっているわけではありません。表と裏が完全に切れてしまっていては、社交は嘘であることがあからさまになってしまいます。ジンメルは「社交を生活のリアリティと結びつけている糸があって、この糸で社交はリアリティとはまったくスタイルの違う織物を紡ぎだす」と言います。

→「嘘と秘密」

もちろん、人間関係は親密さの度合いやたがいの距離感によってさまざまにつくられ、維持されます。私たちは自分のなかの一部を表示しあうことでつきあう関係を「知人」という名で了解しあいます。学校や職場、あるいは近隣生活のなかで持つ関係は、これが一般的だと言えるでしょう。「友人」は、それより親密で距離も近いですから、その関係の確認には、人格の一部ではなく多くを表示するとか、一部ではあっても人格の核心にあるものを出しているといった実感が必要になります。

→「関係と距離」

しかし、友人や恋人、あるいは夫婦や親子といった親密な関係であっても、それぞれが部分的な自己表示によって維持されることは否定できません。さらに、こういった関係を支えるのは信頼や愛情といった感情ですが、それはまた、永続性を保証できないものでもあります。たとえば、恋愛結婚は近代以後に生まれた新しい婚姻の形式ですが、それは、たがいの愛情や信頼感を制度によって永続化させる仕組みだと言えます。その意味でジンメルは、一時の高揚した感情が醒めた後もなお、関係を持続させようという意思を「誠実」（treue）と名づけました。

→「親密性の絆」

この気持ちは相手に対してはもちろん、自分に対してのものでもあります。しかし、こういった気持ちは、ときに自他のあいだで矛盾や葛藤をおこすことがあります。それを「誠実」ということばを例にして考えてみましょう。

ライオネル・トリリングは「誠実」（sincerity）を「タテマエと実際の感情の一致をさす」と定義します。しかし、「誠実」ということばは、厳密にこの意味で使われているとはかぎりません。たとえば、端から見て「誠実」と言われる人は、

ライオネル・トリリング
Lionel Trilling
1905-1975
ニューヨーク知識人として、第二次世界大戦後の文芸批評活動（ニュー・クリティシズム）をリードした。27歳でコロンビア大学で教えた経歴をもつ逸材。
『〈誠実〉と〈ほんもの〉——近代自我の確立と崩壊』野島秀勝訳、法政大学出版局、1989年。

井上俊『悪夢の選択——文明の社会学』筑摩書房、1992年。

ロナルド・D. レイン
Ronald David Laing
1927-1989
病に冒された者を隔離するのではなく、地域に解放して人びとの認識をあらためることを主張した「反精神医学」運動を提唱した。
『自己と他者』志貴春彦・笠原嘉訳、みすず書房、1975年。

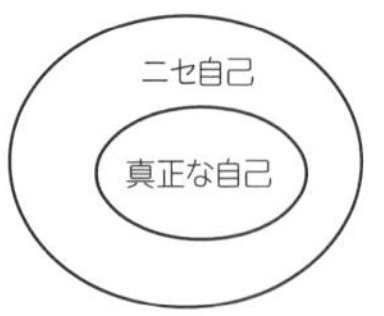

他者に対する態度からそう呼ばれるのであって、けっして、その人の内面を判断したものではありません。つまり、他人に誠実な人は、他人の意向にそって、信頼を裏切らないように行動しているのであって、自分の気持ちには誠実でないかもしれないのです。自分の気持ちを抑えて他人に誠実にふるまえば、社会的な信頼や敬意を手にすることができます。けれどもそれは、自分自身には「不実」に対応したことになるわけですから、「誠実な人」という評価は一面的なものになります。

逆に自分に誠実にふるまう人は、他人からは自分勝手な人と思われかねません。それこそ「空気の読めない」奴として顰蹙（ひんしゅく）を買ってしまうわけです。しかし、人からはどう思われようと、自分が感じた気持ちやこうしたいと思ったことにこそ、真実性や本物性が感じられることは誰もが経験するはずです。特にそれが自分の信念や理想として確信できるものであれば、その思いは一層強化されるでしょう。井上俊はそのような人間関係にもたらされる矛盾を「誠実の逆説」と呼びました。彼によれば「誠実」であることは、自分に正直であること以上に道徳的であることを要請されるのです。

ほんものとにせもの

そうすると、本当の私は外には出さない、人の目にはふれないものとしてしか存在しえないのでしょうか。分裂病（統合失調症）患者の臨床医であったロナルド・D. レインは、現代人が自覚する自己意識を「真正な自己」と「ニセ自己」の二重構造として指摘しました。彼は、病にかかった者の側から見れば、病んでいるのは現代の社会だと言います。だから、それにうまく対処しようとする人たちは、自分の人格の外側に社会に適応するための仮面（ニセ自己）をつけて、真正な自己を防御しなければなりません。しかし、それがうまくできない場合には、私という意識はふたつに分裂して、相互のあいだをうまく調節することができなくなります。分裂病をこのような症状として診断するレインは、患者を病人としては扱いません。彼は、患者はそのナイーブさゆえに病んだ社会に適応できないのであって、適応できて健康を維持できる人の鈍感さにこそ問題があるという立場をとりました。

学校や職場の規律や人間関係、あるいは義務や課題の重さに耐えきれずに精神的に病む人の数が増えている状況では、レインの主張にはかなりの説得力があると言えるでしょう。第一に現在では統合失調症と呼ばれる分裂病は、社会の近代化とともに認識された病気ですから、近代、そして現代を病んだ社会だと考えることには、それなりの根拠があります。「誠実の逆説」で見たように、結局ほんものの自分は、人間関係のなかでは出しにくいし自覚されにくいという事実が、何よりそのことを物語るかもしれません。だとすると、ほんものの自分はどこに、どんな形で存在しうるのでしょうか。

トリリングは、ほんものの自己に理想状態を見たルソーを取りあげて、社会がそれを破壊すると批判し、自らを「引き裂かれた魂」と表現したことを紹介しています。当時（18世紀）のフランスの社交界に違和感をもったルソーは、そこできわめて自分勝手にふるまい、発言するわけですが、それは彼の著名さや卓越さゆえに、個性として容認されます。このような例は、思想家や文学者、そして芸術家などには許された、というよりはその才能の根拠になる言動や態度のようにも思われました。

思想や文学、そして芸術作品は、それが作者独自のもの、完全に自分の力で創造した世界を持つものとして評価されます。そこには当然、既成の社会通念や常識を批判し、くつがえすメッセージもこめられています。人びとがそのメッセージに反発するのではなく、共感や自己反省の気持ちを持てば、それは社会のありようを変える力を持つことになります。「ほんもの」（authenticity）という理想は、その意味で、近代の個人主義に不可欠な要素であり、個人の自由を強調し、社会を変革するモデルともなるのですが、往々にして人間関係

『カッコーの巣の上で』
ケン・キージーの小説を映画化した『カッコーの巣の上で』は、厳しい管理下に置かれた精神病院が舞台で、ひとりの患者（ジャック・ニコルソン）が、病院に自由をもたらそうとして、患者たちの意識を覚醒させ、医者や看護師に対峙する物語である。患者たちは一時的に生き生きした人格を回復させるが、そのために、リーダーはロボトミーの手術を施されてしまう。
ミロシュ・フォアマン監督
1975年、アメリカ

ルソー『孤独な散歩者の夢想』今野一雄訳、岩波文庫、1960年。

→「孤独」

竹内成明『コミュニケーションの思想――記号とメディア』れんが書房新社、2019年。
ルソーをコミュニケーションの視点から分析している。

のなかでは衝突の原因になってしまうのです。

デヴィッド・リースマン
David Riesman
1909-2002
『孤独な群衆』という題名、「他人指向型」という社会的性格の刺激的な提示は、その分析手法の欠点にもかかわらず、広く強い影響を与えた。
『孤独な群衆』（上・下）加藤秀俊訳、みすず書房、2013年。

内部指向と他人指向

社会の近代化にとって、個人が持つ独創性と新しい地平を築くバイタリティは不可欠のものでした。ですから、他人との協調や従来の形式の遵守といったことは、むしろ保守的な態度として軽蔑されたのです。デヴィッド・リースマンは、そういった近代化の過程で顕著になった社会的な性格を「内部指向型」（inner directed type）と呼びます。この内部とは、自分の内面をさし、善悪、好悪、正邪などといった判断を外にではなく、自分自身に求める特徴を持つことです。

近代という時代は、未開拓の地や分野に果敢に足を踏みいれて、新しい世界をつくり、発展させることを何よりの目標にしました。「内部指向型」はヨーロッパの宗教改革、産業革命といった中世から近代への大きな社会変容の過程で、多くの人びとに共通して見られるようになった性格ですが、それは、新天地に移り住み、開拓をして独立国家を建設したアメリカ人に特に顕著にあらわれたと言えます。近代化は大きな社会変化ですが、ヨーロッパでは、それ以前の中世の時代からつづく制度や慣習、あるいは人びとの関係の仕方が完全に廃棄されたわけではありません。ところが、中世という歴史を持たないアメリカでは、人びとは純粋に近代人として生きることができたというわけです。

「コミュニティ」←

近代化が進み、都市生活者が増え、三次産業が盛んになり、ラジオやテレビに代表されるメディアが発達するようになると、個々の自立心や独自性よりは、人間関係を円滑におこなうための協調性が重要になりました。そうすると、揺るぎない強い信念よりは、新しい情報にアンテナを向けて、それをもとに自分の行動を決めるといった姿勢が必要になりました。リースマンは、そういった新しい性格を「他人指向型」（other directed type）と呼びました。

リースマンは「他人指向型」が普及する社会を、豊かであるけれども味気ない、便利であるけれども退屈な、そして資源や時間を浪費して、人びとが見せかけの自分を提示しあって関係するようなものとして批判的に予測しました。その予測から半世紀経った現在の世界は、いったいどんなものだと言えるでしょうか。

確実なのは、リースマンが危惧した「他人指向型」が、この世界で生きていくためには不可欠な社会的性格になったということです。私たちは、たえず他人たちとコミュニケーションをとり、情報の獲得に多くの時間とエネルギーを使って生きなければなりません。そのような傾向は、インターネットが普及した現在では、ますます加速化されています。また、自分自身に誠実であることよりも、他人からそう評価されることに、いつでも注意を払う必要を迫られるようにもなっています。そこで求められる自己とか個性とか言われるものは、どんな形で存在し、自分にはどのように自覚されているのでしょうか。

→「ネット社会」
「スマホとネット」

◆◆◆

エクササイズ

＊「誠実の逆説」について、「いい子」「真面目」「ぶりっ子」「優等生」といったことばを材料に、批判ではなく擁護してみてください。

＊「他者」とはあなたにとって、どんな存在ですか？ 「他人指向型」と関連させて考えてみてください。

5. 行為と演技

演技と自然なふるまい

アーヴィング・ゴフマン
Erving Goffman
1922-1982

ユダヤ系アメリカ人。人間関係を演劇の視点からきわめて詳細に分析して、その芝居じみたふるまいを描写した。

その伝記を書いたイーヴ・ヴァンカンは、ゴフマンを映画監督のウッディ・アレンに重ねている。両者の作品は、辛辣だがユーモアとやさしさも兼ねそなえている。

『行為と演技——日常生活における自己呈示』石黒毅訳、誠信書房、1974年。

イーヴ・ヴァンカン『アーヴィング・ゴッフマン』石黒毅訳、せりか書房、1999年。

私たちは日常、さまざまな人たちとどのような関係をつくり、どのようなコミュニケーションをしているのでしょうか。ここでは、まずそのことを詳細に見つめることからはじめましょう。そのために役にたつのはアーヴィング・ゴフマンの「印象管理」(impression management) という概念です。

ゴフマンは対面的な状況で人びとがするやりとりを「コミュニケーション」ではなく「相互行為」(interaction) と呼びます。その理由は、「コミュニケーション」ということばには情報の伝達といった、生きた人間が直接かかわらないやりとりも含まれているからです。人が直接対面しながらする行為には、自分から相手に向けての「表出」(expression) と、相手から来たものの「印象」(impression) というふたつの要素があります。「表出」と「印象」と言うとまったくちがう行為のように思われますが、英語を見れば、ふたつが対のことばであることがよくわかります。一方が相手に向けて表に出したものを、相手は受けとめて自分のなかに入れるという行為を意味しているのです。

ただし、相手が表出したものをそのまま自分のなかに入れるわけではありません。相手が話したことには、そのことばの意味はもちろん、なぜそう言うのか、そんな言い方をするのかとか、そのときの声の調子から、一緒に見せた表情や視線、あるいは身振りといったものについて、自分なりの解釈が必要になるからです。「印象」はそういう作業をしてはじめて明確になるものです。

ということは、相手に向かってする表出行為には、それによって相手がどういう印象を持つかを、あらかじめ予測する側面があることになります。相手に何かを伝えて了解してもらいたいとき、よい印象を与えたいとき、説得したいときには、ことばを選び、声の調子や表情にも十分に気をくばる必要があるわけです。ゴフマンはそのような戦略や配慮を「印象管理」と呼びました。

このような行為は、誰もが日常の人間関係のなかで自覚していることだと思います。そして、そのような管理が、なかなか自分の思うようにはいかないことも、何度も経験しているはずです。ゴフマンは、私たちの表出行為が完全に管理できるものではないことに原因があると言います。つまり、私たちは自分がする表出行為をどんなに自覚的におこなったつもりでも、そこにはなお意図せずに出してしまうものがあって、相手からすれば、その意図せずに表出されたと思われることの方に、より真実性があると解釈しやすいからです。さらに言えば、私たちは他者の前では、いつでも見られているわけですから、意図しようとしまいと、たえず表出をしつづけざるをえないのです。

→「自己と他者」
「顔とからだ」

私たちはそれが大事な関係ならば、いつでも、自分自身の真意をそのまま相手に伝えたいと考えます。そして、できれば、よりよく印象づけたいと願います。だから、そのことに注意がいけばいくほど、わざとらしく気どってしまったり、格好をつけたりしてしまうのですが、それはまた、相手に容易に気づかれてしまうのです。誇張すること、嘘をつくこと、隠すことなどがあれば、そこにはまた必要以上の緊張や不安、あるいは当惑といった感情がつきまといます。ゴフマンは、そんな感情の起伏を悟られずに、相手に与える印象を自分の思うように管理する態度を「計算された何気なさ」（caluculated unintentionality）と言いました。彼にしたがえば、私たちにとって自然にふるまうことがいかにむずかしく、また誤解の原因になりかねないかがわかるでしょう。

→「嘘と秘密」

個性と役割距離

それでは、私たちはどのようにして、自分らしさを自覚し、相手に向けて表出しているのでしょうか。ゴフマンは私たちが相互行為のなかで提示する「自己」の大半は、自分にあてがわれ、あるいは取得した「役割」だと言います。このことは、すでに取りあげたG. H. ミードの「I」と「me」の概念を思いだせば、理解できると思います。私たちは「他者」を「模倣」することで「自己」を意識できるようになるという指摘です。ミードは「模倣」を自発的な行為としてとらえましたが、そこにはまた強制的な力も働きます。S. フロイトやR. D. レインが注目したのは、強制されて歪んでしまう「自己」と言える側面でした。

たとえば、レインの言う「ニセ自己」と「真正な自己」を例にしてみましょう。レインにとって、人間関係のなかで表示する自己は、社会の要請にあわせて作りあげたニセモノです。ほんとうの私は、「ニセ自己」を仮面にして、相手からは見えないよう守られています。しかし、これでは、個性の出しようがありません。といって、仮面を取れば、自己が無防備で不確かになったり、自他の関係そのものが壊れてしまうかもしれません。

E. ゴッフマン『ゴッフマンの社会学2　出会い——相互行為の社会学』佐藤毅・折橋徹彦訳、誠信書房、1985年。

タイプ化やカテゴリー化された「役割」としての自己を演じつつ、そこに自分らしさを表示させるには、どうしたらいいのでしょうか。ゴフマンは、個人と「役割」とのあいだにくさびを打つことだと言います。たとえば、同じ職業に従事している人でも、誰もがロボットのように、同じ服装、同じ顔、そして同じ動作やことばづかいをするわけではありません。それぞれの体型や顔がちがうように、そこにはすでに、それなりの個別な特徴が表出されています。さらに、「役割」に対して持つ感情や評価も人それぞれ微妙にちがいます。たとえば、自分のする仕事や、そのなかでの地位に満足する人と不満を感じる人、熟練している人と新米では、同じことをしても、表示されるものはずいぶんちがってきます。ゴフマンはそこに、個人と「役割」とのあいだに生まれるズレの自覚を見て、「役割距離」(role distance) と名づけました。

たとえば、決められた制服を着てはいるけれども、ボタンをはずす、上着の丈を長くする、スカートを短くする、靴下を下げるといったドレス・ダウンをする生徒をよく見かけます。彼(彼女)らは「不良」というレッテルを貼られるかもしれませんが、その制服の着方に、他の生徒とはちがう自分らしさを表示させているのです。同様のことは、「役割」に即した行為を余裕たっぷりにしてみせるとか、あるいは、いやいや渋々といった態度を示すことにも読みとれるでしょう。日本には「役割」を服装はもちろん、ことばづかいや表情でタイプ化する「制服文化」があります。だから、わずかなズレに厳しい目が向けられる傾向は、誰にでも覚えがあるはずです。

服を着る

「若いときっていうのは、大人の着ているものを「崩す」「バランスを変える」「わざとだらしなくする」ことから、服を着はじめます。学生時代まではそういうふうに反抗していて、そして就職となると常識のなかに入る……」(ファッションデザイナー、山本耀司)
鷲田清一『ちぐはぐな身体——ファッションって何?』ちくま文庫、2005年。

→「アイデンティティ」「顔とからだ」

ゲームとプレイ

「役割」は演じるもの、つまり「プレイ」するものです。それは、自分の「アイデンティティ」に不可欠な現実のものであっても変わりません。もちろん、人びとの属性を「役割」として見るのは、社会学のなかで了解された約束事にすぎません。しかし、私たちにも実際に、日常生活のなかで、自分の属性を「役割」としてとらえて演技する傾向があることを自覚できるでしょう。

たとえば、「学生する」とか「主婦している」といった言い方がすでに一般的になっています。しかし、もともとは「学生である」とか「主婦です」と言われていたはずで、その意味では、「役割」に対する意識が「存在」(being) から「行為」(doing) にかわったと言うことができるでしょう。「存在」ではなく「行為」としての「役割」は、自分にしっかり身について人格化したものではなく、たまたま今「プレイ」している軽いものにすぎません。

ところで、そもそも「プレイ」とはいったいどういう特徴

存在の軽さ

ミラン・クンデラはチェコを代表する作家で、その代表作に『存在の耐えられない軽さ』がある。チェコスロヴァキアが自由化を目指した1960年代末の「プラハの春」とソ連の武力介入といった政治状況と、それに翻弄されて、あまりに軽い自己の存在を自覚する主人公の物語。
『存在の耐えられない軽さ』千野栄一訳、集英社文庫、1998年。

グレゴリー・ベイトソン
Gregory Bateson
1904-1980
独自の発想と行動で、生物学、文化人類学、精神分析学、サイバネティックスなどを縦断した。ただし、その思想の原点には「コミュニケーション」がある。
『精神の生態学』(改訂第2版) 佐藤良明訳、新思索社、2000年。

をもつものなのでしょうか。グレゴリー・ベイトソンは「プレイ」を「メタ・コミュニケーション」だと言います。つまり、そこでは、異なる意味のメッセージが併存して、たがいに否定しあうような働きをするという特徴を持っています。しかも、この複雑なコミュニケーションは人間だけにかぎられた行為ではありません。プレイは哺乳類全般に見られるありふれた行為なのです。

たとえば、噛みつきっこをしてじゃれあっている二匹の犬は、かぎりなく本気に近い形で噛みつこうとするのですが、けっして本気で噛みつくことはありません。ベイトソンはその行為を「「噛みつきっこ」は「噛みつき」を表すが、「噛みつき」が表すところのものを表さない」と説明します。つまり、ここには「本気で噛みつくぞ」と「噛みつきではないよ」という相反するメッセージが併存しているのです。実際に、「遊び」はいい加減にやったのではおもしろくありませんし、といって本気になってしまったのでは「遊び」になりません。そのきわめて複雑で微妙なところに「遊び」の世界があるのです。同様の行動は、動物の世界にも「威嚇」や「ディスプレイ」、そして「偽装」など、多様に存在します。その意味では「遊び」(プレイ)は、生き物にとってきわめて自然なふるまいなのだと言えます。

ベイトソンにはほかに、「ダブルバインド」(double bind)という有名な概念があります。たとえば、子どもを愛せない母親が、それではいけないと子どもを愛そうとします。抱きしめようとして「こちらに来なさい」と言いますが、からだは緊張して、「近づかないで」という拒絶のメッセージを出してしまいます。そうすると、子どもは、母親に近づくことも、遠ざかることもできずに二重に拘束されて、立ちつくすほかなくなってしまいます。しかもここには、この場面から逃げだしてはいけないという命令も加わりますから、子どもはどうすることもできない金縛りの状態に置かれるほかはなくなってしまうのです。

「プレイ」とはちがって、「ダブルバインド」は当の関係や「アイデンティティ」に深刻な問題をもたらす原因になりますが、実は、構造的には似た、相反するメッセージが併存する「メタ・コミュニケーション」なのです。両者の違いは、一方は「虚構」、他方は「真実」が前提になっていること、それに「プレイ」は平等、「ダブルバインド」は強者から弱者に向けられるコミュニケーションになっているところにあります。ベイトソンによれば、繰りかえし「ダブルバインド」の状況に置かれた者は、その対応手段として、自らの心を分裂させ、内的な自己にとじこもってしまうほかはなくなるのです。

もうひとつ、「ゲーム」についてもふれておきましょう。「ゲーム」は日常生活のなかでは余暇の一部です。けれども、G. H. ミードが指摘したように、私たちは子どもの頃から「ゲーム」を通して、どんな世界にもルールがあること、集団行動には、役割分担があることを学ぶのです。その意味で、「ゲーム」への参加は、成長のためには欠かせない学習の場だと言えます。また、「ゲーム」は特定のかぎられたものとしてだけでなく、日常生活のなか、人間関係のなかに出現します。つまり、たがいに何か競う材料があり、競う上でのルールがあるところでは、私たちは、ついついゲームに参加するよう誘われます。平凡で退屈な日常のなかに、参加したい気になる、もうひとつの世界が出現するのです。

→「楽しみと退屈」

人間関係の三角形

ここまで見てきたことを「シリアスなこと」(seriousness)、「プレイ」(play)、そして「ゲーム」(game) の三つの要素の関係として、考えてみましょう。私たちが日常の場で現実的に持つ人間関係は、基本的には真面目に、本気に対応すべきものと思われています。そこでは「遊び」は、余暇の時間にするものとされます。よく働き、学

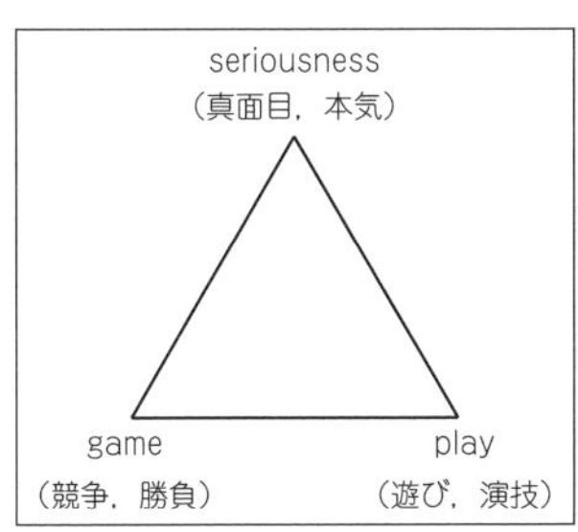

び、よく遊べというわけです。そして勝ち負けを競う「ゲーム」は、両方の世界に生まれます。

けれども、実際にはこの三つの要素（三角形）は、仕事や娯楽といった切りはなされた世界を構成するだけでなく、むしろ、どんな場、どんな関係のなかにも見つけることができる要素です。それは何より、真面目な関係が、それぞれの担う「役割」を演じる（プレイする）ことで遂行されることでもあきらかでしょう。前章で見たように、「誠実さ」は何より、他者から評価されるものですし、そう評価されるために、真面目に演じるものなのですから。

「自己と他者」←

意中の相手に自分を意識させ、気持ちを向けさせるのは、本気でやらなければ、なかなか成功するものではないでしょう。しかし、ただ真面目一方で接したら、かえって相手に敬遠されてしまいます。ときにはドラマのようなシーンを設定し、そこでヒーローとヒロインを演じあう演出も効果的ですし、押したり引いたりの駆けひきも必要です。かけがえのない相手を射止めるためには、そのための戦術を駆使した「恋愛ゲーム」が欠かせないのです。そして、「家族ゲーム」「親子ゲーム」などといったことばが使われるように、現代の人間関係に「プレイ」や「ゲーム」の要素が入りこみ、それを当然だと思う風潮が強いことも事実でしょう。

「親密性の絆」←

エクササイズ

＊あなたが自覚する「役割距離」を具体的に説明して、自己分析してみましょう。

＊誰もがよく使う「マジ」ということばを、人間関係の三角形をもとに説明してみましょう。

6. 関係と距離

関係と物理的距離

人間関係の親密さを「距離」として表現する言い方があります。その場合の「距離」はもちろん比喩的ですが、実際にも、物理的な距離の微妙な違いが人間関係のなかで重要な働きをしています。エドワード・T. ホールは、人間関係を親密さの度合いに応じて四つに分けて、そこに観察できる微妙な距離の違いを「密接距離」(intimate distance)、「個体距離」(personal distance)、「社会距離」(social distance)、「公衆距離」(public distance) と名づけました。

	密接距離	個体距離	社会距離	公衆距離
近接相	0〜15cm 愛撫，保護，格闘	45〜75cm 接触可能	1.2〜2.1m 仕事，社交場の集まり	3.5〜7.5m 非個人的関係
遠方相	15〜45cm 囁き，腕組み	75〜120cm 握手	2.1〜3.6m 形式的関係	7.5m以上 関係の限界

親子や恋人同士のような親密な関係では、たがいの身体接触を当たりまえのこととし、積極的に求めたりもします。恋人同士が街中で腕を組んで歩いたり、相手の耳に口を近づけてのひそひそ話は、ふたりの関係の親密さをたがいに確認しあうだけでなく、そのことを第三者に示す行為にもなるでしょう。友人同士の関係にも身体の接触は日常的におこりますが、たとえば、握手などのように、それほど親しくなくとも、親しいことを儀礼として示しあうことはあります。ホールは、それぞれの関係に遠近両面があるとして、遠方相に親しさの誇張という儀礼的な側面を指摘しました。ここには、笑顔という表情を加えてもいいでしょう。

私たちは一日の多くを学校や職場で過ごします。そこでできる関係は、たがいを個人的に認知しあいますが、身体がふれる距離には近づきません。その意味では、人間関係における距離は、まず接触の有無によって「密接〜個体」と「社会〜公衆」のふたつにわけることができると言えます。また、この区別は、たがいのあいだにある距離が、相手に見せる微妙な表情をよく識別できるかどうかの違いにもなります。「社会距離」は同じ場を共有し、同じ仕事や作業をしあう関

エドワード・T. ホール
Edward T. Hall
1914-2009

文化人類学者。動物全般に見られる「縄張り行動」を人間に当てはめて「プロクセミックス」(近接学) を提唱した。彼は人間関係における距離感は文化によっても微妙に違うと言う。コロナ禍で「ソーシャル・ディスタンス」(社会的距離) ということばが一般的になった。

『かくれた次元』日高敏隆・佐藤信行訳、みすず書房、1970 年。

係ですが、ここでは個人的な親密さが必要になるわけではありません。むしろ公私混同や不躾な接近は避けることが望まれます。不用意な発言や行動はセクシャルハラスメントとして叱責される原因にもなりかねないのです。

「仕事と生活」←

私たちが日常人びとと自覚的に持ちあう関係はここまでです。けれども、すでに「儀礼的無関心」ということばをあげて指摘したように、私たちはまた、見ず知らずの人とのあいだでも、暗黙の内にコミュニケーションを取りあっています。道ですれ違う、電車やバスに乗りあわせる、カフェで同席する、あるいは、コンサート・ホールやスタジアムで観客として場を共有するなど、この種の機会はきわめて多様に存在します。ホールはそれを「公衆距離」と呼びましたが、場合によっては、十分な距離が取れないことも少なくありません。たとえば、混んだ電車では、押し合いへし合いの寿司詰め状態で我慢することもありますし、狭いエレベーターのなかでは、必要以上に無視しあって目のやり場に困ったりもします。ところが、スポーツや音楽の観客として、一緒に歌い、手を叩き、かけ声をかけて、一時の仲間意識を共有しあうこともあるのです。

「対面、傍観、覗き」←
「音楽と場」

接触と拒絶

誰にでも、自分の空間があります。自分の部屋、机、椅子、自動車、また、行きつけのカフェの決まった場所やお気に入りの公園のベンチなど、数えあげたらきりがないかもしれません。そしてまた誰もが、移動にあわせて、自分だけの空間、つまり「パーソナル・スペース」を持ち歩きます。ここは自分だけの、あるいは自分が優先される空間ですから、他者の侵入は不快や不安の原因になります。ですから、さまざまな関係のなかでとりあう距離は、このパーソナル・スペースをたがいに尊重しあうことで生まれるものだと言うことができます。

E. ゴッフマン『ゴッフマンの社会学 4　集まりの構造――新しい日常行動論を求めて』丸木恵祐・本名信行訳、誠信書房、1980 年。

「都会と田舎」←

そこに、「人はやたらに接近してはならない」というルールを読みとることは簡単です。必要のないところでは、周囲にどれほど大勢の人がいようと、誰でもひとりでいたいと思うのです。けれどもまた、自分にとって好ましい出会いであれば、見ず知らずの人とでも近づいてコミュニケーションをしたいと思う気持ちもあります。あるいは、たまたま、何か共通に関心を向ける出来事に遭遇して、そこで顔を見合わせたり、話をしたりといったこともあるでしょう。ゴフマンは、その違いを「焦点の定まらない相互行為」(unfocused interaction) と「焦点の定まった相互行為」(focused interaction) と呼んでいます。たがいに無関心を装うことを暗黙のルールにした「公衆」の関係が、そのとき、明示的な社会的な関係に変わるのです。

たがいに公衆距離を取りあって、不要な接触を避けるというルールは、あらゆる人に適用されるわけではありません。たとえば幼い子どもは自分の関心にしたがって、眼差しを向けたり声を発したり、あるいは接触を試みたりといったことをします。これに対しては、見ず知らずの人でも容認する場合が多いですし、積極的に反応することもあるでしょう。もちろん、どう対応しようかと迷うこともあります。電車で座っているときに、目の前に老人が立った場合に、席を譲るか知らん顔をするか、誰でも迷った経験があるはずです。あるいは、酔っぱらいが話しかけてきたときはどうでしょうか。外国人に道を聞かれたとき、しつこいキャッチ・セールスに捕まったとき、カンパや署名の呼びかけなど、このような機会はまた少なくないはずです。

人間関係における接触の仕方、その回避や拒絶の方法は、このように一応の了解事項ではあっても、その時々で微妙な対応や判断を迫られます。親密な間柄ならいつでも接触可能というわけではありませんし、見ず知らずの人間同士とはいっても、あからさまな拒絶のポーズがかえって、強い意味を伝えることにもなりかねません。それを強く自覚すると、人とかかわることが怖くなるかもしれませんが、また、人は誰

吉野弘「夕焼け」

いつものことだが
電車は満員だった。
そして
いつものことだが
若者と娘が腰をおろし
としよりが立っていた。
うつむいていた娘が立って
としよりに席をゆずった。
そそくさととしよりが坐った。
礼も言わずにとしよりは
次の駅で降りた。
娘は坐った。
別のとしよりが娘の前に
横あいから押されてきた。
娘はうつむいた。
しかし
又立って
席を
そのとしよりにゆずった。
としよりは次の駅で礼を言って降りた。
娘は坐った。
二度あることは と言う通り
別のとしよりが娘の前に
押し出された。
可哀想に
娘はうつむいて
そして今度は席を立たなかった。
次の駅も
次の駅も
下唇をキュッと噛んで
身体をこわばらせて——。
(以下略)

『現代詩文庫 12 吉野弘詩集』思潮社、1968 年。
高田渡『ファーストアルバム ごあいさつ』

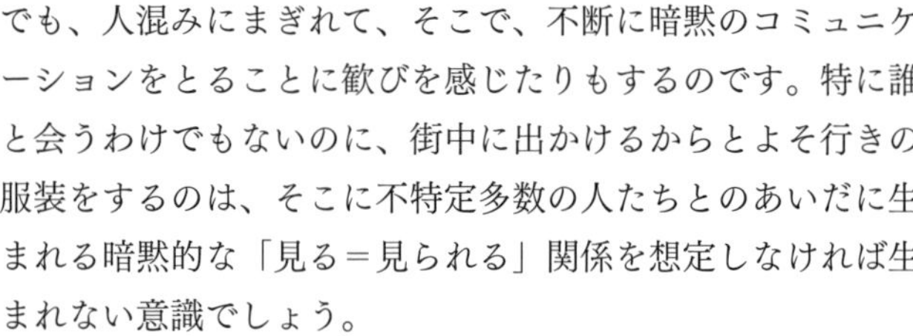
でも、人混みにまぎれて、そこで、不断に暗黙のコミュニケーションをとることに歓びを感じたりもするのです。特に誰と会うわけでもないのに、街中に出かけるからとよそ行きの服装をするのは、そこに不特定多数の人たちとのあいだに生まれる暗黙的な「見る＝見られる」関係を想定しなければ生まれない意識でしょう。

「場と集まり」←
「音楽と場」

関係と呼びかけ

人間関係には、たがいの距離感によって測られるヨコのほかに、上下というタテもあります。そのことを明示する例として、ここでは関係しあう人たちがたがいに相手を名指す「呼びかけ」の仕方について考えてみましょう。

たとえば相手の名前を呼ぶときに、呼び捨てにするか、「〜さん」にするか、「〜君」にするか、あるいは「〜ちゃん」にするかの違いはどうでしょうか。呼び捨てにするのは、そこにはっきりとした上下関係があるか、きわめて近い対等の関係かのどちらかでしょう。「〜ちゃん」は子ども同士か、年長者が年少者に向かって使うものです。もちろん、大人同士でも、幼なじみや親密な関係には使われることもあります。「〜君」にはあきらかに上から下への方向が見られます。逆の場合は「〜さん」ですが、上から下であっても女性には「〜さん」が使われるのが普通でしょう。ここには女性に対する敬意が読みとれますが、仕事などで男女を区別しないことを意識して、どちらにも「〜君」や「〜さん」を使う場合もあるでしょう。

ルイ・アルチュセール
Louis Althusser
1918-1990
マルクス研究に新しい視点をもたらして、その日常性に着目した「イデオロギー論」が「カルチュラル・スタディーズ」などに、大きな影響を与えた。
『アルチュセールの〈イデオロギー〉論』柳内隆訳、三交社、1993年。

このように、ほとんど無自覚に使う「呼びかけ」のことばには、たがいの距離や上下の関係を考えて使うという暗黙のルールがあります。ルイ・アルチュセールは、この「呼びかけ」（interpellation）のなかにある強い権力関係に注目しました。たとえば警官が巡回中に見かけた人を「おい！」と呼びかけたとします。気づかぬふりをすると、次には「おい、こら、そこのお前！」とつづきました。ここにはどんな関係が読みとれるでしょうか。

アルチュセールは「役割」に似た意味のことばとして「主体」(subject) を使います。人はさまざまな「主体」が寄せあつまってひとりの「個人」(individual) になります。けれども、個々の関係のなかでは、ひとつの「主体」同士でかかわりあう場合も少なくありません。そこに上下や大小、あるいは強弱の関係があれば、呼びかけられた者は、その「呼びかけ」のことばに反応することを強制されます。「おい！」などとは失礼な、と感じても、相手が強者であれば、「はい」と返事をしなければなりません。その瞬間に、呼びかけられた者は、呼びかけた者が想定した「主体」になるのです。ここでの例で言えば、何らやましいことはしていなくても、「不審者」という疑いをかけられた者ということになります。

アルチュセールは、このような日常的に「呼びかけ」あう関係のなかに暗黙的に盛りこまれた権力関係と、それを自明視せよと命ずる「イデオロギー」を指摘しました。実際、このような関係は、警官と不審者ほど明確でなくても、学校や職場、家族や近隣などのなかにありふれています。

ここには、自ら下位の者であることを相手（上位）に明示する「呼びかけ」がともないます。学校であれば「先生」ですし、職場には「社長」や「部長」といった役職があります。「先生」はほかに医者や弁護士、あるいは政治家などにも使われますし、それ以外にも相手を持ちあげる敬称として使われることが少なくありません。ですから「先生と呼ばれるほどのアホじゃなし」といった川柳で皮肉られたりもするのです。

呼びかけ
学校やメディアでは、2016 年頃より、小学校入学前までは「〜ちゃん」、小学生以上は全員「〜さん」と呼ぶことに統一する動きがあらわれている。LGBTQ+ などのジェンダー的な公正さの主張に対応したものである。

→「群集、公衆、大衆」

日本的な呼びかけ

テレビを見ていると、レポーターが街行く人にいきなり「お父さん」とか「お母さん」と呼びかける光景を目にします。呼びかけられた人たちも、何の違和感もなく返答して会話をはじめるのですが、ここにはいったいどのような関係が了解されているのでしょうか。「お父さん」「お母さん」はどちらも、その子どもが親に向かって使う呼びかけです。きわめて限定された「呼びかけ」ですが、テレビのなかでは、そう呼ばれてもおかしくないと思われる年齢の人に遠慮なく使われます。なぜ、そう呼ばれた人は、「私はあなたの父（母）親ではない」と言わないのでしょうか。

まず気づくのは、英語ではごく普通に使われる you にあたる日本語の「あなた」や「君」が、見知らぬ人には使いにくいということがあります。また、おたがいに名前を聞きあって、その後は名前を呼びあうということも少ない気がします。その理由には、それぞれ多様な側面を持った独自な存在であることを尊重しあうという個人主義的な儀礼という意識の希薄さが指摘できるかもしれません。

「日本人の人間関係」←

もっとも家庭のなかでも、両親がたがいを「お父さん」「お母さん」と呼びあう仕方をよく耳にします。この呼び方は、子どもが家を出てふたりだけになってもつづきますが、孫ができれば、「おじいさん」「おばあさん」になります。要するに、子どもや孫から見た「役割」や「主体」としての呼び名が家族内で主要な働きをして、「夫婦」の関係を副次的にしているのです。このことを指して、それぞれが多様な側面をもった個人だという発想が日本人には希薄だと言えるでしょうか。

あるいは、「お兄ちゃん」「お姉ちゃん」という呼びかけはあっても、弟や妹を呼ぶことばがないのはなぜでしょうか。親から子、兄姉から弟妹への呼びかけとしては、名前を呼び捨てか「〜ちゃん」づけが多いでしょう。その意味では、「お父さん」や「お母さん」、「おじいちゃん」や「おばあちゃん」、あるいは「おじさん」や「おばさん」もふくめて、日本語におけるこのような呼びかけには、下から上へという規則が暗黙の内に了解されていると言えます。

もうひとつ、身体接触の有無についてもふれておきましょう。たがいに親しさを示しあうためにする握手やキス、あるいはハグは、欧米はもちろん、ロシアやアラブ諸国などでもよく見かけられる接触の儀礼です。しかし、日本人同士では握手も一般的だとは言えませんし、同性同士でキスをしたり抱きあったりするのは、見るだけでも抵抗を覚える人が多いと言えるかもしれません。そこには、むしろ距離をとって頭を下げることの方が礼にかなっているとする考え方がうかがえます。ところが他方で、知らない者同士がぎゅうぎゅう詰めの満員電車で、たがいに無関心のままに時間をやり過ごすことを当たりまえと考えてもいて、日本に来た外国人を驚かせたりもしているのです。

ハリウッド製の映画でよく見かけるのは、夫婦がたがいの愛情をキスやハグやことばで確かめあう光景です。しかしそれも、日本人のあいだではけっして一般的だとは言えないでしょう。日本人のライフスタイルは、その多くが欧米化しました。恋愛結婚や核家族など親密な人間関係の形態にも、伝統的な特徴は見つけにくくなりました。ところが、挨拶の仕方や呼びかけ、あるいは親しさをあらわしてとる距離感には、相変わらず古い伝統的なやり方がのこっているようです。その意味では、身体接触に対する好悪の感覚は、文化的に規定されたもののなかでも、とりわけ強固で変わりにくいものだと言えるでしょう。

三密と文化差の問題

コロナ禍で、欧米では社会的距離を保つことが「ロックダウン」として法的に強制され、違反者には罰則が科された。距離をとることが文化的にむずかしいことだったと言えるが、日本では強制力のない「緊急事態宣言」で、比較的守られた傾向があった。

→「親密性の絆」

エクササイズ

＊親やきょうだい、友だち、知人などに対して、普段、自分がとっている距離を自覚して、その理由を考えてみましょう。

＊私たちは他者からどう呼びかけられるか、他者にどう呼びかけるか。それを列挙して、その呼びかけにある意味、イデオロギーについて考えてみましょう。

7. 嘘と秘密

顔と感情

嘘はついてはいけないと、誰もが思うでしょう。コミュニケーションをする相手を騙すことは、そこにある信頼関係を壊す原因になりますし、自分自身も、罪悪感にとらわれかねないからです。しかし、嘘とはいったい何なのでしょうか。まず考えられるのは、嘘とは真実ではないということです。だから、嘘をつくのは、真実とはちがうと自覚していることを、真実であるかのように他人に見せかけること、となるでしょう。しかし、ここまで見てきたように、このような行為は、私たちがする日常的なコミュニケーションのなかにありふれています。

私たちは誰でも、店に入ればお客様として丁重に扱われます。店にとって客は神様ですから、モノやサービスを提供する仕事に従事する者は、自らへりくだることを職務と心得なければなりません。客がその丁重な対応に気分をよくして財布の紐をゆるめてくれれば、仕事の成果は十分にあったということになります。もっとも、見えすいた丁重さは嘘っぽく感じられて、かえって嫌われることにもなりますから、「真心サービス」を心がける大切さが、接客態度として望まれたりします。しかし、見ず知らずの相手に真心をもって対応せよ、という職務は、それほど簡単なことではありません。

アーヴィング・ゴッフマン『儀礼としての相互行為——対面行動の社会学』浅野敏夫訳、法政大学出版局、2002年。

E. ゴフマンは、対面状況で相手に好印象を与えるためにする表向きの対応を「顔の作業」(face work) と呼んでいます。それは、コミュニケーションを円滑におこない、相手に与える印象を自己管理するためにする、外見への自覚です。面子、面目、顔を立てる、面汚し、顔に泥を塗るといったことばが使われるように、対人的なコミュニケーションは、何より、おたがいにその顔に象徴される外見を尊重することで成りたっています。そしてゴフマンは、このとき、自分の内面と外見は必ずしも一致させる必要はないと言います。それほど親密でない関係ならば、心では何を感じていようと、「表層演技」(surface acting) で大半はうまくいくからです。

けれども、アーリー・R. ホックシールドは飛行機の客室乗務員などの仕事に従事する人たちをフィールドワークして、そこに不可欠の要素が、単に表面上の作業ではすまないことを指摘します。つまり、心をこめてサービスし、親切に対応するためには、たとえ演技ではあっても、親しくしなければとか、信用しなければといった積極的な気持ちが必要になると言うのです。そこで彼女はそこに、ゴフマンの「顔の作業」や「表層演技」をヒントにした、「感情の作業」(emotion work) と「深層演技」(deep acting) という概念を当てはめ、この親しさの演技に内面がともなうよう要求される仕事を「感情労働」(emotional labor) と名づけました。

→「自己と他者」「関係と距離」

→「顔とからだ」「仕事と生活」

アーリー・R. ホックシールド
Arlie R. Hochschild
1940–
感情を商品として提供する労働の増加と、そこで生まれる心の問題にいち早く注目した。その視点の中心には、家事分担や、親密な他者の介護などで、大きな負担を強いられる女性たちの存在がある。
『管理される心——感情が商品になるとき』石川准・室伏亜希訳、世界思想社、2000年。
また、D. トランプ大統領支持者を調査してアメリカの分断を説いた。
『壁の向こうの住人たち——アメリカの右派を覆う怒りと嘆き』布施由紀子訳、岩波書店、2018年。

私たちが日常関係しあう人たちは、親密であれば、たがいに裏表のないつきあいをすることを当たりまえと考えます。しかし、店員と客、客室乗務員と乗客のように、おたがいに親密でなくとも、たえず、親しく、丁重に対応することを要求される機会は少なくありません。そして、ここには無理があります。初対面やごく一時的な関係でしかない人に対応するためには、まず月並みな「表層演技」で親しくふるまうほかはないからです。

儀礼と商品化

ホックシールドの言う「感情労働」は、言いかえれば「人間関係の商品化」ということになります。つまり、どんなに親切に、礼儀正しく対応しても、それが労働であるからには、そこには、報酬として賃金を得ることが第一の目的としてあるはずです。もちろん、金のためにやっていることをあからさまにしたのでは、客は気分を害してしまいます。だからこそ、そこに、職務以上の個人的な感情をつぎこむ必要が生まれるわけです。

ジンメル『貨幣の哲学』（新訳版）居安正訳、白水社、2016年。

人間関係に「結合」と「分離」の両面性を指摘したG. ジンメルは、人間が複数の多様な人びととの関係のなかで生きることをしはじめた時点で、モノのやりとりだけでなく精神的な交流にも貨幣が必要になったと言います。貨幣はさまざまな価値を測定し、それを数値化して表示して、交換を可能にさせる道具です。かつては親子や兄弟姉妹、親戚、そして近隣の人たちの相互の扶助でおこなわれてきたことの多くが、現在では、お金を払って提供してもらうようになりました。人の好意や誠実さ、あるいは忠誠心をお金で売り買いすることに、倫理的なやましさを感じる風潮は今でも強くあります。しかし同時に、人が個人として、他人や集団とのつながりを束縛として感じずに生きられるようになったことの基盤に貨幣の存在があることは、軽視すべきではないでしょう。

「結合と分離」←

お中元やお歳暮という風習に見られるように、日本では、人から受けたお世話に対しては、恩義や感謝の気持ちをそれなりのモノとして相手にお返しすることが礼儀として了解されています。お世話というのは善意でおこなわれるものですが、ここには、「お世話の秤」（木村洋二）のようなものがあって、お世話を受けたのにお返しをしなければ、負債として伸しかかってきてしまいます。お金でと言うのは、それこそ現金な態度として敬遠されがちですが、贈り物をして代価を払うことと、基本的には変わらないでしょう。

木村洋二『視線と「私」——鏡像のネットワークとしての社会』弘文堂、1995年。

「消費とコミュニケ←ーション」

貨幣には古い歴史があります。しかし社会への浸透とその重要性ということで言えば、近代化と深いつながりがあります。一方で近代化は、「社交性」という、たがいの人格をわかりやすく、また平等に表示しあって関係を円滑にするという形式を普及させました。見知らぬ人同士でも、必要に応じて関係を持ち、ビジネスやコミュニケーションをする。現在の社会とここにおける人間関係が、この「社交性」と「貨幣」の交換によって円滑に営まれることを基本にしているのは言うまでもないことです。

「行為と演技」←
「都会と田舎」

嘘とは何か

このように、「真実とはちがうと自覚していることを、真実であるかのように他人に見せかけること」と定義した行為は、「嘘」ということばをはるかにこえて、私たちがするコミュニケーションのなかに入りこんでいます。そうすると、私たちが「これは嘘だ」と判断するのはどういうものなのでしょうか。ジンメルは、「社交性」はフィクションだが、素顔や本心と切れずにつながっているところに、リアリティとはちがう、もうひとつの生き生きとした関係を作りだす可能性があると言いました。あるいは、「誠実の逆説」はどうでしょうか。他人に誠実に対応するために、自分を抑えたり隠したりすることは、嘘と言えるのでしょうか。

さらにもうひとつ、「プレイ」について考えたことも思いだしてください。「プレイ」は「これは遊びだよ」と、「これは本気だよ」という相反するふたつのメッセージが両立するところに成立するものです。どちらかひとつのメッセージにしたがったのでは、「プレイ」が成りたたないことが、大前提になるわけです。実際、嘘のなかには、遊びとして楽しむ要素もあって、ほら話とか冗談などが会話を楽しくすることは誰でも経験していることだと思います。

嘘は、それが偽りであることを、本人だけが知っているという特徴を持ちます。だから嘘は、相手にそれと悟られないことが、何より大事になる行為だと言えます。発覚すれば、信用を失ったり、場合によっては罪に問われたりするからです。一番わかりやすいのは、そこに、自己の利益と他人への損害を結果させる「加害—被害」の関係が生じる場合でしょう。「オレオレ詐欺」「振り込め詐欺」など、この種の犯罪は、次々に新手が生まれるものですし、商品の不当表示やニセブランド品なども、繰りかえし問題になる話題です。あるいは、政治家の言行不一致や汚職といった事件もけっしてなくなることがありません。

→「行為と演技」
「ステレオタイプ」

もっとも嘘には、このような加害的なものばかりでなく、

井上俊
1938-
現代の文化を「若者」「遊び」などをキーワードに分析した。文学やスポーツを社会学のテーマにしたこととあわせて、日本における文化社会学の代表的存在と言える。
『悪夢の選択——文明の社会学』筑摩書房、1992年。
『文化社会学界隈』世界思想社、2019年。

E. ゴッフマン『ゴッフマンの社会学3　アサイラム——施設被収用者の日常世界』石黒毅訳、誠信書房、1984年。
『スティグマの社会学——烙印を押されたアイデンティティ』（改訂版）石黒毅訳、せりか書房、2001年。

強者から身を守るためとか、弱者を守るためにつくものもあります。その意味で、嘘は弱者にとって数少ない有効な武器だと言うこともできるでしょう。このような視点に着目した井上俊は、ゴフマンの『アサイラム』（精神病院における患者の行動をフィールドワーク）や『スティグマの社会学』（社会的に差別される烙印が持つ意味の分析）を取りあげながら、そこで指摘された偽装工作を「自分たちを受けいれない「正常」な人たちに対抗し、自分たちのアイデンティティを防衛」する手段として読みとっています。彼によれば、そこには、「「社会の専制」にけっして完全に屈服しない「人間の尊厳」と「自由への可能性」が暗示されている」のです。嘘を単純に悪いことだと決めつけられない理由がここにあると言えるでしょう。

秘密と嘘

嘘をつくのは、他者に対して隠したい、秘密にしたいことがあるからです。それは人間関係にとってコミュニケーションの妨げになると思われがちですが、嘘がそうであるように、隠しごとや秘密もまた誰のなかにもあって、コミュニケーションを円滑にするために役立ってもいるのだと言うこともできます。このことを正当なものとして認めあうのが「プライバシー」という考え方でしょう。たがいに秘密を持ちあいながら、その許容範囲内で関係する。それはすでに取りあげた距離と親密さの問題でもあります。そうすると、親しさの度合いは、たがいがそれぞれ、自分の秘密をプライバシーとしてどこまで正当化できるかということになります。逆に言えば、親しい関係であればあるほど、たがいに秘密を持ちにくくなるということになるわけです。

たとえば親であれば、子どもが隠しだてをしたり、嘘をついたりすることを、あってはならないことと考えがちです。子どもが成長するうえで、正直や誠実は、考え方や態度としてしっかり身につけなければいけないことだからです。しかし、ここでもまたむずかしい矛盾に直面することになります。子どもが大人になるとは、自分に納得できる「アイデンティティ」を自覚することですが、それは、親とはちがう人格をもった個人になることを意味します。そのためには、親としては、子どもが成長するにつれて自分の世界を持ち独自の行動や考えができるように育てていかなければなりません。

→「関係と距離」

もちろん、社会の決まりや習慣などを乳幼児の時期から教えていくのもまた、躾にとって欠かせないことです。「イド」と「超自我」のせめぎあいのなかから、その調停役として「自我」が発達するというS.フロイトの考えをすでに紹介しましたが、それをうまく形成させるのは、親にとっては簡単なことではありません。秘密や嘘を否定する一方で、その必要性を肯定する。素直ないい子であることを望みながら、同時に、他人にごまかされたり、言いなりになったりしない、自分なりの人格を持つよう期待することの難しさが、ここにあります。

亀山佳明『子どもと悪の人間学』以文社、2001年。

あるいは逆のことも言えるでしょう。秘密や嘘を否定する親や大人たちは、現実にはさまざまな関係を、たがいに秘密を持ちあい、嘘をつきあって維持することが少なくありません。そのことに気づいた子どもたちは、純粋な気持ちから親や大人を非難するかもしれませんし、大人のやり方を模倣して純粋なままでは生きられないことを学ぶかもしれません。

子どもが成長して大人になるまでには、いくつかの反抗期があると言われますし、「アイデンティティ」の確立の時期にもまた、親子のあいだには強い葛藤が生まれたりもします。そこにおける秘密や嘘は、その善悪や当否を判断する前に、子どもが大人になるために欠かせない、ひとつの重要な要素として考えなければいけないものだと言うことができるでしょう。

→「アイデンティティ」

最後に、秘密や嘘と「匿名性」についてふれておきます。オレオレ詐欺は自分の息子だと嘘を言って金を詐取する手法ですが、それは、たがいに見ず知らずの人間だからこそ可能になるやり口です。詐欺の実行者にとっては何より、身元がばれないことが大事ですが、被害者が詐欺のためにどういう目にあったかも、知らないままの方が罪悪感を持たないですみます。その意味で詐欺という嘘にとって「匿名性」は重要な要素ですが、「匿名性」はまた、どんな親密な関係以上に、秘密を打ちあけやすくするとも言えます。

富田英典『インティメイト・ストレンジャー――「匿名性」と「親密性」をめぐる文化社会学的研究』関西大学出版部、2009年。

自殺を考える人が見ず知らずの人にそれを話して相談するために開設された「いのちの電話」はその好例でしょう。ネットの普及によって、この種のコミュニケーションが激増したことは、プライベートな話題をブログに書いて公開することや、チャットで行きずりの恋人同士になったりすること、あるいはSNSでのさまざまなやりとりでもあきらかです。匿名のままに関係しあうことが、このようにありふれていることを、個人のプライバシー保護が法律で厳しく管理されるようになったこととあわせて考えると、現在の人間関係の複雑さや難しさが、いっそう明確になると言えそうです。

「スマホとネット」←

エクササイズ

＊アルバイトの経験を例にして、「表層演技」と「深層演技」について、自覚的に分析してみましょう。

＊親子のあいだにあって表向きは否定される嘘について、具体例をあげて、子どもと親の両方の立場から、批判と弁護を試みてみましょう。

補　論

コミュニケーションは単純で複雑である

ここまで読んできた人のなかには、人間同士のコミュニケーションの複雑さや難しさを目の当たりにして、理解するよりはかえって混乱したと感じた人が多いかもしれません。現代人にとって、人間関係やコミュニケーションは、実際に、多様でやっかいなものであることは間違いないのですから、「コミュニケーション能力」を身につけるのは、けっして簡単なことではないのです。

けれども、その多様で複雑な「コミュニケーション」が、原理としては、きわめてシンプルなものであることも、理解できたはずです。つまり、私たちが人びととするコミュニケーションには必ず、複数のメッセージが併存し、しばしばそれが相反したものになるということです。それを、たとえばG. ベイトソンは「プレイ」と呼びました。その点を、もう一度振りかえってみましょう。

ベイトソンが「プレイ」の理論を発想するきっかけになったのは、二匹の犬がじゃれあっている光景でした。そのじゃれあいには、「本気で噛みつくぞ」と「本気ではないよ」という、相反する二重のメッセージの存在が見てとれました。この複雑なコミュニケーションを、類人猿はもちろん、犬や猫でも、ときに遊び、ときにたがいの序列を確認しあったり、集団の秩序を守るためにおこないます。そこにはもちろん、学習という側面がありますが、生まれて間もない段階から、ごく自然にできるように見えます。なぜでしょうか。

ベイトソンは、その理由を哺乳類の動物がするコミュニケーションを成りたたせている前提の多くが無意識的なものであることに求めます。逆に言えば、人間はコミュニケーションを意識的なものにしすぎるということになります。意識的で理性的なものこそノーマルで自明なものだとすることによって、本来はそこにあったはずの無意識のうちに遵守できるルールが無視され、忘れられてしまったというわけです。

「情感には理性が感取しえない独自の理性がある」。これはパスカルのことばですが、ベイトソンは、その「情感（heart）の理性」を意識の理性と同様に、正確で複雑な論理と演算規則（algorithms）からなるものだと考えました。それは、意識の演算規則とは別のコードで組織化されていて、頭で考えることばではなく、からだによって示されるものにほかなりません。その指摘にしたがえば、人間同士のコミュニケーションが他の哺乳類に比べてやっかいなのは、「意識の理性」を重視しすぎるからだということになります。では、心のおもむくままにすればスムーズにおこなえるコミュニケーションを、なぜ人は意識的にするのでしょうか。

パスカル『パンセ』前田陽一・由木康訳、中公文庫、2018年。

「プレイ」に注目したベイトソンは、そこに人間にかぎらず、哺乳類全般に見られる共通性を見つけました。モリス・バーマンによれば、そこには、近代化の土台となったデカルトの思想に対する根本的な批判があります。簡単に言えば「精神と身体」「主体と客体」を根本的に分離したデカルトに対して、ベイトソンは、それらがたがいにつながりあう関係として存在すると考えたのです。デカルトにしたがえば「理性」と「感情」は別ものですが、ベイトソンによれば、それは同じひとつのプロセスのふたつの側面だということになります。

モリス・バーマン『デカルトからベイトソンへ――世界の再魔術化』柴田元幸訳、国文社、1989年。

本来はたがいに関係しあうことで機能していたコミュニケーションの仕組みを、わざわざ分断することによってむずかしくしてしまっている。近代化は自然にしたがい、共生する生き方にかわって、自然に働きかけ、思い通りに加工することを進歩や発展と考えます。それは人間関係やコミュニケーションの仕組みにも積極的に求められた考え方でした。生まれてから死ぬまで、同じ場所で同じ人びとと暮らして一生を終わる。そんな生き方から、自分の夢や野心にもとづいて、住む場所や仕事、そしてつきあう人びととの関係を自分で作りだしていく。それは一面では、人びとを自由な存在にしましたが、他方では、たえず意識してコミュニケーションをせざるをえない、多様で複雑な関係を作りだしてしまったのです。

アイデンティティとコミュニティ

演劇や音楽といった芸術、あるいは文学が、近代になって「覗き」というスタイルを作りだしたことは、すでに指摘しました。それは本来虚構である作品を現実そのものとして経験したり、嘘やニセではなく真実やホンモノとして味わうための方法でした。そして、このような仕組みは当然、自分自身のあるべき姿、人間関係やコミュニケーションのあるべき形にももたらされました。

→「対面、傍観、覗き」

そもそもコミュニケーションに人びとが自覚的になったのは、人びとの関係がたがいに慣れ親しんだ「コミュニティ」を基盤にしたものではなく、自立した個人によって自発的につくられ、維持されるものにかわったからでした。その意味ではコミュニケーションは、伝統的な「コミュニティ」が失われ、一人ひとりがアイデンティティを自覚しはじめたときに発見された、と言うことができるでしょう。コミュニケーションが意識する理性をもとにおこなわれる必要性は、こんなところに一番の理由があったはずです。

→「アイデンティティ」

「アイデンティティ」が「コミュニティ」にかわるものとして登場したことを指摘したZ.バウマンは、前者がいつでも後者を必要として、亡霊のように復活させてともなわせる必要があったとも言っています。それはつまり、近代的な家族であり、生活の場であらたにできる近隣関係、働く場としての「企業（工場）」、そして「国民国家」という枠組みだったというわけです。

ジグムント・バウマン『コミュニティ――安全と自由の戦場』奥井智之訳、ちくま学芸文庫、2017年。

ベネディクト・アンダーソン『想像の共同体――ナショナリズムの起源と流行』（増補）白石さや・白石隆訳、NTT出版、1997年。

そういった新しい枠組みのでき方はもちろん、国によって多様でした。ヨーロッパでは数百年の時を経ていますし、移民国家としてのアメリカには、バウマンの言う「コミュニティ」はありませんでした。バウマンはある人の解放には別の人の抑圧がともなったと言い、多くの人は「堅苦しい古いルーティン（習慣に支配された、コミュニティ的な相互行為のネットワーク）から力ずくで引っ張りだされ、（仕事に支配された、工場のフロアの）堅苦しいルーティンに押しこまれ」て「大衆」と呼ばれるようになったと言います。その貧困と劣悪な生活環境が見直されるのは、ヨーロッパでも20世紀の前半のことですし、本格的な改善がはじまるのは第二次世界大戦後のことでした。

国家や企業が個人の「アイデンティティ」や経済の基盤を保障し、家族や近隣関係によって安心した生活ができるようになる。20世紀の後半は、その範囲を先進国であれば社会の下層やマイノリティにまで広げることが課題とされましたし、開発途上国の経済的発展にも援助がおこなわれました。それはまさに、古い「コミュニティ」の墓場に新しい「コミュニティ」と自立した個人の「アイデンティティ」を徹底して実現させる試みだったのですが、うまく実現できたとはとても言えないのが現状でしょう。

「アイデンティティ」を確立し、近代的な「コミュニティ」のなかで、人びとと豊かで楽しい生活を送るという理想は、ヨーロッパの近代化のなかで出現した「中産階級」が目標にしたものだと言えます。日本は戦後の経済成長により、大半の国民が自らを中流だと自覚する社会を作りあげたと言われました。そのような状況はバブル崩壊以降揺らぎはじめ、現在では、新たな格差が顕著にあらわれるようになったと指摘されています。また、日本人にとって、欧米型の「アイデンティティ」の持ち方や、近代的な「コミュニティ」の作り方には、どれほど奨励されても強い違和感を持つことが多いように思われます。外から入ってきたものを内部でどのように取りいれ消化していくか。日本人にとってコミュニケーションの難しさは、こんなところにもあると言えるかもしれません。

ユートピアと
ディストピア

危機的な状況に直面したときに、私たちは否が応でもコミュニティやアイデンティティを意識することになる。2011年の東日本大震災では、地域の再生・復興と人びとの絆が声高に叫ばれた。そして、2020年のコロナウイルス禍では、国家のあり方と人びとの協調が問われることになった。

ソルニットとクラインは対照的な立ち位置から、有事の際に露呈するコミュニティとアイデンティティの関係を描き出している。

レベッカ・ソルニット『災害ユートピア――なぜそのとき特別な共同体が立ち上がるのか』高月園子訳、亜紀書房、2010年。

ナオミ・クライン『ショック・ドクトリン――惨事便乗型資本主義の正体を暴く』（上・下）幾島幸子・村上由見子訳、岩波書店、2011年。

「コミュニティ」←

フレイムと多様なコミュニケーション

コミュニケーションを考えるための理論的な基礎として、Part 1ではG.ジンメル、E.ゴフマン、そしてG.ベイトソンの概念を中心にしてきました。それらはけっして一列に並べることができるものではありませんが、コミュニケーションが本来、単一のメッセージだけで成りたつのではなく、多義的で対立的ですらあるものの併存という形をとるという指摘では共通しています。ジンメルにとって「結合」と「分離」はばらばらなものではなく、共存して関係しあう要素ですし、ゴフマンにとっても自発的で非意図的な表出と演出的で意図的なそれが、ないまぜになっているところに、人間関係の難しさやおもしろさが感じられるのです。ベイトソンの「プレイ」が同様の視点にもとづくものであることは、すでに指摘したとおりです。

その原理的には単純ではあるけれども現実の場では多様で複雑になるコミュニケーションについて、ここでは最後に、ゴフマンの「フレイム」という概念を紹介して、もう一度考えてみることにします。

ゴフマンはその初期の作品のなかで、人びとが対面しあってする相互行為の基盤を「状況」(situation) という概念に求めてきました。たとえばそれは、家庭や学校、職場、そして病院といった特定の場を考えればわかりやすいですし、その場における時間という要素を加味すれば、「状況」はさらに細分化したものとしてとらえることができます。

そんな空間的、時間的に限定された「状況」には、必ず、そこに適切な人びと、つまり「状況の定義」に見合う人びとが存在します。定義にあわない人がいれば、その人は場違いな人として、周囲の人から奇異の目で見られたり、排除されたりしてしまいます。しかし、その場にいることが正当だと認められる人であっても、その場にふさわしくない言動をすれば、やはり人びとの批判を受けたりしかねません。ただし、「状況の定義」は、そこに参加する人に厳密に同じものとして認識されるわけではありませんし、不変のものでもありませんから、そこには必ず、曖昧さや流動性が潜むことになります。

ゴフマンは、「公共の場」や「コミュニティ」、あるいは「病院」といった「状況」を基盤にして、そこに集まり、参加する人たちがする相互行為を、その都度発明したキーワードを使って分析してきましたが、後期の作品では、「フレイム」(frame)という概念を使った集大成を試みました。ただしその「フレイム」は空間や時間を区切る「状況」とは違って、「リアリティ」感覚にもとづくものでした。

Goffman, E. *Frame Analysis: an essay on the organization of experience*, Harper&Row, Publishers, 1974.

今、目の前でおきていることの多くは、誰にとっても「現実」として認識されています。たとえば満員電車のなかでは誰もが壁や石のようになって、不要なコミュニケーションが生じないように努めます。ですから、突然誰かがしゃべりはじめれば、それは現実にはおこるはずのない異常な出来事として感じられたりもします。しかし、そのおしゃべりがおもしろくて、思わず笑ったりすれば、そこにはまた別の現実が出現します。その意味で「状況の定義」によって支えられているリアリティ感覚は、けっして強固なものではなく、むしろきわめて脆弱なものだと言うことができるのです。

ゴフマンは、相互行為に参加する人たちが合意のうえで「リアリティ」を定義する枠組みをかえることを「転調」(keying)と呼びました。真面目な話し合いがすんだ後での談笑といったものはその好例ですが、「転調」はもっと頻繁に、発言のなかに冗談や皮肉をはさむといった形でも生まれます。あるいは何かを協力しあっておこなうという作業のなかで、知らぬ間に競争意識が芽生え、参加者がまるでゲームのように競いあうといったこともあるでしょう。挨拶や、社交的なふるまいには、必ずしもそれをおこなう人の本心がともなうわけではありません。しかし、「空虚なジェスチャー」としか感じられない場合でも、それをしなければ相互行為が成りたたないし、人間関係そのものが壊れてしまいかねない

「嘘と秘密」←

という意味では、きわめてリアリティのある行為になるはずです。

「転調」はそこに参加する人びとに明示的な形でおこなわれるのが普通です。しかし人びとのする相互行為のなかには、たがいがまったく違う「フレイム」を念頭に置いている場合も少なくありません。つまり、嘘やごまかしといった事例です。しかけた方はそれが虚偽のフレイムであることを自覚する一方で、相手はそれに気づかない。ゴフマンはそれを「偽造」（fablication）と名づけています。ここには戯れとして相手を騙すことや、自己防衛や相手を気づかっての嘘から、信用詐欺といった犯罪までが含まれます。

このほかにも「現実」と考えられる「フレイム」のうえに別の「フレイム」が重なるケースは多様に存在します。コミュニケーションが機械的なメディアによっておこなわれるときには、そのメディア特性が「フレイム」を規定します。また、緊張や退屈、あるいは夢中になってはまるといった状況では、「フレイム」からはみ出す行動がおこりがちになってしまいます。それがどこまで許容されて、どこからが枠外の行動になるのか、どこまでいったら「フレイム」そのものを壊してしまうのか。「フレイム」はあくまで、そこに参加する者同士が共有する「経験」を組織化するものですから、その規準は柔軟ですが、それゆえにまたきわめて脆いものであるほかはないのです。この「フレイム」と「転調」と「偽造」に即してコミュニケーションを考えたときに気づくのは、その柔軟性に対するおもしろさでしょうか、それとも脆弱性に対する不安なのでしょうか。

Part 2：感情とコミュニケーション

8. 顔とからだ

9. 羨望と嫉妬

10. 楽しみと退屈

11. 孤　独

12. 親密性の絆

13. 病と死

14. 笑いと泣き

補　論

8. 顔とからだ

顔と人格

「私」が「私」であることを自覚するのは「私」のなかの「心」です。それは自分だけが自覚する「私」ですが、実際、それが「私」のなかのどこにあるのかは確かではありません。最近の「脳科学」の進歩は、その所在をあきらかにしはじめています。そのことについては、この Part 2 の補論でふれることにして、ここでは他者との関係のなかで「私」が「私」であることを確認する「顔」について考えることからはじめましょう。

「顔」は誰にとっても、私が私であることを明確に表示する第一の部分です。いったいこの「顔」には、どんな特徴や意味があるのでしょうか。G. ジンメルは「顔」を「精神が個性の形をしてあらわれるところ」だと言いました。その理由は、「顔」だけが衣服で被われないということにあります。つまり、着替えのできない固定した特徴を持つゆえに、人格の象徴になっているというわけです。

G. ジンメル「顔の美的意義」『ジンメル著作集 12　橋と扉』(新装復刊) 酒田健一ほか訳、白水社、2004 年。

他人とのやりとりのなかで、「顔」はさまざまな表情を示します。笑う、泣く、怒る、恐れる、夢中になるなど、表情が示すメッセージが持つ意味は、ときに語られたことば以上に信憑性をもって相手に伝わります。ことばと違って表情には、嘘や脚色の少ない心の様子、つまり「感情」がそのままあらわれがちだと思われているからです。

だからこそ、目の前にいる相手に対しては、ことばはもちろん、表情についても、できるかぎり意図的に表出するように管理するのですが、なかなか思い通りにはいきません。しかも困ったことに、私たちは、そのとき、自分の顔を見ることができませんから、うまくやっているかどうかは、相手の反応から推察するほかはないのです。コミュニケーションをしているときのたがいの「顔」は、それぞれの「心」を表出するものですが、そのことでまた、たがいの「顔」を映しだす鏡の役割もするのです。

もちろん私たちは、私が私であることを他者に認知されやすくするために、顔やその周辺にさまざまな工夫を施します。そのひとつは私が担う「社会的属性」でしょう。役割に応じた、それにふさわしい髪型や化粧といったものは、ときに制服に準じた形で規則化されたりもしています。また逆に、他人とはちがう個性を強調するためにも、さまざまな工夫が凝らされます。現代の化粧の基本は、自分の顔を美的な規準にあわせて、目を大きく見せたり、鼻を高くしたり、肌の色を整えたりすることです。あるいはそこには何をどう強調するかという、その時々の流行という規準も含まれます。もちろん現在では、清潔感や健康という規準がどんな化粧の仕方にも不可欠な要素として考慮されていることは言うまでもありません。もっとも、若い人たちの化粧やファッションには、たとえばかつての「ガングロ」のように、意図的に、こういった規準に反抗する姿勢も見られます。新しい流行は得てしてそんな反社会的なポーズから生まれたりしますから、個性的であることや社会的に同調することは、化粧や衣服の種類からは判断できない部分があるものです。

からだと衣服

それでは、顔以外を被う衣服には、どんな役割や意味があるのでしょうか。私たちが毎日身につける衣服は、からだを被うと同時に、自分の属性をあらわします。学生や警察官の制服、コック帽や白衣、あるいはサラリーマンのスーツなど、衣服はそれを身につける人の社会的な役割を示すと同時に、その集団内の序列を目に見えるものにします。その意味では、衣服は最もわかりやすい「アイデンティティ・キット」だと言えるでしょう。

衣服はまた、外に向けて自分をあらわすだけでなく、自分の心やからだを規定する働きもします。軍服はその好例で、

→「嘘と秘密」

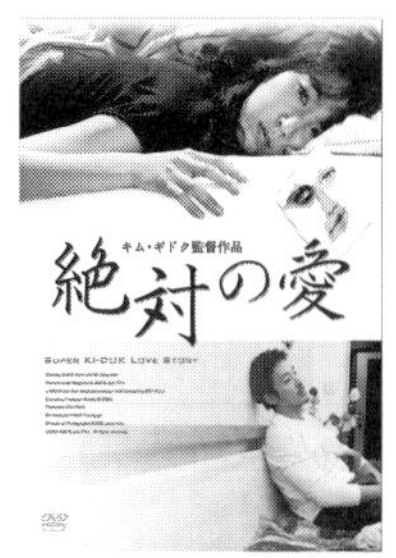

『絶対の愛』
「愛は顔ではなく心」。そんな「絶対の愛」を確かめるには、顔を変えてみるしかない。そう考えた女は整形手術を行い、恋人の前から姿を消す。別の人間として恋人と出会い、ふたたび愛されるようになるが、彼が愛しているのは「私」ではなく、「私とは異なる顔の誰か」にすぎないのではないか。「顔」とアイデンティティをめぐる大作。
キム・ギドク監督
2006年、韓国

→「行為と演技」

バラバラな服を着ていた兵士たちに同じ服装をさせることが、兵士たちの一体感や仲間意識を強め、兵士としての身体能力や戦闘力を高めやすくさせました。制服には、心やからだを非個性化して、人びとを管理、操作しやすくする働きがあるというわけです。制服がそれを着る人を規定し、また規制する理由には、人びとの目による監視と、皮膚感覚という、二重の要因が見つけられるのです。

衣服による違いの明確化は年齢や性別にもあきらかです。フィリップ・アリエスは「子ども」が「子ども」として「大人」とは違う服を着はじめるのは、ヨーロッパが近代化しはじめた後のことで、中世までの庶民の暮らしには衣服による年齢や世代の違いはほとんど見られなかったと言います。かわいらしい子ども服が登場するのは17世紀の上流階級からで、それが中産階級に流行し、やがて労働者階級にまで届くのですが、そこには数百年の時の経過がありました。子どもであれば子ども服が当たりまえとなるのは、先進国でも20世紀の後半からにすぎません。

子ども服の登場には、親や大人たちが子どもをかわいらしくてうぶな存在として見るようになったという意識の変容があります。それはまた、小さい頃から働かせるのではなく、学校に通わせて勉強させるようにしたことと重なります。子どもにしっかり教育をつけさせ、上品に立派に育てあげることが親のつとめになり、そうできることが、自分に自信を持つ根拠になったのです。

男と女はまず、胸のふくらみや体毛の生え方、性器の差異など、身体的な違いで分けられます。しかし現実にはやはり、その違いは衣服によって一層強調されていると言えるでしょう。子ども服同様、これも今では当たりまえですが、違いの強調は、やはり制服の普及した時期に重なります。

衣服の性差の普及には、外に働きに出る男と、良き妻、母として家庭を守る女という分担の浸透がありました。男たちにとって、子どもはもちろん、妻を外で働かせることもまた、

フィリップ・アリエス
Philippe Ariès
1914-1984

教職には就かず、仕事をしながら研究をした。自らを「日曜歴史家」と呼んでいる。埋もれた史料を集めて、庶民の歴史をその感性やメンタリティに注目して分析する「アナール学派」を代表する歴史家である。
『〈子供〉の誕生――アンシァン・レジーム期の子供と家族生活』杉山光信・杉山恵美子訳、みすず書房、1980年。
『日曜歴史家』成瀬駒男訳、みすず書房、1985年。

自分の力のなさを公にする恥ずかしいことと考えられるようになったのです。無力でか弱いけれども、美しくてやさしい存在という「女のイメージ」を確認するのが何より衣服であったことは、言うまでもないでしょう。

→「羨望と嫉妬」

このような男中心の考えに女たちが異を唱えたのが1950年代にアメリカに登場し、60年代に強い抗議行動に発展した「ウーマン・リブ」（後に「フェミニズム」）と呼ばれる運動でした。その50年代にはアメリカは未曾有の経済成長を遂げ、中流層の人たちにとっては、都市の郊外に一戸建ての住宅を持ち、さまざまな電化製品に囲まれた暮らしをすることが夢になりました。その夢は多くの人に実現されますが、それが思い描いたほど幸福な生活でないことは、女たちによってすぐに実感されてしまいます。

デイヴィッド・ハルバースタム『ザ・フィフティーズ——1950年代アメリカの光と影』金子宣子訳、新潮OH！文庫、2002年。

ケイト・ミレット『性の政治学』藤枝澪子ほか訳、ドメス出版、1985年。

妻や母として家庭に縛られることに不満を覚えた女たちが求めたのは、男が望む「女らしさ」に甘んじるのではなく、自分も職に就き、男のように活動的にふるまって生きることでした。当然、その批判の矛先は、彼女たちが身につける衣服にも向けられました。とりわけ槍玉に挙げられたのはブラジャーとスカートで、結婚前の若い女たちはそれらを脱ぎすてて、当時、男たちのあいだで広まったTシャツとジーンズを身につけました。もっともそのTシャツとジーンズは、サラリーマンの灰色のスーツとネクタイに拒絶反応を示した若い世代の男たちの意思表示で、彼らにとってもまた、会社勤めの仕事に希望を持つことができないことの表明だったのです。

衣服の両義性

しかし衣服（下着）はまた、個人的な快楽にもなりうる。「女がパンティを選ぶ時の基準は、二つあるように思える——一つは言わずもがなのセックス・アピール。もう一つはナルシシズムである。（中略）そしてこの二つはしばしば一致しない」。
上野千鶴子『スカートの下の劇場——ひとはどうしてパンティにこだわるのか』河出文庫、2019年。

フェミニストの主張はたとえば「男女共同参画社会」といった標語になって、国の政策に取りいれられ、女たちの社会進出を容易にしました。働く男のスーツに対応した仕事着が新しいファッションとして考案されましたが、ブラジャーとスカートは捨てられるどころか、かえって重要性を増すことになりました。活動的であることと同時に、女らしくあることもまた、働く女たちにとって「アイデンティティ」の大事な要素と考えられたからです。

もっとも、職種によっては男女を問わず、Tシャツやジーンズが当たりまえになりました。IT産業や文化産業といった、新しく生まれたクリエイティブな仕事に従事する人たちです。ここには、この職種自体が既成社会に対する60年代の異議申し立てから生まれた新しいビジネスだという要因があげられます。

「ネット社会」←

からだと文化資本

衣服は、単にからだを被うものではありません。私たちは衣服によって自らの「アイデンティティ」をあらわしますが、それはまた心にはね返って、私たちの顔やからだを規定するのです。たとえば、E. ゴフマンは収容施設への入所の際に、私服を脱いで制服に着替える人たちを観察して、その動作のなかで、それまで見せていた表情や仕草が消え、非個性的で没人間的な、まるで機械のような様子に変貌することを指摘しています。その意味では、衣服は、それが自分固有のものであると自覚したときには、単にからだを被うのではなく、からだの外にできたもう一枚の皮膚のように、自分と一体化したものとして認識されていると言えるでしょう。

E. ゴッフマン『ゴッフマンの社会学3 アサイラム——施設被収容者の日常世界』石黒毅訳、誠信書房、1984年。

ですから、衣服とからだ、顔、そして心のつながりは、本人が自覚する以上に緊密なものだと言えます。そしてまた、身につける衣服同様に、からだには自分の境遇のしるしがしっかりと刻みこまれてもいます。ピエール・ブルデューは、その身体化された生まれ育った階層の慣習を「ハビトゥス」（habitus）と呼びました。それらは、ことばはもちろん、話の仕方、そのときにする表情、そして食事の仕方や衣服の着方、さらには歩き方にいたるまで、そのこまかな一挙手一投足に及びます。他人が見せるそんな何気ない仕草は、当然、羨望の的にもなれば軽蔑の対象にもなります。経済的な資本力の違いは、衣食住に渡る豊かさの違いや教育レベルの差になるだけでなく、さまざまな「文化資本」の差として、から

ピエール・ブルデュー『ディスタンクシオン——社会的判断力批判』（1・2）石井洋二郎訳、藤原書店、1990年。

だにもしっかりあらわれるというわけです。

このような差異は、階級や階層だけでなく、すでに話題にした年齢や性別にもありますし、地域や民族、そして宗教の違いによっても見られます。もちろん、高度な大衆消費社会の到来が、このような差異を希薄にして、誰もが同じような話し方や仕草をするようになったという傾向は認めることができるでしょう。けれども、それでも残りつづける特徴というものはあるはずです。

多田道太郎は、日本の住居が洋風に変化しても、相変わらず二足制のままであったり、床に大の字に寝ころび、低いテーブルやコタツの周りに座って食事をすることなどを指して、私たちのからだに染みこんだ文化的な習慣がそう簡単には変わらないことを指摘しています。すっかりファッションが欧米化された現在では、強いビートに身を任せて踊る茶髪の若者を見かけるのは珍しいことではありません。けれども彼（彼女）らが、ヤンキー座りをしたり、地べたに座った途端に、農作業の合間にあぜ道に腰掛けた、昔ながらの日本人と同じであることを露呈してしまうのです。

顔とからだと文化の関係には、もうひとつ、きわめて現代的でグローバルな広がりをもった特徴があります。そのひとつは健康や美しさ、そして若さについてでしょう。「太ってはいけない」「老けてはいけない」という不安感から、ダイエットやヨガ、脱毛や増毛、整形などにいそしむ人の数は増えています。商品の広告がそうした不安を強迫観念にかえて、人びとの消費を扇動する傾向にあります。まさに「健康ファシズム」とでも言える状況ですが、この現象は、すでに一世紀近くも前にアメリカでおこされた「清潔感」を巡る政府と企業とメディアが一体になって繰りひろげた宣伝活動に酷似しています。

スーエレン・ホイは、アメリカ人に清潔という感覚が行きわたったのは1930年代以降だと言います。衛生教育がはじまり、洗剤や石鹸、あるいは洗濯機が普及しましたが、大き

多田道太郎
1924-2007
ボードレール研究を中心としたフランス文学者。大衆文化、関西文化、日本人論などについても数多くの評論をおこなった。主著に『複製芸術論』『遊びと日本人』などがある。
『しぐさの日本文化』講談社学術文庫、2014年。

→「病と死」

スーエレン・ホイ『清潔文化の誕生』椎名美智訳／富山太佳夫解説、紀伊國屋書店、1999年。

な力になったのはラジオで、石鹸会社がスポンサーになって人気となった番組は「ソープ・オペラ」と呼ばれました。洗濯した後の衣類がまっ白でなければいけないことや、歯磨きをした歯も光るように白いことなどは、まさに洗剤や石鹸会社が売り上げを伸ばすために考案したキャッチ・コピーにすぎなかったのですが、現在では、それこそが清潔感のバロメーターになっていると言えるのです。

日本人の着る衣服は完全に洋装化し、食生活の変化によりからだも大きくなり、スタイルも欧米人に近づいています。髪を染め、肌の白さを美の大きな規準にする傾向は、まさに欧米コンプレクスのあらわれだと非難されても仕方がないことかもしれません。けれども、そういう外見の変容は、日本人の心や人間関係に、どのような変化をもたらしたのでしょうか。そこには多田道太郎が指摘したような、「和洋折衷」の特徴が数多く見られるように思います。そのひとつは何に対しても「かわいい」という評価規準を当てはめる傾向にうかがえます。「美しい」ではなく「かわいい」という評価は、個性的で自立した存在ではなく、何かに似通って依存的な対象に向けられます。欧米人と同じような服を着て同じような行動をしているように見えても、心の持ち方、人間関係の持ち方には、後にふれるように相変わらず、日本人的な特徴が強固に見られるのです。

四方田犬彦『「かわいい」論』ちくま新書、2006年。

「日本人の人間関係」←

エクササイズ

＊自分の顔を「人格」「個性」「社会的役割」といった視点からスケッチしてみてください。

＊身につける衣服について、何を、いつ、どこで、なぜ着るのか、と考えてみてください。

9. 羨望と嫉妬

欲望の三角形

生物は生存のために、たえず養分を補給しなければなりません。また自らの種を保存するために、次の世代を生み育てることが、生きることの第一のつとめとして遺伝子に組みこまれています。食欲や性欲はそれを自発的におこなわせるための仕組みですが、人間は、それ以外にも、さまざまな欲望を抱きます。

ルネ・ジラールは、人間はどうして欲望するかということを、「主体」(subject)、「対象」(object)、「媒体」(model) の三つで構成される「欲望の三角形」によって説明しています。彼の指摘した「欲望」は、もちろん、生理的な欲望(食欲と性欲)とは違うもので、それは他者との関係を通して喚起されるという特徴を持ちます。つまり、ジラールによれば、この種の欲望は、「主体」である私のなかから自然に湧きでてきたり、自分の意思で選択するというよりは、まず気になる他者の存在が必要で、その人が所有していることが大きな引き金となって喚起されるというのです。

このようにして欲望する対象には、恋愛相手、財(モノ)、才能、技術などの具体的なものから、社会的名誉、地位、人気といった抽象的なものまで含まれます。気になる他者がもっているものを自分もほしくなるのは、自分にとって気になる他者が「同一化」の対象であって、その人のようになりたい、近づきたい、差をつけられたくないと思っているからですが、それは「アイデンティティ」の確立に不可欠な「模倣」の行為そのものにほかなりません。その意味で、ジラールの「欲望の三角形」にはG.タルドの「模倣論」の影響が強く感じられると言えるでしょう。それはまた「ミメーシス」(mimesis) 論として、ジラールが「暴力論」を展開するための基本概念にしているものでもあります。

ルネ・ジラール
René Girard
1923-2015

フランス生まれ。セルバンテス(『ドン・キホーテ』)、スタンダール(『赤と黒』)、ドストエフスキー(『地下室の手記』)などの文芸批評を通して、欲望は模倣することによって発生するとするミメーシス理論を発達させた。また、C.レヴィ=ストロースなどの人類学の視点から、欲望による暴力の発生と祭礼や宗教による暴力の回避を分析している。

『欲望の現象学――ロマンティークの虚偽とロマネスクの真実』(新装版)古田幸男訳、法政大学出版局、2010年。

→「自己と他者」

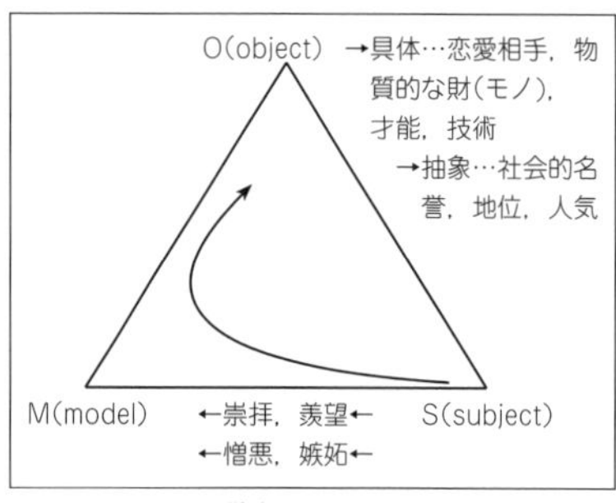

欲望の三角形

羨望と嫉妬、ライバルとアイドル

欲望が気になる他者の模倣として生じるのは、その人が自分より優越した人だと自覚するからです。ただし、その他者と自分の距離が大きい場合には、欲望は実現しなくても仕方がない憧れとして、諦めることもできるでしょう。

しかし、相手との距離が接近していて、その人のようになることが可能だと思われるときには、欲望は羨ましさを募らせて、なんとしても手に入れたいと思わせるようになるはずです。「羨望」(envy) は、気になる他者に対する自分の劣位を自覚させますが、それをかなえることで、気になる他者の位置にまで自分を高めることができると思えるかぎりは、欲望はあくまで目標に到達する動力として働きます。けれども、その欲望が実現できなかったときには、自分の無力さを自覚して、自己嫌悪に陥る結果にもなりかねません。

「欲望の三角形」の例としてすぐに思いつくのは、気になる他者とのあいだでひとりの恋人の心を射止めようと争う三角関係の恋愛ゲームです。このとき、気になる他者は私にとって同一化の対象であると同時に、その実現を妨げるライバルにもなります。気になる他者の恋人が自分の欲望の対象ですから、奪いとらないかぎりは欲望を満たすことはできないのです。

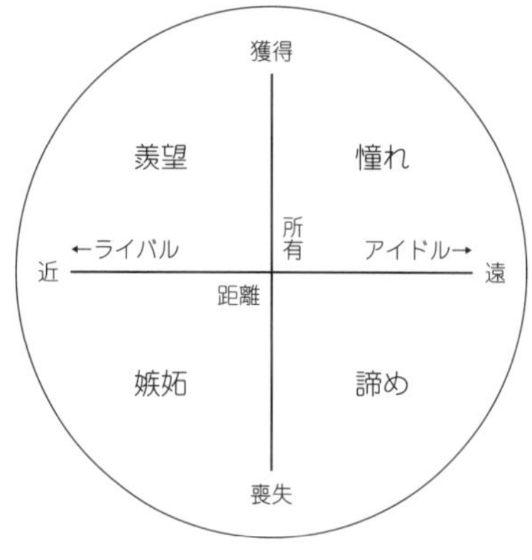

この恋愛ゲームで、仮に、私が「気になる他者＝ライバル」の恋人を奪うことに成功したとします。私は大いに満足するわけですが、恋人を奪われたライバルは、私に対して強い「嫉妬」(jealousy) を感じるはずです。自分にはもともとなかったために抱く「羨望」と違って、「嫉妬」にはすでに所有していたものを奪われたという喪失

感がともないます。「嫉妬」は奪った相手を憎み、取りかえしたいと感じさせる新たな欲望にほかならないのです。

このような関係が織りなす物語は、文学はもちろん、映画やテレビでもおなじみですが、そこにはまた、暴力や殺人といった悲惨な展開がもたらされます。もっとも、このようにして成就した恋愛も、ライバルが諦めて終わりを告げれば、えてして、射止めた恋人に対する思いそのものが萎えてしまう結果に終わりがちです。欲望自体がライバルを経由して生じたものですから、そのライバルがいなくなれば、欲望自体も消えてしまうというわけです。

気になる相手がきわめて遠い存在で、その人に淡い憧れを抱くようなケースについてもふれておきましょう。たとえば、私たちはテレビに映る有名人（タレント、スター、アイドルなど）に愛着を感じ、そのファンであることを自認する場合があります。そのとき、有名人は私の「アイドル」（偶像）になるわけですが、そこには、同一化よりは一体化への欲求の方が強いと言えるかもしれません。そもそも「アイドル」とは神の化身である「偶像」を意味したのですから、そこには神を崇拝する態度に共通した、自己を無にして一体化する試みがあっても何の不思議もないでしょう。ただし、誰か（何か）のファンであるという意識には、それを根拠に自己の「アイデンティティ」を凝集させるという発想もうかがえます。誰か（何か）のファンになった人たちがつくるファン・クラブには、好みを共有することで感じられる「愛着同盟」ができ、それが自己確認のよりどころとして機能する場合もあるからです。

ただし「ファン意識」には「アイドル」を自分ひとりで独占できないことで感じる「嫉妬」もあるでしょう。一途な思いや献身的な態度が相手に通じないという自覚が強まれば、諦めてファンであることをやめるかもしれません。あるいは「アイドル」や「ファン」たちに攻撃的な態度や行動を示す危険性もありうるでしょう。

囚われの女

われわれがもしも自分たちの恋愛をもっと分析するすべを心得ていたならば、（中略）われわれは他の男たちを相手に女をあらそわねばならなくて死ぬほど苦しいのに、しばしばその女が好きでたまらなくなるのは、ひとえに他の男たちとの張りあいがあるからで、その張りあいがなくなると、女の魅力はがた落ちになる。

マルセル・プルースト『プルースト全集8　失われた時を求めて　第五篇　囚われの女』井上究一郎訳、ちくま文庫、1993年。

スコット・フィッツジェラルド『グレート・ギャツビー』村上春樹訳、中央公論新社、2006年。

1920年代、ニューヨーク郊外ロング・アイランドにおける貧しかった青年ギャツビーと、上流階級の恋人のデイジーの恋物語。財界でのしあがるギャツビーの様子には、世界恐慌前の1920年代アメリカのブルジョワ社会の華やかさが描かれている。

ソーステイン・ヴェブレン『有閑階級の理論』小原敬士訳、岩波文庫、1961年。

見せびらかしの消費

「羨望」と「嫉妬」はきわめて個人的な感情ですが、それはまた、近代化がその土台とした平等意識と自由な競争という理念とともに、その発展を支える重要な要素になったという一面もあります。

近代化は中世の社会にあった固定化した身分制度を壊しましたが、また新たに「上流階級」「中産階級」、そして「労働者階級」というピラミッド社会を作りだしました。中世からつづく王侯貴族、豪商や豪農の子孫をのぞけば、新たにできた階級は固定したものではなく、個人の運と力で駆けあがることができる社会ですから、競争意識が加熱するのは当然ですが、それこそが資本主義という経済システムを拡大させる動因にもなったのです。

ソーステイン・ヴェブレンは、そのような仕組みのなかで成りあがった人たちを「有閑階級」(leisure class) と呼び、その考え方や暮らし方に辛辣な眼差しを向けて分析をしています。彼（彼女）らは、豪華な家具を備えた瀟洒な豪邸に住み、ピカピカに着飾ったファッションに身を包んで日夜パーティに出かけ、美食を楽しんで、遊んで暮らしました。しかし、ヴェブレンは、そのような暮らしをする人たちは、それ自体で満足したわけではなかったと言います。

仕事をせずに遊んで、贅沢に暮らす人たちが得る満足は、そうすることで周囲から投げかけられる「羨望」や「嫉妬」の感情にこそあったようです。ヴェブレンはこの階級の関心が、何より見栄の競いあいや見せびらかしにあることを見抜きました。暇とお金をもてあます人間は、自分の思いのままに楽しむのではなく、そうすることを他人の目にはっきりと見せつけることに熱心だったというわけです。

もっとも、暇に飽かして贅沢を見せびらかしたのは、男ではなく女（妻）や子どもたちだったようです。つまり、一生懸命に働いて稼ぐ男たちにかわって、妻や子どもたちが「見せびらかしの消費」を実践したのです。働く必要のない女たちのファッションは、歩きづらいハイヒールやひらひらと邪魔なドレスなど、非実用的であることを強調しました。着飾った妻が示すのは、家事は召使いに任せ、育児や子育ては乳母や家庭教師に委ねて、自分は何もせずに遊んでいられる身分だというメッセージなのでした。

この「有閑階級」に見られた欲望は、他者に「羨望」を抱かせることで満たされるものにほかなりません。この「羨望」を抱くことと抱かせることの関係は、当然、暮らしの近代化のなかで新しく登場したさまざまな商品を大量に消費させる仕組みを支えることになります。つまり、それは一部の特権階級にかぎられたことではなく、中産階級、そして労働者階級にとっても、人生の理想、夢として思い描かれるようになっていったからです。外で糧を稼ぐ男と、家で家事や育児に専念する女、便利な家財道具が備わった、豊かで健康に暮らす家族といったあり方が、近代的な幸福な生き方のモデルとなったのです。

→「消費とコミュニケーション」

この消費による「羨望」と「見せびらかし」という行動は、新聞や雑誌の広告によって制度化され、ラジオやテレビによってさらに強化されていきました。かぎりなく多くの人たちが、大量にモノを消費する「大衆消費社会」の到来には、こんな欲望の存在が不可欠だったのです。そのことは「みんなが持っている」「流行に乗り遅れるな」「人より一歩先を行け」などといった広告のことばが、モノに満ちあふれた現在でも有効性を失っていないことからもわかるはずです。

セレブリティと有名性

マス・メディアは、そこに登場する人を即座に有名にします。それは単に、一度に多くの人たちに知らせるというメディア特性によるのですが、有名になることはそれだけで、何かしら「オーラ」を付与された名士であるかのように思わせる魔力があるようです。ダニエル・J. ブーアスティンは、テレビというメディアが特に、そんな「有名人＝名士」

(celebrity)の製造に熱心であることに、いち早く着目しました。有名人は有名であるから有名なのであって、それ以外の理由や根拠は何も必要はない。ブーアスティンは「有名人」を「英雄」と比較して、前者が放つ「オーラ」には実体がないことを暴露します。

ダニエル・J. ブーアスティン『幻影の時代——マスコミが製造する事実』後藤和彦・星野郁美訳、東京創元社、1964年。

もっとも、テレビが作りだすのは「有名人」だけにかぎりません。彼は「疑似イベント」(pseudo-event)という概念を提示して、テレビが作りだすのは理想や経験そのものではなく、あるいは自然発生的な出来事でもなく、それに近似したイメージであると言います。そしてそのようなイメージに慣れた私たちには、イメージにすぎない「疑似イベント」の方が、本物よりも現実的に感じられるようになってしまったのだと批判しました。

石田佐恵子『有名性という文化装置』勁草書房、1998年。

もちろん、有名人の製造は、映画がすでに作りあげた「スター・システム」にも共通した手法でした。ただし、映画の観客にとってスターは、テレビにおける有名人とはかなり違いました。エドガール・モランは、映画を見る観客のなかに、登場人物に自分を重ねあわせる見方を指摘して、そこに虚構としての「同一化」を読みとっています。つまり映画は、観客を虚構の世界に招きいれ、ほんのひとときとはいえ、自らをその主人公として生きさせることを可能にしたと言うのです。

エドガール・モラン『スター』(第3版)渡辺淳・山崎正巳訳、法政大学出版局、1976年。『時代精神』(1・2)宇波彰訳、法政大学出版局、1979・1982年。

そのようにして一時の夢物語に身を任せた観客が、日常の世界にもどったときに魅了されるのは、映画に登場したスターたちが所有し、また所有することを勧める商品の数々でした。その商品を手に入れれば、スターと同じ気分になり、映画の世界で味わった変身の快楽を、現実の場で再現することもできるのです。この「実在的なもの」のなかに「想像的なもの」を入りこませるという手法は、その後のテレビの時代になると、さらに顕著で巧妙なものになっていきました。

映画が作りだすスターには、テレビが製造する有名人よりはるかに、美貌やカリスマ性、あるいは役者としての演技力などが要求されました。そのことは、テレビが映画との比較のうえで、常に二流だと言われてきたことと関係します。しかし逆にテレビは、その平凡さや日常性、飾られた顔ではなく、素顔こそを魅力にするというメディア特性があります。それに気づいた後は、それこそがテレビにとって何より重要な武器になりました。テレビに登場する有名人は、ひときわ優れた人というのではなく、視聴者にとってあたかも友だちのようであり、隣人や家族の一員のようでもある人たちで、それが何より有名になることの必要条件になったのです。

→「メディア」

そんな、彼（彼女）らがテレビのCMで手にして勧める商品は、きわめて日常的なものであっても、視聴者にとってはささやかな欲望の対象に変質します。テレビがコマーシャルによって成りたつメディアであることを可能にしたのは、何よりこんなメディア特性があったからだと言えるでしょう。であるだけに、テレビが作りだす有名人やセレブと呼ばれる人たちは、その意味で、簡単に作られる反面、また簡単に捨てられもする、使い捨ての商品であることを運命づけられた人たちだと言えるでしょう。

→「自己と他者」
「親密性の絆」

エクササイズ

＊何かをほしいと思ったときの理由を「羨望」や「欲望の三角形」を参考にして思いだしてみましょう。

＊「有名人」に感じるオーラの根拠を、具体的に検証してみましょう。

10. 楽しみと退屈

楽しみとフロー経験

オリンピックなどの大舞台に出場する選手が「がんばる」ではなく「楽しむ」ということばを口にするようになりました。それに対して、最初は「国の代表なのに不真面目だ」といった非難の声があがりましたが、楽しんでよい成績をあげる選手が続出したことで、むしろ、「がんばる」よりも大事な心の持ち方なのでは、といった認識が強くなったように思えます。この変化をどう考えたらいいでしょうか。

「がんばる」という決意が目指すのは、あくまでいい結果です。それに比べて、「楽しむ」のは、勝負や演技の過程のなかで感じられる経験です。試合には必ず勝ち負けがつきますが、結果ばかりを気にしていたのでは、緊張しすぎて実力を出せなくなってしまいます。かつての日本人には、こういった選手が多かったように思います。その意味では、試合そのものに没頭して、一挙手一投足に集中した方が、結果自体も良いものになるのはうなずけることでしょう。

ミハイ・チクセントミハイ
Mihaly Csikszentmihalyi
1934-
「フロー」というユニークな概念を基にして、趣味やスポーツ、そして仕事などを分析している。そこから見えるのは、何より結果重視という、現代社会の価値観である。
『楽しみの社会学』(改題新装版)今村浩明訳、新思索社、2000年。
『フロー体験　喜びの現象学』今村浩明訳、世界思想社、1996年。

ミハイ・チクセントミハイは、この行為に没入しているときに、人が「楽しい」と感じる感覚を「フロー」(flow)と呼んでいます。それは、今自分がしていることと、そこで自覚している意識が融合して分離していない状態ですが、そこでやるべきこと、してはいけないことを忘れているわけではありません。彼はむしろ、「フロー経験」は行為のルールがはっきり確立している活動において最も頻繁に経験されると言います。からだが自然に動いて、適確に反応するけれども、それをいちいち自覚しているわけではない。そんな経験は、天分や日頃の練習による技術の習得が可能にするもので、考えなくてもそうできることが「楽しさ」(enjoyment)の感覚をもたらすというわけです。

退屈、不安、そしてフロー

もちろん、このような経験は、一部のスポーツ選手だけが味わえる特殊なものではありません。演劇や音楽のパフォーマンスや創作活動など、多岐にわたって見られるものですし、その観客や鑑賞者としても楽しめるものです。また、客観的な評価や実力を問わなければ、自らプレイヤーやクリエーターになっても味わえるものであるはずです。実際、私たちはこの「フロー経験」を日常生活のなかで、さまざまに楽しんでいるのです。

チクセントミハイは「フロー経験」を「不安と退屈というふたつの変数の彼方にある行為の経験」だと言います。それは、おこなうべき行為と能力がマッチしたときに経験される「フロー」に対して、実力以上のものに向かうときには「不安」を感じ、実力以下の場合には「退屈」するというものです。これらは、自分の実力と、それを発揮する機会に限定した、いわば真正な「フロー経験」に関係するものですが、ここではもう少し広げて、日常的で擬似的な経験について考えてみることにします。

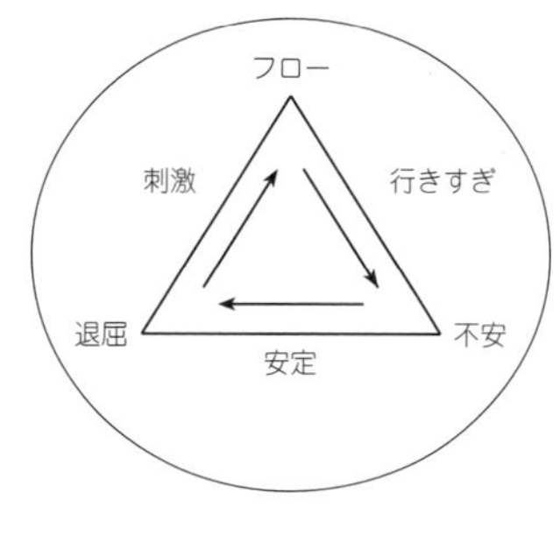

私たちにとって日常的な行動は、仕事にしても家庭や近隣生活にしても、自らの社会的地位や身体的な安全を考慮しておこなわざるをえません。そこで重視されるのは「安定」した状態ですが、それが何より「退屈」の原因にもなります。だからときには、刺激を求めて、非日常的な行動のなかに自分の身を置いてみたいと感じるのです。その欲求を満たすものには旅や冒険、あるいは恋愛といった経験がありますが、強い刺激を求めれば、自らの安定した日常生活を放棄したり、死に直面したり、自分自身を喪失させる危険をともなうことになります。けれども、フロー経験の高揚感が行きすぎて気づくのは、日常の安定さを失ってしまったことと、そのために感じる不安だったりするわけです。

もちろん、「フロー経験」にとって自分の安定した立場を危うくさせることが不可避だというわけではありません。むしろ、現代では、安全を保証された「フロー経験」の場や機会、そして方法は、スポーツ観戦、遊園地、旅行、読書、映画、コンサート、そしてビデオゲーム等々、産業として多様に存在しています。そこで味わう一時的な「フロー経験」は、安定して退屈な日常の生活で萎えた気力をリフレッシュしてくれるというわけです。

渡辺潤編『レジャー・スタディーズ』世界思想社、2015年。

とはいえ、ここにも落とし穴はいくつも隠されています。結婚を解消するつもりのない不倫も、ばれてしまえば離婚という結果になりますし、アルコールには中毒や飲酒運転、ギャンブルには底なしにはまって借金地獄といった悪魔の手が待ちぶせています。「フロー経験」は何かに没頭することで一時的に得られる感覚ですが、それを時折、繰りかえして味わうためには、度をこすことなく抑制して、現実にもどる余地や意志をもっていることが欠かせないのです。その意味で、「フロー経験」は何より「余暇」をうまく過ごす極意だと言えるかもしれません。

退屈と浪費

退屈という気分が生まれる原因は、何より安定にあると言えるでしょう。だから、刺激を求めて安定からぬけだそうとするのですが、刺激自体も繰りかえしや持続によって安定したものになってしまいます。そうすると「飽き」が来ますから、より強い、あるいは別の刺激が必要になります。スチュアート・ユーウェンは、この退屈の感覚とそのためにする浪費こそが、マーケティングの見地からは「金の鵞鳥（がちょう）」なのだと言います。つまり、日常の退屈さから逃れて遊ぶこと、たえず新しいものに刺激を求めることこそが、現代の消費社会を支え、たえず経済的な拡大を可能にさせる動因になったというわけです。

スチュアート・ユーウェン
Stuart Ewen
1945–
消費社会とメディア、とりわけ広告との関係に注目して現代のアメリカ文化を批判する。どれほど強い反抗姿勢をもった文化現象も、消費社会のシステムのなかでは中身のないスタイルだけに変容させられてしまう。
『浪費の政治学――商品としてのスタイル』平野秀秋・中江桂子訳、晶文社、1990年。

このことは、私たちが欲しいと思うもの、したいと思うことを考えてみれば、すぐに納得できるはずです。私たちが消費をするなかで、生存に必要なものが占める割合はごくわずかです。衣服は暑さ寒さをしのいだり、からだを保護したりする以上に、自分を飾り、個性的に見せるために着るものですが、気に入ったものを身につけて感じる満足は長続きはしません。飽きが来ますし、新しい流行が新たな欲望をかきたてます。同様のことは食事や住まい、そこでの暮らし方にも当てはまります。そのほかにも、私たちの身の回りには、暇つぶしにすることや出かける場が溢れています。さらに、テレビのコマーシャルやネットのバナー広告、あるいはカタログ雑誌や街の広告塔など、そういったものへの欲望をかきたてられる機会が氾濫していると言っていいでしょう。もちろん、欲望をかなえるためには、何よりまずお金が必要で、そのためには、がんばって働いて稼がなければなりません。しかし、働くことや生活することには、退屈感がつきまといます。

→「顔とからだ」
「羨望と嫉妬」

日常性と退屈

日常生活には、仕事にしても家族や知人との関係にしても、安定した形と中身、つまり「ルーティン」(routine) が必要です。いつでも同じようにおこなわれること、いつもと同じ私や誰かであることが前提になりますから、当然、それは退屈を感じる源泉になります。しかしまた、日常生活が決まりきっていなければ、私たちは日々生きることに忙殺されて、それだけでくたびれてしまいます。いつも同じであることには、それなりに重い意味と役割があるのです。

スタンリー・コーエンとローリー・テイラーは、その大切な日常や自分のアイデンティティに退屈を感じるのは、自分にとっての「現実」が、自分にとって距離のあるもの、つまり「リアリティ」を実感しにくくなっているからだと言います。現実の私や私の生活は、ただたまたまそうなってそこにあるもので、必ずしもそれが自分にとって必然的なものとか運命的なものだとは感じにくいものです。その存在としての

スタンリー・コーエン、ローリー・テイラー『離脱の試み――日常生活への抵抗』石黒毅訳、法政大学出版局、1984年。

「行為と演技」←

軽さという実感が、日常のなかでの行為に距離をつくり、非日常的な行為に向かわせると言うのです。

このことはすでにふれたように「アイデンティティ」の問題にほかなりません。私たちは自分がどんな人間になるかを、自分の意思によって選択します。努力次第でどんな職業にも就けうる社会ですが、自分に合う天職が何であるかを見つけるのは簡単なことではありません。第一に、現代の職業は、それに就く一人ひとりの人間のことを考えたものではなく、生産と消費というシステムに必要なものとして用意されているからです。単調で型通りのことを日々反復する。仕事が何よりつまらなくてつらいものとして経験されるのは、日常性以上に、その現代的な特徴にあると言えるのです。

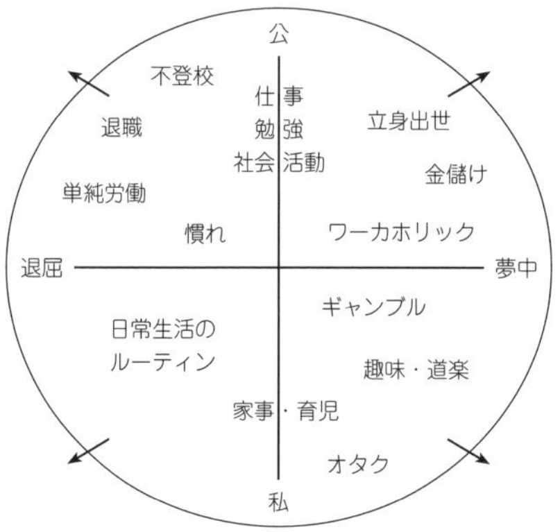

チクセントミハイは「フロー経験」を結果ではなく、過程のなかに生じるものと考えました。それはゲームに勝ったときの喜びではなく、ゲームそのものへの熱中にこそあるというわけです。しかし、仕事はどうでしょうか。仕事は何より、それによって得られる報酬のためにするものですし、まっとうな人間として認知されるために就くものであって、必ずしも、それ自体に夢中になることを必要とするわけではありません。むしろ仕事はつまらない、つらいもの、というのが多くの人の実感になっていると言っていいでしょう。だからこそ、そのつらさやつまらなさを補うための楽しい経験が必要になるのです。

「仕事と生活」←

もっとも「退屈」にもいろいろな種類があります。ラース・スヴェンセンは「退屈」を、その深さによってふたつに分けています。つまり、私たちが「退屈」を感じるのは、まず、やりたいことができないとか、好きでもないことをしなければならないときですが、それは比較的浅いもので、時折の擬似的な「フロー経験」でも解消できるものです。しかし、

ラース・スヴェンセン『退屈の小さな哲学』鳥取絹子訳、集英社、2005年。

退屈にはもっと深いものもあって、それは何をしたいのかわからない、どんな自分でありたいのかわからないと感じるときに襲いかかってくるのです。そしてこの深い「退屈」に囚われたときには、学校や仕事を辞め、家を出て、社会そのものから離脱してしまう要因になりかねません。もちろん、ここには、ワーカホリックのように仕事や勉学のなかで燃えつきてしまうことによって生じる「退屈」もあります。その意味で、「退屈」の自覚は、自己の「アイデンティティ」にとっての危険信号なのだと言えるでしょう。

→「アイデンティティ」

有閑階級と怠ける権利

すでに十分な財産を所有し、社会的な地位もある人は、仕事をせずに遊んで暮らすことができます。こういう身分になりたいと憧れる人は少なくないでしょう。実際、普通の人にはできないことをやり、持てないものを手にする人たちで、現代であれば「セレブ」と呼ばれる人たちがそれにあたるのかもしれません。

T. ヴェブレンが指摘したように、仕事をせずに遊んで暮らす人たちが得る満足は、そうすることで周囲から投げかけられる「羨望」や「嫉妬」の感情にこそあります。そこにあるのは何より見栄の競いあい、見せびらかしであるからです。人が辿ってきた歴史を見れば、高い地位について権力を持った人間が、その力を誇示するために豪壮な住居を構え、豪華絢爛な調度品を飾ってきたことはよく知られています。近代社会に登場した「有閑階級」が羨望して模倣したのは中世からつづく貴族の暮らしでした。

→「羨望と嫉妬」

このような傾向は、誰でも勤勉に働けば、やがては同じような身分になれるという考えを広め、「労働倫理」として定着していきます。しかし現実には、低賃金と劣悪な条件で働かされ、貧困にあえぐ人びとが激増した時代でもありました。

→「仕事と生活」

あるいは近代化による仕事そのものの変容に目を向けて、産業の機械化によって失われる工芸技術の大切さを訴えた人もいます。ウィリアム・モリスは仕事がそれ自体で楽しく、美的な経験であるとして、民衆が培ってきた工芸技術の復活を奨励しましたが、皮肉なことに、そうしてつくられた手工芸品は、ブルジョワ階級が競って手に入れる「見せびらかしの消費」の対象になってしまいました。

ウィリアム・モリス『ユートピアだより』五島茂・飯塚一郎訳、中央公論新社、2004年。

手作りのもの、あるいは自分で何かをつくることが歓迎される傾向は、もちろん、現在でも盛んです。しかし、それは仕事や日常の生活が単調でつまらないからで、言わばその萎えた気持ちをリフレッシュさせるためにあるのです。分業化された仕事に従事することは避けることができないものであるかもしれません。けれども、衣食住についてもまた、私たちは、できるだけ要領よく、手軽に、便利にという規準で行動しています。ジョージ・リッツアはそれを「マクドナルド化」と呼び、日々の生活を計算通りに予測可能で、効率よく管理できることを良しとする考え方だと指摘しています。その意味では、日常生活で感じる退屈の原因は、仕事だけでなく、生活のなかにも、広く深く浸透しているのです。

ジョージ・リッツア『マクドナルド化した社会――果てしなき合理化のゆくえ』(21世紀新版)正岡寛司監訳、早稲田大学出版部、2008年。

「Part 3 補論」←

フロー経験が結果ではなく過程のなかにこそあること、その場や機会が日常のルーティンのなかに無数に存在すること。気づくことは簡単ですが、この便利な社会に安住する私たちにとっては、それを本気で考え実践するのは、きわめてむずかしいことなのかもしれません。

エクササイズ

* 自分が「はまった」経験を「フロー」を参考にして書いてください。
* 「退屈感」をどう処理していますか。その仕方は「金の鶩鳥」を生みだす仕組みとどう関係しているのでしょうか。

11. 孤　独

みんなぼっちと友だち地獄

若い人たちのなかには、孤独を嫌う風潮があるようです。そこには、常に誰かと一緒にいること、誰かとコミュニケーションをしていることが普通だとする考えがあるように思われます。他者の不在（absence）やコミュニケーションの欠如（lack）が空虚感や無力感をいだかせ、世界を無意味なものに感じさせたり、自己の喪失（loss）を実感させたりする。孤独を回避したいと思う理由には、そんな共通感覚がありそうです。

けれども他方で、他者に対して自己主張をしたり、そのことで議論をしたり、たがいのプライベートな面を出しあって距離を縮めたりすることにも消極的だという特徴も見られます。そこにある目的は、誰かと一緒にいる、つながっていることの確認自体であって、そこで交換や共有しあいたい中身ではありません。そんな関係のとり方に対して、「みんなぼっち」という名前がつけられたりもしています。ここにあるのはモード、つまり関係の形式に対する執着にほかなりません。

土井隆義は、このような関係に「やさしさ」を見つけています。彼によれば、「やさしい関係」とは何より対立の回避を最優先して、関係のなかに葛藤やズレが生じてぎくしゃくしないことに注意を向けあうことが特徴です。そこにあるのはたがいが傷つかないように、その危険を忌避する傾向ですが、であれば、相手には言えない、表に出せない側面がたがいの心のなかに澱んでしまうことになります。その澱みは自然に解消できませんから、他の人や他の場所に向けた陰口やいじめとして発散されがちになります。ネットで見かけるいじめや匿名の暴言が、見知らぬ他者に向けてよりも、むしろ、日頃は「やさしさ」を前提につきあう友だちや知人に向かう

富田英典・藤村正之編『みんなぼっちの世界――若者たちの東京・神戸90's展開篇』恒星社厚生閣、1999年。

土井隆義『友だち地獄――「空気を読む」世代のサバイバル』ちくま新書、2008年。

大平健『やさしさの精神病理』岩波新書、1995年。

奥村隆『他者といる技法――コミュニケーションの社会学』日本評論社、1998年。
『反コミュニケーション』弘文堂、2013年。

ことを見れば、このような関係の表と裏がよくわかるように思います。

奥村隆はこのやさしい関係を「思いやりの体系」と呼んで、「陰口」の必要性を「思いやり」のリアリティを維持するためにこそあるとしています。「思いやり」は左図の肯定的な側面を強調しあい、表面上はそこだけしか目立たない形で関係しあう形式ですが、そうすればするほど、同時に存在する否定的な側面はないものとして排除されることになります。けれども、それは裏に隠れているだけで、機会があれば、別の場で別の人に向けて発散されるのです。

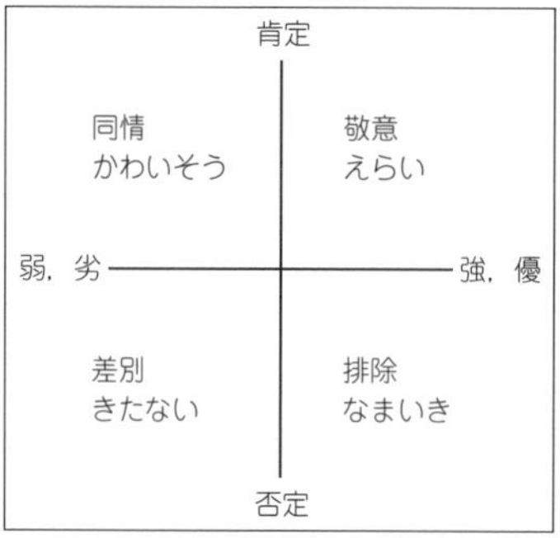

「日本人の人間関係」←

もっともネットでは、日記風のブログにプライベートな日常を書いたり、悩みを吐露することに抵抗を感じないように思われます。あるいはチャットでは、匿名のままにきわめて親密な関係になりやすいという事実もあります。ネットに見られるこのような傾向は、そのメディア特性として、独り言の表出や匿名の関係性ゆえに、相手を気づかうことから解放されて、思いのままの表現を可能にする、と言うことができるかもしれません。

こういった関係の持ち方は現代の若い世代に特有のものではありません。世間を気にし、ホンネとタテマエを使いわける日本的なコミュニケーションとして考えることもできるでしょう。しかし、すでに見てきたように、表面的で形式的で、それゆえ部分的になってしまう人間関係の特徴は、近代社会以降に普及した一般的な特徴でもあるのです。それはまさに、G.ジンメルの言う「社交性」の一種にほかなりません。ただ、若い人たちが求める友だちとか恋人といった親密な関係は、本来的には、表面上のつきあいだけにとどまらない関係のはずです。E.T.ホールにしたがえば、「個体距離」や「密接距離」をとりあうはずの関係が、「社会距離」にとどまって、それ以上には近づけないでいるということになります。

「自己と他者」←
「関係と距離」
「日本人の人間関係」

分身と透明

孤独について、もう少し詳細に、具体的に見ることにしましょう。清水学は「孤独」に「分身」と「透明」のふたつの要素を見て、前者を「過剰がもたらす孤独」、後者を「喪失がもたらす孤独」と分析しています。もちろん「分身」も「透明」も、ただ「孤独」感だけをもたらすわけではありません。

清水学『思想としての孤独――〈視線〉のパラドクス』講談社選書メチエ、1999年。

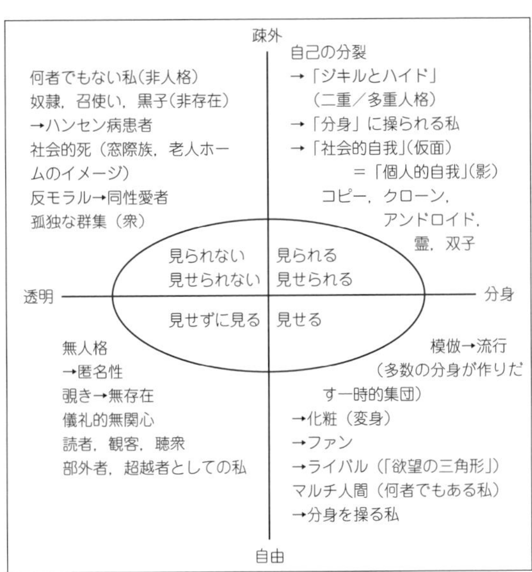

たとえば、「分身」を考えたときにまず思いつくのは、状況や機会、あるいはそこで出会う人によって、自分の存在を変える人間です。この人は、自らのなかにある多様な要素や可能性を自由に、積極的に楽しむ「マルチ人間」であるかもしれませんが、否応なしにそうすることを強制され、自分を分裂した存在と考えてしまうかもしれません。「孤独」を感じやすいのは強制された場合ですが、マルチ人間を自覚する人にとっても、その多様な分身を自在に操れるわけではないときには、マルチゆえに感じる孤独感を持つはずです。

もちろん、これまで繰りかえし見てきたように、人は自らの「アイデンティティ」を多様な役割の集合としてとらえる、という観点に立てば、マルチ人間は一部のかぎられた人だけでなく、ごく一般的な特徴としてみることもできます。そのなかの一つひとつの役割をメインにして他者とかかわるときに、そこでは出さない別の自分が感じる孤独は、誰もが経験するものだと言えるでしょう。

長年勤めた会社を辞めると、自分が働いていた場所には、当然、新しい人がやってきます。それはいわば私の分身で、そのことによって、私にはすでに自分の場所や役割、そして関係もなくなったことを思い知らされるかもしれません。あるいは、恋人だと思っていた相手に別の恋人がいるとわかったときはどうでしょう。誰かのファンであることは、当然自分ひとりの特権的な立場ではありません。その集合的な分身たちは共感を実現させる仲間でもありますが、私を多くのなかのひとりにすぎないと思わせてしまう存在でもあるのです。

それでは「透明」はどうでしょうか。それは、簡単に言えば、そこにいるのにいない（かのような）存在になることです。このことについては、すでに街中ですれ違う人びとがたがいに示しあう「儀礼的無関心」や、覗きの立場からひとつの世界に立ちあう読者や観客、それに聴衆についてふれてきました。あるいは「匿名性」についても言及したはずです。そして、自分の存在を非在にすることには、孤独よりは別の快感や楽しさをもたらすことも、それぞれ指摘ずみのことです。

「結合と分離」←

しかし「透明」には、「分身」と同様に、自ら積極的にではなく、否応なしにそうせざるをえない状況や立場に置かれる人や場合があります。歌舞伎や浄瑠璃の舞台には黒子という非在の存在が欠かせませんし、現実の世界でも、奴隷や召使いがそのように扱われてきた歴史があります。蔓延を恐れて病人として社会から隔離された人たちや、反政府的な思想やそれにもとづく行動をした人の排除、抵抗する人たちの地下生活といった事例も、世界には無数に存在してきましたし、現在でも多く存在するはずです。あるいは、常識や道徳、さらには法律に反する行為やそれを体現する人たちもまた、社会からは見えないところに追いやられたり、自らその負の特徴である「スティグマ」（stigma）を隠して生きることをしてきました。同性愛者、麻薬常用者、ヤクザなど、この種の例もまた多様ですが、そういった人たちは完全に孤立するわけではなく、仲間同士のあいだに、強い絆や連帯感を持つという特徴があります。

「親密性の絆」←
「ステレオタイプ」

ここにはもちろん、もう少し身近な例も多様に存在します。たとえば「いじめ」のひとつとして、周囲からその存在を無視される「しかと」といったケースがあります。高齢化社会になってひとり暮らしをする人や、老人ホームや病院に収容される人たちも増えています。あるいは「ひきこもり」も、問題化されてからずいぶん時間が経過しました。社会関係が希薄化する傾向は一方で、自分の思い通りに生きる可能性を現実にしましたが、その分、親密な関係を失って孤立する危険性も増加させてきました。そこで感じる孤独は、誰にでも襲いかかるものとして実感されているのが現状だと言えるでしょう。

近代人の孤独

「孤独」について考えるために、もう一度「アイデンティティ」に戻ってみましょう。「アイデンティティ」には何かの役割に当てはめた私と、他人とはちがう個性的な私というふたつの側面があります。しかし「近代的な自我」として理想的に語られてきたのは圧倒的に後者の方でした。そのことはL.トリリングの「ほんもの」という概念と、その例としてあげたルソーの話で理解できていると思います。現代でも、多くの人は、本当は、他人の真似や同調ではない、自分自身をもって、それを他者に向かって主張したいと思うでしょう。けれども、それは簡単なことではありません。自己主張は他者を説得できたり、理解されたりしてはじめて意味を持ちますから、他者に容認されなければ、孤立するほかはないからです。とはいえ、同調ばかりしていたのでは、間違っていることやおかしいことをはっきり指摘して、人びとに気づかせることもできなくなってしまいます。

ヘンリー・D.ソローは150年以上も前に生きたアメリカ人ですが、彼の自然や人間関係や生活についての主張と実践は、今でも多くの人に影響を与えつづけています。ソローはボストン郊外のウォールデン湖にひとりで自前の小屋を建て

ヘンリー・D.ソロー
Henry David Thoreau
1817-1862

税（人頭税）の不払いをして、奴隷制度やメキシコ戦争に反対した。その「市民的不服従」の考えと行動は、ガンジーによるインドの独立運動やキング牧師の公民権運動に大きな影響を与えたと言われている。
『ウォールデン』酒本雅之訳、ちくま学芸文庫、2000年。

→「アイデンティティ」「自己と他者」

孤独が友だち

ほとんどの時間をひとりで過ごすことは健康的だと僕は思う。たとい相手が選りぬきの人でも、誰かといっしょにいるとすぐに退屈し、疲れてしまう。僕はひとりが大好きだ。孤独ぐらいつきあいやすい友に僕は出会ったためしがない。自分の部屋から出ないときより、どんどん人中に出ていくときのほうが、ふつうはずっと寂しいものだ。考えたり働いたりしていると、人はどこにいようといつもひとりだ。
(ソロー『ウォールデン』)

「楽しみと退屈」←
「仕事と生活」

ポール・オースター
Paul Auster
1947-

父親の孤独をテーマにしたのは『孤独の発明』(新潮文庫、1996年)、ソローが登場する小説には『幽霊たち』(新潮文庫、1995年)、『リヴァイアサン』(新潮文庫、2002年)などがある。すべて、柴田元幸による訳。

て、しばらくのあいだ自給自足の生活をした人として知られています。彼がこんなことを思い立った原因は、ニューヨークに出かけたときに圧倒された人びとの群れ(大衆)と、機械的な生産とその消費といった新しいシステムの台頭でした。自然に手を加えて人間の思い通りにするのではなくて、自然の仕組みをよく知って、うまく共生する必要がある。そう考えたソローは野山をあちこち歩きまわり、動物や植物の生態を観察し、山の高さや湖の深さを測って、動植物や地理、そして地学などの知識を独学しました。

ソローがひとりで暮らした経験から得たものはたくさんあります。それはたとえば、チクセントミハイが「フロー」という概念で説明した、結果ではなく過程の大切さということです。ソローは小屋の暖炉をつくるために煉瓦を積みあげます。それを一日つづけて、やっと数インチの高さになったところで、煉瓦を枕に寝てしまいます。仕上げた量はごくわずかですが、彼はそこに充実した時間を感じました。そんなことの一つひとつが、結果ばかりを問題にするようになった社会の傾向を気づかせていくのです。

ソローの考え方には「超絶主義」(transcendentalism)という名前がつけられています。アメリカはイギリスからの移民によって開拓がはじまった国ですが、新大陸を目指した人びとのなかには、自国での迫害や抑圧から逃れて、自分が理想とする自由な国をつくろうと考えた人が少なくありませんでした。「超絶主義」はボストンに定住して、文学や哲学によって「自然」に対する畏敬と「自我」の尊厳を希求した人たちにつけられた呼称です。

ポール・オースターの小説にはソローが繰りかえし登場します。そこで問題にされるのは、現代では、ソロー的な孤独の希求が不可能であるという認識です。つまり、孤立を恐れず、自らの信念や思想にしたがうことの難しさと「アイデンティティ」の脆さや存在の軽さです。ただし、オースターのソローに対する姿勢は、けっして単純な批判や否定ではありません。彼のつくる物語は、生き方の指針として憧れ、実践しようとするけれども、うまくいかない、その格闘や葛藤として展開されているからです。

彼はまた、ユダヤ系移民であった父のことをテーマにして、その孤独について考えています。オースターにとって父親という存在はきわめて希薄なものとして記憶されてきましたが、父の死後、その理由が、「ユダヤ」という「スティグマ」を隠して生きたゆえのものであることに気づきます。あるいは、不安定で不たしかな自分の「アイデンティティ」に安定をもたらすために、ひたすらお金を貯めることに時間とエネルギーを費やした、そんな生き方しかできなかったことを知って、父親の存在を改めて実感することになります。

オースターがその小説で問いかけた「孤独」は、日本人、とりわけ現代の若い人たちには、さほど切実なものとして共感されないかもしれません。しかし、日本の社会が、そのような孤独感を味わうことのない、特殊な世界だというわけではありません。たとえば、日本名を名乗って暮らしてきた在日韓国・朝鮮人たちの生き方はどうでしょうか。ほかにも、外国から来て日本で暮らす人の数は増えています。その意味では、若い人たちに典型的な孤独の忌避には、狭くて内向きな社会認識が感じられるようです。

天使の孤独

ヴィム・ヴェンダースの『ベルリン・天使の詩（うた）』(1987年) は、自らの存在を不可視にして、苦しむ人にふれてその苦しみを和らげる天使の物語である。天使たちは橋から身投げをする人、図書館をうろついて悩みにうろたえる人を救うが、何をしても、それをしたのが自分であることを相手に気づかれない運命にある。その無私の愛は現代では最も賛美されるものだが、実は天使たちは、その透明性によって深い孤独感をもたされてしまう。認知されなければ、どんな行為も行為とは見なされないのである。

ヴィム・ヴェンダースほか原案・脚本／小泉すみれ『ベルリン天使の詩』ギャガ・コミュニケーションズ、1994年。

→「異文化コミュニケーション」

エクササイズ

＊孤独を避ける気持ちになぜ囚われてしまうのでしょうか。自分の経験を思いだして、理由を探しだしてみてください。

＊「透明」と「分身」の例を、自分自身や身近な人たちのなかから見つけだしてみましょう。

12. 親密性の絆

アンソニー・ギデンズ
Anthony Giddens
1938-
現在の社会学をリードするイギリスの社会学者。「近代」の意味を問い、「再帰性」という概念を提出した。現代の社会はひとつの考えやスタイルが広まると、それが社会を大きく規定し、方向づける力となる。「親密性」をもとにした人間関係は、その代表例である。
『親密性の変容――近代社会におけるセクシュアリティ、愛情、エロティシズム』松尾精文・松川昭子訳、而立書房、1995年。

「関係と距離」←

親密な関係と友だち

私たちが持つ人間関係には多様なものがあります。E. T. ホールはそれをたがいのあいだに了解される物理的な距離感覚によって「密接距離」「個体距離」「社会距離」、そして「公衆距離」の四つに分けました。すでにふれたように、それぞれの関係にはそれぞれの役割や必要性がありますが、だれにとっても大事で、多くの時間を費やし、たがいを理解しあえるように努めるのは夫婦、親子、恋人、そして友人といった関係でしょう。ホールにしたがえば「密接距離」を許容しあい、たがいに愛情や友情といった心の絆を確認しあう必要のある特別な関係ということになります。ここではそのような関係について、「友だち」「恋愛」、そして「家族」を取りあげ、特に「親密性」(intimacy)をキーワードにして考えることにします。

「親密性」とはアンソニー・ギデンズが近代社会における親しい人間関係の特徴を描写するために提示した概念です。前近代的な地縁や血縁にもとづくのとは違う、個人が自由に選択し、たがいの合意のもとに維持しあう関係を特徴づける絆で、「友情」にもとづく友だちという関係、男女の結びつき方、関係の仕方、家族の作り方、そして親子の関係の仕方などが含まれます。

友だちはたがいの自由な意思にもとづいて形成され、維持される関係です。その関係を確認させる「友情」(friendship)という絆は、何よりたがいが対等であること、相手のことを自分のように考えて助けあうこと、そして、たがいに隠しだてをしない全人的な関係であることを前提にします。もちろん、ここには気に入った親しい相手であるゆえに感じる、競争心や優劣の感覚といったものも入りこみます。R. ジラールが指摘したように、私たちが何か欲望を抱くのは、何より、それを親密な他者が所有しているときだというのですから、「友情」ほど、共同と競争のあいだで葛藤する、壊れやすくてもろい関係はないと言えるかもしれません。

→「羨望と嫉妬」

もっとも、誰もが「友情」を全人格的に親密につきあう関係に限定して考えているわけではありません。現実につくられる友人関係の大半は、自分自身と相手のごく一部分だけを共有しあうようにして維持されるものであることが多いはずです。だから当然、友だちは誰にとってもたったひとりではなく複数必要になるのです。

また現実には、友だちは自由に選べるものでもありません。友だちの選択は自分が通う学校や近隣の環境、そして就いた仕事などによって大きく限定されます。グラハム・アランは、「友情」がジェンダーや階級、職業、地位や役割、居住地、家族構成といった「直接的社会環境」によって影響を受けることを強調しています。誰もが、何らかの形で社会的、経済的、そして文化的に位置づけられた世界に生まれ、そこで成長することを、言わば運命として負わされるわけですから、友だちという関係も、当然、そのような位置づけに制限されがちだということになります。そのことは、日本における受験競争の歴史と現状を見ればあきらかでしょう。黄順姫の『日本のエリート高校』では、学校の選択が友だちの選択であるだけでなく、職場における学閥や同窓会という「社会関係資本」(social capital) をつくるうえで重要な場であることが指摘されています。

グラハム・アラン『友情の社会学』仲村祥一・細辻恵子訳、世界思想社、1993年。

黄順姫『日本のエリート高校——学校文化と同窓会の社会史』世界思想社、1998年。

→「コミュニティ」

恋愛結婚と近代家族

それでは恋愛についてはどうでしょうか。「友情」と同様に「恋愛」も男女の平等な関係が前提になりますし、たがいの関係を確認できるのは「愛情」という「親密性」を示す絆です。しかし、「恋愛」という関係には、近代化の過程で、「結婚」につながる段階として認められてきたという歴史的な経緯があります。そもそも「恋愛」という異性関係は、中世のヨーロッパで、「結婚」という障壁に妨げられた男女が、その障害ゆえに心をときめかせる騎士道物語に起源があると言われています。他方で「結婚」は、男女が取り結ぶ制度としての関係で、ここには当人同士の意思よりは、身分や家柄といったふたりが所属する社会の意向が重視、というよりは絶対視されてきたのです。

井上俊『死にがいの喪失』筑摩書房、1973年。

井上俊は「恋愛結婚」の登場と定着には、「自由の理念」や「一夫一婦制の理念」を傷つけずに、「恋愛」を馴化する「イデオロギー」の存在が不可欠だったと言います。「恋愛結婚」は、一方では近代化した社会における個人の自由な選択という側面を持ちましたが、他方では、あくまでそれが「結婚」という制度と、それによる「家族」の維持のためだという目的を持ちました。ここでの「イデオロギー」とはまさに、社会の要請を個人の自由な意思でおこなわせるためのもの、つまり「ヘゲモニー」だったと言えます。

「群集、公衆、大衆」←

とはいえ、この「イデオロギー」が男女の結びつき方を変え、「恋愛」にともなう心の高揚を経験すると同時に、それが将来の伴侶を見つけるという人生の重大事になったわけですから、結婚前の男女にとっては大きな関心事になりました。外で働く男と家を守る女という役割分担が定着したのもほぼ同時期ですから、その切実さは、男よりは女の方がはるかに強かったと言えるでしょう。ギデンズが指摘するように、女にとって「恋愛結婚」は、親元を離れることを自分の選択として実現させましたが、それ以外に進学や就職で自立の道が開けるのは、つい最近のことにすぎないのです。

フィリップ・アリエス『〈子供〉の誕生――アンシアン・レジーム期の子供と家族生活』杉山光信・杉山恵美子訳、みすず書房、1980年。

このようにして結婚した男女がつくる家族は、そこに生まれた子どもたちと共に構成される「核家族」という特徴を持ちました。「子ども」がかわいくて無垢な存在として広く認識されるようになったのが、やはり近代化の過程においてであることは、P. アリエスの指摘として、すでに取りあげました。もちろん、「子ども期」が自覚されたのは、子どもに生きる能力をつけさせるためには、「家庭」と「学校」という実社会から隔離された場で躾や教育を施す責任が親にあると考えられるようになったことと相応します。ここでは「子どもらしさ」と同時に、「母性」もまた、近代化のなかで生まれた神話であることに注目する必要があるでしょう。

河原和枝『子ども観の近代――『赤い鳥』と「童心」の理想』中公新書、1998年。

『グリム童話』は、グリム兄弟がヨーロッパの各地に伝わる民話を集めた子ども向けの本ですが、そこには、近代化する社会のなかでの親や子どもの生き方が示されていると言われます。カール=ハインツ・マレはたとえば『赤頭巾』の物語のなかに、親の言いつけにしたがわなければ狼に食べられてしまうという、子どもに対する教訓話だけでなく、自立心を自覚させる勇気づけも読みとっています。そのことは『ヘンゼルとグレーテル』ではいっそう明確ですが、ここでは逆に、子どもたちを森に捨てた継母の薄情さを強調して、親の愛、とりわけ「母性」の大切さが訴えられているのだと言います。「子どもらしさ」に込められていたのは純真さや素直さだけでなく、好奇心や自立心でもあったわけですが、自分を犠牲にしても子どもを大事にすべきという「母性」も、近代の産物にほかならなかったというわけです。

カール=ハインツ・マレ『〈子供〉の発見――グリム・メルヘンの世界』小川真一訳、みすず書房、1984年。

『ヘンゼルとグレーテル』
もともとは継母ではなく実母の子捨て物語として伝承された民話である。それはたびたび襲う不作のために、子どもを捨ててでも何とか生きのころうとした親たちの苦渋の選択の物語だ。しかし、飢えの心配がなくなった近代社会においては、実母を継母に変えて「母性」の問題に置きかえる必要があったのである。

ところで、日本においては「恋愛結婚」が一般化したのは1960年代の後半以降だと言われます。第二次世界大戦後のアメリカの占領政策が日本人に「民主主義」を植えつけることを目標にしましたが、その結果のあらわれのひとつだったと言えるでしょう。もちろん、ここには経済復興に必要な労働力として、多くの人たちが地方から都市に移住して、それまでとは違う「核家族」をつくったという理由もありますし、高学歴化によって考え方や生き方が、伝統的なものから欧米流のものにかわったという点も指摘できるでしょう。もちろん、大きな変化は精神面だけでなく、それ以上に衣食住のあらゆる面にわたるものであったことは言うまでもありません。

アーサー・ラッカムによる挿絵

「戯れ」と「治め」のゲーム

「恋愛」には性関係やその欲望をかき立てる要素がともな

います。だからこそ、結婚とセットになった恋愛には、性を厳しく規制する側面が不可欠でした。結婚を誓ったふたりでも、セックスができるのは結婚した後だという戒めです。そこにはまた、単なる禁止ではなく「純愛」とか「プラトニック・ラブ」といった自発的な自制をうながす「イデオロギー」が盛りこまれました。

求婚は男から女に向けられる行為です。そこで女に認められているのは、男のプロポーズを受けいれるか拒絶するかの選択権ですから、求婚についての主導権は男にあるわけですが、女はただ受動的であるわけではなく、男を魅了すること、逆に不用意に近づけないように「構え」(gatekeeping) を示すことで、積極的に対応します。G. ジンメルは、そのような女が男に示す特徴を「コケットリー」(coquetry) と呼びました。恋愛関係をリードするのは表面的には男ですが、その過程で女が示す「イエスとノーの不安定な遊戯」「承諾の回り道としての拒絶」といった曖昧な姿勢に男は翻弄もされるのです。「恋愛結婚」を巡る「性愛」と「純愛」の葛藤が「恋愛」を遊戯にしたりゲームにしたりする理由がここにあります。

G. ジンメル「コケットリー」『社会学の根本問題（個人と社会)』居安正訳、世界思想社、2004年。

この意味で、結婚が必ずしも、誰もが辿る道筋ではなくなり、女たちが仕事を持ってシングル・ライフを楽しむことが非難されたり卑下したりすることではなくなってきたのが現状だとすれば、「恋愛」は「結婚」から切り離された、純粋な関係になりつつあると言えるかもしれません。テレビドラマやマンガ、雑誌の特集記事などには、親密な関係を楽しむ恋人たちに焦点が当てられ、「恋愛」がそれ自体で社会的に価値を得ているかのような、マス・メディアによる恋愛言説が氾濫しています。それは男女の関係が平等になりつつあることの証明になるのでしょうか。あるいは、完全に遊戯化した「コケットリー」は、男を喜ばすだけの性愛ゲームの必須アイテムなのでしょうか。

国立社会保障・人口問題研究所「人口統計資料集」2019年版によれば「生涯未婚率」(50 歳時点で一度も結婚していない

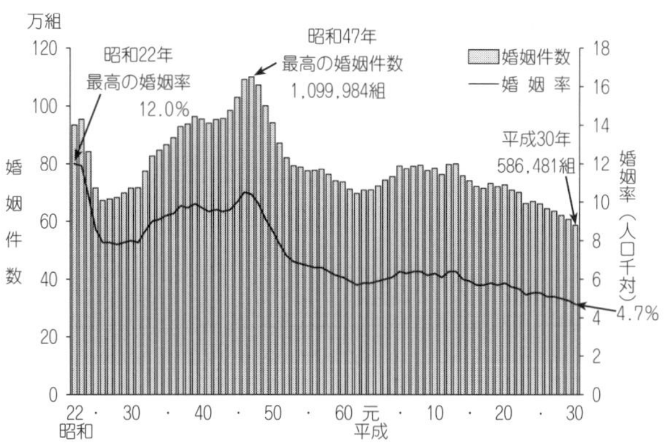

婚姻件数および婚姻率の年次推移（厚生労働省「平成 30 年 人口動態統計」）

人の割合）は、1970 年に男は 1.7％、女は 3.3％だったのが、2015 年には男 23.4％、女 14.1％に増加しました。2015 年の 15 歳以上の未婚の割合は、男 31.8％、女 23.2％（国勢調査）。2010 年（男 31.9％、女 23.3％）と比べ、未婚率はわずかに減少しているものの、結婚しない人たちの割合は高いままです。2018 年には、戦後最も少ない婚姻件数となり、初婚年齢も 1947 年と比べ、男は 5.0 歳、女は 6.5 歳上昇し、男女共に晩婚化しました（厚生労働省「平成 30 年人口動態統計」）。離婚件数は 2002 年に過去最多となり、翌年以降は減少傾向に転じていますが、婚姻件数が減少しているなか、離婚件数は多いのが現状です。2005 年には婚姻件数に占める再婚（両者＋片方）の割合が 4 分の 1 をこえました。

晩婚化、離婚、そして再婚といった現象は、当然、家族の構成を複雑にします。結婚した後、さらには子どもが生まれた後も共に仕事をつづけるためには、従来の男と女の関係を見直して、家事や子育てを分担することが不可欠になります。それはまさに、男と女、夫と妻、父親と母親といった役割を巡る「アイデンティティ・ゲーム」ですが、そのことに消極的であれば、当然、衝突しあいますし、離婚の原因にもなります。結婚や子どもを持つことに主に女たちが躊躇する傾向には、こういった原因が少なくないと言えるでしょう。

上野千鶴子『〈私〉探しゲーム——欲望私民社会論』ちくま学芸文庫、1992 年。

結婚の形がこのように複雑で多様なものになれば、それは当然、親子の関係にも持ちこまれます。ひとり親だけで育つ子ども、義理の父や母と子ども、あるいは異母・異父の兄弟・姉妹との暮らしは、当人同士の新しい関係の模索を必然的なものにするはずです。他方で、仕事に追われる父親や、塾や習い事に忙しい子どもの現状は、一緒に食事をすることさえむずかしくさせます。子どもに個室を与えることが当たりまえになって、家庭内個人主義が指摘されたりもしていますし、仕事を持っても家を出ずに親に生活の面倒を任せつづける「パラサイト・シングル」の増加も話題になりました。「親密性」という絆で支えられる「家族」の内実は、きわめて多様な問題に充ちていると言わざるをえません。「恋愛ゲーム」に心をときめかせるだけでは終わらない、結婚後の「アイデンティティ・ゲーム」こそが、家族を構成する者全員にとっては避けられない本格的な「治め」の場になったと言えるでしょう。

山田昌弘『パラサイト・シングルの時代』ちくま新書、1999年。

最後に、友だちの関係は、特定の相手と深くではなく、広くて浅いものになっていると言われます。それは社会の近代化が私たちに、全人的ではなく部分的な関係を要求することに大きな原因を求めることができるかもしれません。

「孤独」←
「仕事と生活」

私たちは人生の多くを地理的にも社会的にも常に移動をして過ごすようになっています。所詮は束の間つきあう人間関係であれば、たがいのプライバシーには立ちいらず、表面的な親しさに留めた形でおこなおうとするのは、きわめて自然で賢明な処世術だと言えるでしょう。こんな時代だからこそ、全人的につきあえる「友情関係」が求められていて、その探求方法の模索が必要なのだと言えるのかもしれません。

エクササイズ

＊「親密性」という絆で確認される恋人や夫婦、親子、そして友だち関係にある現実的な問題を、小説や映画、あるいはテレビドラマを材料に考えてください。

＊「友だち以上恋人未満」という関係について定義してください。

13. 病と死

病と病院

からだの調子がおかしいと自覚したり、けがをしたら、誰でも病院に行くことを考えるでしょう。そこで病名やけがの程度を診断し、治療してもらうのですが、場合によっては入院や手術といった処置をうけることにもなります。きわめて身近で頼りになる場で、現代ではこの世に生まれるのも死ぬのも病院で、というのが一般的になりました。

病院は健康的な生活を営むことを支えてくれますが、このような体制が充実しているのは、日本が経済的に豊かな国だからです。そのことは日本が短期間に世界一の長寿国になったことからもわかります。たとえば、1947年の平均寿命は男性50歳、女性53歳だったものが1960年に男性65歳、女性70歳、そして2018年には男性81歳、女性87歳になりました。ちなみに、この寿命の伸びを支えた日本の病院で働く医師数は、1963年の約10万人から2018年には約33万人に増え、救急車出動件数は1963年の約24万件から2018年に約660万件へと急増しました。

平均寿命の推移（単位　年）

調査年次	男	女
1891～1898	42.80	44.30
1926～1930	44.82	46.54
1947	50.06	53.96
1960	65.32	70.19
1970	69.31	74.66
1980	73.35	78.76
1990	75.92	81.90
2000	77.72	84.60
2010	79.55	86.30
2018	81.25	87.32

（厚生労働省調べ）

救急車出動件数の推移

年	件数
1963年	239,393
1989年	2,656,934
1993年	2,931,663
1998年	3,701,315
2003年	4,830,813
2008年	5,097,094
2013年	5,915,683
2018年	6,605,166

（注）1963年の数は4月1日から12月31日までのもの
（総務省消防庁「消防白書」より）

このように、医療と病院は、現在の私たちにはなくてはならない存在になっています。しかしそれだけに、頼りすぎという傾向も見られますし、病院や医師による過剰な診療や投薬といった問題もおこっています。そのことがまた、病院や医師の不足、健康保険というシステムを揺るがす巨額な赤字といった深刻な事態を招いているわけですから、皮肉な現象だと言わざるをえません。病院や薬に頼りすぎないように、健康の維持に努める生活の仕方が叫ばれるゆえんです。

しかし、医療に頼ることがかえって多くの病人を生みだしてしまうことは、最近になって気づかれたことではありませ

イヴァン・イリイチ
Ivan Illich
1926-2002
オーストリア、ウィーン生まれの哲学者、社会評論家、文明批評家である。現代産業社会批判で知られる。近代的制度、科学技術や法体系などの「道具」（tools）の発達が人間を奴隷化するとみて、「共生社会」を主張した。
『脱病院化社会――医療の限界』金子嗣郎訳、晶文社クラシックス、1998年。

ん。イヴァン・イリイチは、現代の医療システムそのものに原因を求めて、病院が患者生産工場と化し、人びとの健康に役立つよりは病人作りに手を貸して、人びとを医療に依存させると批判しました。まさに「医療が患者をつくる」というわけです。彼はそのような医療システムから抜けだすための「脱病院化社会」（de-hospitalized society）というモデルを提示しましたが、現実的にはイリイチの指摘した傾向は、彼が批判した1960年代後半以降にむしろ加速しています。

心やからだの変調をいち早く感知してそれなりの処置をする。こういう発想がもたらすのは、誰もが健康に気をつかう社会です。ここでは、健康であることは自発的な目標であると同時に、義務でもあります。仕事はもちろん、家庭生活やその他の人間関係を、円滑におこなうために、日頃の心身の管理はもちろん、定期的な検査も怠ってはいけないというわけです。「メタボ」と診断されるのは、外見上のみっともなさを自覚させられたり、病気になる原因を指摘されることであると同時に、だらしのない生活をしていると非難されることでもあるのです。

もちろん、私たちは病気になれば、健康であることのありがたさを痛感するわけですし、病気になる危険性は、誰にでも潜んでいますから、日頃の節制が大事であることに異論は唱えにくいです。しかも、病気になることはあくまで異常な状態ですから、病気になれば、私たちは一刻も早く治癒して、健康を取り戻したいと願います。そのときに頼りにするのは、やはり、薬であったり病院であったりするわけです。

対症療法と「聴く」ことの力

医師は病気を診断し、治療することを仕事にする人です。ですから、医師の関心は病気にかかった人ではなく、その人が訴える症状ということになります。病気になることは患者にとっては特別の経験ですが、医師にとってはひとつの症例にすぎません。患者はかかった病気だけでなく、病気になって感じる自身の心の変調や、日常生活や身近な人間関係にもたらされた変化をふくめて、相談したい相手を必要とするのですが、医師にとっては、そこまで対応することはできません。それは医師の務めとして任されていることではないとされてきたからです。

ロバート・F. マーフィーは、自らの病の体験によって生じた心の変化を「負の社会的アイデンティティ」だと言っています。つまり、重い病気にかかった人が自覚するのは、(1)自尊心が損なわれることであり、(2)障害の侵入が考えることのすべてを占領してしまうことであり、(3)激しい怒りに捕らわれることであり、(4)欲せざる新しいアイデンティティがもたらされることだと言うのです。健常者から病人（身体障害者）への「変身」という、新しい「負のアイデンティティ」の自覚は、自分自身を侵入した病に乗っ取られた者、乗っ取られたからだに閉じこめられて逃げだせない者という考えを導きます。そしてそのような意識を補強するのが、今までとは違って病人として対応をする、身近な人たちの存在です。病気になることがつらいのは、病気による痛みや苦しみだけでなく、それ以上に、これまでのように働けなくなった人、頼ることができなくなった人、介護してあげなければならない人、哀れな人、やっかいな人であるという「負の社会的アイデンティティ」を自覚させられるからにほかなりません。

ロバート・F. マーフィー
Robert F. Murphy
1924-1990
アマゾンをフィールドにする文化人類学者。脊椎にできた腫瘍のために全身が麻痺しはじめ、やがて死にいたる病に冒された自分自身や家族、周囲の社会をフィールドワークした。
『ボディ・サイレント』辻信一訳、平凡社、2006年。

このような病気のとらえ方の違いについて、アーサー・W. フランクは「疾患（disease）」と「病（illness）」に区別して考えています。医者がおこなう対症療法は、熱を下げ、痛みを緩和するために薬を使用したり、悪いところを切除するといった、疾患部への対応に限定されます。しかし「病」は疾患に限定されるものではなく、患者の感情の起伏や人生を通した意味づけ、周囲の人たちとの関係の変容などもふくんだ全体におよびます。ところが、患者に対して、心とからだの全体を念頭に対応する仕事は、今までの医療や病院のなか

アーサー・W. フランク
『からだの知恵に聴く——人間尊重の医療を求めて』井上哲彰訳、日本教文社、1996年。

には想定されていませんでした。

マーフィー同様、フランクもまた、自らの病（心臓発作と癌）の経験をもとに、その記録を本にまとめていて、患者にとって重要なことが、侵入してきた病とどう折りあいをつけ、自分を支えてくれる人たちとの関係をどのようなものに作りあげていくかであることを力説しています。ふたりとも研究者という職業に就いていましたから、自分を対象にした分析と、それをことばで表現していく作業には慣れていたと言うことができるでしょう。けれども、普通の人たちには、そう簡単にできることではないかもしれません。その意味で、患者が病について語ることを誘導し、受けとめる人たち（治療者や身近な人びと）の存在の大きさは、はかりしれないものがあるはずです。

鷲田清一
1949-
看護や教育、お寺、風俗とさまざまな現場に自ら足を運び、対話のなかで哲学する「臨床哲学」を提唱した。ほかに「自己論」「身体論」「ファッション論」などについてのユニークな分析がある。『「聴く」ことの力——臨床哲学試論』ちくま学芸文庫、2015年。

鷲田清一は、患者に対する人たちがとるべき関係やコミュニケーションの仕方について「臨床哲学」と呼んで考察をしています。彼は、私たちが日常的におこなうコミュニケーションでは、自分の話を相手に伝えることばかりに気をとられて、相手の話を聴こうとする姿勢をお留守にしがちだと言います。だから、相手からのメッセージに対して、即座に自分の意見を返すことに意識が向くのですが、それでは、最初に話した人には、自分の言いたかったことが本当に相手に伝わって理解されたのかどうかわからない場合が多いのです。それは一種のディスコミュニケーションですが、病と闘う人たちには、そのことが何より孤独感をつのらせる原因にもなってしまうというのです。

たとえば、「私はもうだめなのでしょうか？」という患者のことばに対して、「もうだめなんだ……と、そんな気がするんですね」と相手から返ってくることで、自分のことばが受けとめてもらえたと感じられる経験、自分のことばを聴きとってもらえたと確認できる経験が、苦しみにひとり耐える人にとっては、自らの経験を正当に評価してもらえたと判断できるきっかけになり、それがとても大きな力になると言うのです。もちろん、ここには、ことばにはできない苦痛や苦悩に口をつぐみ、自分のなかに閉じこもってしまう人に対して、そのひきこもりそのものに耳を傾けるという姿勢も含まれます。ただ向かいあって沈黙の時を一緒に過ごすこと、手を握り、肩に手をかけ、抱きしめること。それは「聴くこと」と同じ、心のかよいあいを確認するコミュニケーションにほかならないのです。

→「嘘と秘密」

こういった主張や手法の重要性が認識されるようになって、病状についての一方的な話を患者やその家族が黙って医師から聞くことになりがちだった従来のコミュニケーションに変化がおきてきています。それは、「インフォームド・コンセント」として、医師から患者に対して治療をおこなうための十分な説明がなされ、理解を求めることが必要とされるようになったことや、主治医以外の医師に意見を求める「セカンド・オピニオン」など、患者の主体性に重きを置く傾向となってあらわれはじめています。

ケアと介護
ケアや介護の問題については、上野千鶴子『ケアの社会学——当事者主権の福祉社会へ』（太田出版、2011年）、六車由実『驚きの介護民俗学』（医学書院、2012年）などがある。

さらに、闘病記の出版やブログが増加していることも最近の傾向としてあげられるでしょう。病気の原因や症状、そして対症療法など、患者に共通した部分が多い「疾患」とは違って、「病」には、個々の患者自体のからだや心、そして生活史や身近な人間関係などがかかわります。その個別の経験は、それぞれが独自性をもった物語になると言えるでしょう。その多様な物語は、誰より、他の病気にかかって苦しむ人や身近な人たちにとって、医学書以上に参考になり、励みになるような内容に溢れていると言えます。

桐田克利『苦悩の社会学』世界思想社、1993年。

死者とのコミュニケーション

日本では一年間に約100万人以上の人びとが亡くなっています。そしてその死に場所も、20世紀半ば以降、高度経済成長期を経て自宅から病院、介護養護老人施設、老人ホームなどへと変化してきました。

かつて、葬儀は血縁はもちろん、同じ地域に住む人びとと

有料老人ホーム(サービス付き高齢者向け住宅以外)施設数の推移

年	1995	2000	2005	2010	2015	2017	2018
数	272	350	1,406	4,144	10,651	13,525	14,454

(e-Stat: 厚生労働省社会福祉施設等調査データより抜粋)

の関係（地縁）によって支えられてきましたし、その他の儀式や儀礼と同様、「縁」を確認する行事として重要な働きをしてきました。

しかしながら、近代化にともなって生じた人びとの村から都市への移動は、地縁関係を壊し、血縁関係を希薄にする結果をもたらしたのです。都市に住むようになった人たちにもたらされたのは、他者とのつながりに束縛されない自由な暮らしですが、それはまた、関係の希薄さがもたらす孤独な生活でもありました。とはいえ、葬式をしないというわけにはいきませんから、それをビジネスとして代行する葬儀社の存在が不可欠のものになりました。

葬式は本来檀家として帰属する寺でおこなうものですが、都市に住む人たちには、そのような関係の寺はないのが普通です。と言うよりは日常的にはほとんど宗教とは縁のない生活をしてきた人がほとんどですから、宗教や宗派、そして葬儀の仕方や場も葬儀社に依存する場合が少なくないでしょう。あるいは、住宅の洋風化や集合化によって、病院で死んだ人が自宅にもどることなく地域の公共施設に運ばれて、そこで通夜や葬式がおこなわれるといったことも、ごく当たりまえのことになってきています。

墓地は、都市に住む人々が郊外に自宅を求めて転居するのと同様に、都心部から郊外へと拡張していきました。さらにペット霊園も各地で増加傾向にあります。ペットが死んだ場合、行政ではペットはモノなので清掃局に処理してもらう方法もありますが、家族の一員として扱われるペットの葬儀も年々増加しており、ペット専門の葬儀社も現在では全国に約 8000 社もあると言われています。

現代人にとって、このように変質した「葬式」とはいったい何なのでしょうか。最後にそれをテーマにした日本の映画を比較しながら考えてみることにします。伊丹

死亡数の年次推移(単位：人)

年	人数
1930	1,170,867
1940	1,186,595
1950	904,876
1960	706,599
1970	712,962
1980	722,801
1990	820,305
2000	961,653
2005	1,083,796
2010	1,197,014
2015	1,290,510
2018	1,362,470

(注)1930〜70年は沖縄県を含まない。
(厚生労働省人口動態総覧の年次推移から抜粋)

十三が監督した『お葬式』は1984年に公開されています。この映画のおもしろさは、喪主や家族、親戚などあらゆる人たちが示す葬式についての無知さと、それとは対照的に厳粛におこなわれる葬儀と、それゆえに展開されるとまどいや疑い、といった行動にありました。儀式とは何によらず、形式こそが重要なイベントです。そのなかでおこなわれることのほとんどには、すでに本来あったはずの意味が失われています。『お葬式』では、厳粛におこなわれるべき儀式のわざとらしさが暴露され、それでもやらないわけにはいかない「儀式」の持つ重要性がコミカルに描かれました。

滝田洋二郎監督の『おくりびと』は2008年度の米アカデミー賞で外国語映画賞を受賞しました。主人公は厳粛に死者を送る納棺師で、『お葬式』とはちがって、「葬儀」を死者との別れの儀式として再発見しています。現代の葬儀があまりにも組織的で形式的になりすぎ、そこに見られる人間関係が演劇的であることへの批判も読みとれます。その意味で、伝統を忘れ、人びととの希薄な人間関係に慣れはじめた時代（80年代）と、あまりに人工的で人間味の感じられなくなった現代に対して、もっと伝統や本来のものに目を向けはじめた時代との違いが、映画としてきわめて如実に表現されたと言えるのかもしれません。

『お葬式』
妻の父が亡くなり、喪主として初めてお葬式を取り仕切ることになって戸惑う男と、そこに集まった人々をアイロニカルに描く喜劇。
伊丹十三監督
1984年、日本、伊丹プロダクション

『おくりびと』
楽団の仕事を失い、故郷に帰った男はひょんなことから納棺の仕事に就く。仕事の厳しさ、周囲からの無理解を乗り越えて、「おくりびと」としての誇りをもって働くようになる男の物語。
滝田洋二郎監督
2008年、日本、松竹

エクササイズ

＊自分が病気になることや、身近な人が病気になることで生じる、たがいの関係の変化について、自らの経験や闘病記をもとに考えてみましょう。

＊現代人にとって「死」や「死者とのコミュニケーション」がどのように理解されているのか、『お葬式』と『おくりびと』を見くらべて考えてみましょう。

14. 笑いと泣き

優越、ズレ、放出の笑い

「人はなぜ笑うのか」。この疑問については、これまで、古今東西、さまざまな人たちによって理由が探られ、理論化が試みられてきました。ここではまず、その代表的なものを、ジョン・モリオールにしたがって概観することにします。

J. モリオール『ユーモア社会をもとめて――笑いの人間学』森下伸也訳、新曜社、1995年。

モリオールが最初にあげるのは、「優越の理論」です。その代表例はプラトンですが、笑いの対象となるのは滑稽さで、それは気取りや自惚れ、そして身の程知らずな者が示す態度や言動に向けられます。当然、その笑いには、対象を馬鹿にするという意味で、何かしらの悪意が込められることになります。ですから、人の悪意を有害なものと見なしたプラトンにとって、「笑い」は何より「魂の痛み」をともなうものでしかありませんでした。このような考えはアリストテレスにも受けつがれます。しかし、彼は、笑われることで自分の非や間違いに気づく矯正的な役割を指摘して、節度をもった笑いの効用も主張しました。

アリストテレース『詩学』松本仁助・岡道男訳、岩波文庫、1997年。

「笑い」が相手を馬鹿にして、自分を優位に置く行為だという指摘は、ギリシャの時代から1800年以上も経った、イギリスでも繰りかえされました。トマス・ホッブズは、『リヴァイアサン』のなかで、「笑い」とは自画自賛のことだと言っています。人間は何のルールも拘束もない「自然状態」では、たがいに争いあう存在でしかない。だから、そのような状態を抑えるためには、「自然法」を体現する強力な統治者である「リヴァイアサン」の出現を期待しなければならない。このような人間観を持つホッブズにとって、他人を笑うことで自分の優越性を確認するのは、やはり、エゴイスティックな小心者のすることでしかなかったようです。

ホッブズ『リヴァイアサン1』(改訳)水田洋訳、岩波文庫、1992年。

二つ目は、「ズレの理論」です。その特徴は、「笑い」の情緒や感情の側面に注目した「優越の理論」とは違って、その認知的、思考的側面に焦点をあわせたもので、予期できないことや非論理的なことに直面したときにおこる知的反応という特徴を持ちます。そして、このことを「修辞」(rhetoric)の技術として指摘したのは、やはりアリストテレスでした。この理論も本格的な展開は近代になってからで、「予期したことと実際に見ることのあいだに生じる不釣り合い」(パスカル)、「緊張した予期がまったくの無へと突然転化することから生じる情緒」(カント)などといった解釈がされました。

もっとも「ズレ」によって引きおこされる感情は、「笑い」にかぎりません。それは「驚き」「不安」「戸惑い」「怒り」、そして「悲しみ」など、あらゆる感情の源泉になるものでもあります。たとえば、目の前で誰かが転んだとします。そのとき私たちが感じるのは、まず「驚き」や「不安」であるはずです。その結果、けがをしていることがわかれば、「心配」をするでしょうし、「悲しみ」も感じるかもしれません。その意味で、「笑い」がおこるのは、心配や悲しみが解消された後のことだということになります。

三つ目は「笑い」に特有の身体的形態や生物学的機能に注目したもので、「放出の理論」と名づけられています。代表的な人に、私たちの感情を「神経エネルギー」だと考え、そのエネルギーと身体運動との関係に注目したハーバート・スペンサーがいます。この立場からは、「笑い」も「神経エネルギーの発散」ということになり、大笑いをしたときに感じるすっきり感がそれにあたります。もちろん、この理論は「笑い」にかぎらず、あらゆる感情に当てはまるもので、恐怖と逃走、怒りと攻撃といったからだの動きをともないます。

ところで、感情の放出には、それを禁じる要素、つまり「理性」が強く関係するはずです。私たちは「〜してはいけない」と禁じられると、逆に「〜したい」と思う気持ちを意識してしまいます。その意味でS. フロイトは、セックスや敵意など、タブーとされたものがしばしば笑いの種になるのは、そこに強い抑圧が働くからだと解釈しました。攻撃的な

パスカル『パンセ』前田陽一・由木康訳、中公文庫、2018年。

サンダー・L. ギルマン『ニーチェとパロディ』富山太佳夫・永富久美訳、青土社、1997年。

木村洋二『笑いの社会学』世界思想社、1983年。

サラ・コフマン『人はなぜ笑うのか?——フロイトと機知』港道隆ほか訳、人文書院、1998年。

ジョークを好む人は自分の攻撃的感情を抑えているのであり、猥談の好きな人は自分の性的感情を抑圧しているのだ、というわけです。ここにはもちろん、そうすることで、人間関係における諍いや摩擦を避け、それを円滑なものに転化するといった理性的な判断が働いていることを見逃すわけにはいきません。

アンリ・ベルクソン
Henri-Louis Bergson
1859-1941
フランスのパリに生まれた哲学者。現実の直観的把握を目指す「生の哲学」を展開した。
『笑い』（改版）林達夫訳、岩波文庫、1976 年。

ベルクソンと笑い

「笑い」についてはもうひとり、アンリ・ベルクソンを取りあげる必要があるでしょう。彼はまず、おかしさを捜し求める場所として、(1) 人間でないものに人間味を感じさせるところ（動物が人間らしい行動や仕草をした）、(2) 状況や対象に対して距離をとった第三者的立場にいるとき（状況や対象が生みだす感情との距離）、(3) 集団の笑い（笑いの関係のなかにいる）の三つをあげました。

ベルクソンは、次に「笑い」のおこる対象を、生きたものの上にかぶせた機械的なものと定義します。それはたとえば、① 人間の柔軟性に機械のぎこちなさが見られたとき（ころぶ、とちる）であり、② 模倣や真似、そして類似に対してであり、③ 個人や社会に見られる変装（奇異な服装、厳粛さを装う儀式）に対してといった特徴を持ちます。つまり、彼によれば、喜劇がおもしろいのは、それが生活をまねた遊びだからであり、礼儀作法が笑いの対象となるのは、それが生きたもののなかにある機械的なものだからだということになります。あるいはまた、似顔絵や操り人形のように、機械的なもののなかに生きたものを感じるから滑稽に思うということになるのです。

生（せい）のなかにある機械、機械のなかにある生。ベルクソンの笑いは、その矛盾の自覚、あるいは露呈のなかにあらわれます。ひとりの人間のなかに、人を傷つける率直さと、人を偽る礼儀正しさが同居しているとします。この二つの感情はこの人のなかで激しく葛藤する原因にもなりますが、それが機械のようにぎこちなく揺れ動く行動となってあらわれれば、滑稽なものにもなるのです。あるいは、どんなに意味のあることばも、それをオウム返しのようにして何度も繰りかえし真似されれば、もともとあったはずの生きた意味は消え、機械的に発せられた無意味なことばにすぎなくなったりもします。

ベルクソンがあげる「笑い」の対象は、ほかにも「ひっくり返し」(ペテン師がペテンに引っかかる、盗人が盗人に入られる)や「系列の交錯」(取り違えや勘違い)といった種類があります。喜劇やユーモア、そして皮肉といった「笑い」のおこる形式の違いもふくめて、彼の理論は、「生と機械」との矛盾した関係に集約されますが、そこにはまた、優越とズレ、そして放出という三つの理論が混在しています。

笑いと泣きの関係性

泣きや涙の分析は「カタルシス」として語られることがあります。アリストテレスは、人びとに「悲劇」が好まれるのは、その主人公に同一化して感じる同情や哀れみが、涙によって排出され、たまっていたものが浄化されるからだと考えました。この心理作用が「喜劇」や「笑い」にも当てはまることはあきらかです。その意味では、「笑い」の放出理論もまた、他のふたつと同様に、その源流をアリストテレスに求めることができるのです。

ヘルムート・プレスナー『笑いと泣きの人間学』滝浦静雄ほか訳、紀伊國屋書店、1984年。

笑いと泣きの共通性は「ズレの理論」にも当てはまります。自分の予期とは異なった状況や展開に直面したときに私たちがあらわす感情には、すでに指摘したように、「驚き」「不安」「戸惑い」「怒り」、そして「悲しみ」など、多様なものがあります。ベルクソンがあげた「笑い」のおこる対象についての指摘にしたがえば、私たちの感情が「笑い」となってあらわれるのは、ズレに対して距離をとった第三者的立場にいるときです。同じことは「泣き」の原因である「悲しみ」や「驚き」、あるいは「不安」にも当てはまりますが、そのような感情は、むしろ、当事者であることによってこそ強く生じると言うことができるでしょう。もちろん当事者であっても、その場を離れ、時間が経過すれば、自分の経験を振りかえって笑ってしまうことはあるわけです。

それでは「優劣の理論」はどうでしょうか。「笑い」が相手を馬鹿にして、自分を優位に置く行為だとすれば、「泣き」は、当然、笑われることで劣位に置かれた者の方に生じます。相手から直接受けた屈辱には、恥や後悔のほかに悔しさや怒りといった感情がともないます。涙はおそらく、そのすべての感情にともなうものですし、そのどれと特定できない複雑な気持ちの表現として溢れでるものです。

森下伸也『もっと笑うためのユーモア学入門』新曜社、2003年。

ロッド・A・マーティン『ユーモア心理学ハンドブック』野村亮太・雨宮俊彦・丸野俊一監訳、北大路書房、2011年。

もちろん、ベルクソンが「笑い」のおこる場所としてあげたように、客観的な立場にいても、優劣の関係に生じた「笑い」に対して泣くこともあるでしょう。映画やテレビを見て泣くときのように、同情や憐れみはアリストテレスが指摘した悲劇に対するカタルシス的反応という側面を持ちます。しかしそれだけでなく、一時の浄化作用にとどまらずに、当事者に対する関心や積極的な支持という形で持続する場合もあるはずです。

もっとも、客観的な立場からは、優位者の方に同一化して、劣位の者を笑うという選択も可能です。集団でおこなわれる「いじめ」の多くは、このパターンのなかで生じる行動で、笑われた者には、その第三者の視線や声こそが、強い屈辱感や疎外感を自覚させるものになるのです。あるいはまた、目の当たりにしたときには、第三者のままで無関係の立場をとっても、別の機会にそのことをおしゃべりの話題にして笑うといった陰口も、この種のコミュニケーションの典型になっていることは言うまでもありません。

「孤独」←

最後に、ベルクソンの言う「生と機械」の矛盾した関係は「泣き」や涙とどうかかわるのでしょうか。ベルクソンの「笑い」は遊びの一形式で、「生と機械」の矛盾した関係とは、G. ベイトソンの「プレイ」の理論とほとんど重なる概念だと言えます。であれば、同様にベイトソンの「ダブルバインド」とも共通するはずです。強者の相反する命令の前に立ちつくす弱者という姿は、生ある者が機械のように硬直することそのものですから、当事者はもちろん、それを客観的立場で経験する者にとっても、涙を誘う光景に見えるでしょう。「笑い」と「泣き」の関係は「プレイ」と「ダブルバインド」同様、同じ構造のなかで生まれる対照的なコミュニケーション行動だと言えます。

→「自己と他者」
「行為と演技」
「Part 1 補論」

笑いと泣きの日本文化

「笑い」にはもうひとつ「微笑」(smile) があります。それは、思わず出る偶発的な行為ではなく、対人関係を円滑におこなうための「儀礼」として示される意図的な表情という特徴を持ちます。相手に対して好意を示す表情であり、見ず知らずの者であっても、敵意がないことをあらわすものですが、日本人には、それとは違う「微笑」があると言われます。

1890 年に来日したラフカディオ・ハーン (小泉八雲) は、日本人のなかに、夫の死という悲しい状況でも示される「微笑」を見つけて驚きました。ハーンはそれが、自制や克己によって維持させようとする心の平静さであることを知るのですが、この日本的な「微笑」には、いわゆる「ジャパニーズ・スマイル」と呼ばれる、意味不明な種類の笑いも含まれます。悲しみやつらさを表に出さないことは美徳として尊ばれたことかもしれませんが、何かを問われているのにはっきりこたえずに笑うというのは、返答できないことで感じるばつの悪さや恥ずかしさの表明で、それ自体は、日本人のなかでも奨められないこととして考えられています。

ラフカディオ・ハーン
Patrick Lafcadio Hearn
1850-1904

ギリシャに生まれたジャーナリスト、文学者。1890 年、39 歳のときに横浜に上陸。以降、怪談話、西欧との対比における日本文化に関する作品を旺盛に執筆した。1896 年に帰化し、小泉八雲を名乗るようになった。
「日本人の微笑」『小泉八雲集』上田和夫訳、新潮文庫、1975 年。

柳田國男『不幸なる芸術・笑の本願』岩波文庫、1979 年。

個人主義が徹底した近代以降の欧米と違って、日本人のなかには、人間関係における上下 (タテ) の感覚が強くのこっていると言われます。自分の意見をはっきり持って、それを相手にきちんと表明するといったコミュニケーションに慣れていないということもありますし、謙譲を美徳とする価値観から、相手に対して自らを一段低い位置に置いて、言いたいことがあっても言わないといった態度を、礼儀にかなったこととして考える傾向も強いでしょう。であれば、「笑い」も「泣き」も、日本人にとっては、あからさまにしない感情の表現だと言うことができそうです。

「日本人の人間関係」←

しかし、日本には落語や漫才といった独特の「笑い」がありますし、厳粛な能という伝統芸にも、狂言といった滑稽な要素を表に出した芸が付随しています。ここには武士と町人、あるいは農民といった近代以前の階級文化の違いがあるのかもしれませんし、明治以降の近代化によって流入した欧米の文化による影響といった要素も見られるのかもしれません。また、現代の「お笑い文化」が東京よりは関西に根を持つように、「笑い」には日本の地域差という側面が強いと言うことができるでしょう。

井上宏『笑い学のすすめ』世界思想社、2004年。

太田省一『社会は笑う――ボケとツッコミの人間関係』(増補版)青弓社、2013年。

そのお笑い芸人たちが、テレビのバラエティ番組にかぎらず、ワイドショーや報道番組にまで登場し、発言力も次第に増してきています。芸人たちの発言は、しばしば炎上することもありますが、どこかで「本気で受け止めないでください」という逃げ道を残し、複雑な問題を単純にして、個人的ではない大勢に迎合した主張をすることが多いようです。このようなお笑い芸人が溢れるテレビ番組は、視聴者である私たちにどのような影響を与えているのでしょうか。

エクササイズ

＊お笑い芸人の「笑い」から「優越」「ズレ」「放出」、あるいは「生と機械」と思われるものを探しだしてみましょう。

＊「ジャパニーズ・スマイル」をした経験を思いだして、いつ、どんな状況で、どんな理由だったのか考えてみましょう。

補　論

感情と訓練

私たちのするコミュニケーションには必ず、「感情」（emotion）がともないます。Part 2では、その喜怒哀楽の諸相として、「楽しみ」「笑い」「悲しみ」のほかに、「羨望」と「嫉妬」「孤独」、そして「親密さ」と「愛」などについて考えてきました。

「感情」の表出は私たちにそなわった重要な表現能力ですが、けっして自然に身についたものでも、気の向くままにおこなえるものでもありません。それは訓練されてはじめて身につく能力ですから、十分に活用するためには、表現の仕方や時と場に応じた使い方をわきまえる必要があります。笑うことや泣くこと、怒ることや悔しがることなどを、どんな場面で誰に対してどのように表現するか。感情とコミュニケーションの問題には、このような側面がたえずつきまといます。

「感情」の表出は、一面では人びとのあいだに共感や同情を生んでたがいの関係を作りだし、より緊密にする回路になりますが、同時に不和や諍いのもとにもなります。その大事であるけれどもやっかいな側面を管理する役割として想定されるものについては、Part 1で「アイデンティティ」や「自己」というテーマで考えてきました。ここでは、そこに「理性」と「意識」という概念を重ねあわせて考えてみようと思います。

→「アイデンティティ」「自己と他者」

「感情」そのものやその表現を管理するのは、自己のなかで意識される理性です。それによって、悔しいと思っても顔には出さない、悲しくても泣かない、腹が立っても怒らない、おかしくても笑わないといった態度が保たれます。現実の人間関係では、こんな能力は、本心を悟られず、弱みを見せずに、相手に与える自分の印象を管理するために不可欠なものになっています。ここにはもちろん、すでにさまざまにふれてきたように、利己的なものにかぎらず、相手のためにと考えてする部分もあります。

もちろん、人間にはそのほかにもさまざまな能力があって、その潜在していたり、制御しにくいものを訓練によって顕在化し、管理させる試みはいくつもあります。幼稚園から大学までの期間に受ける教育の主要な部分がそれだと言えるでしょう。その長い学習期間のなかで、特に秀でたもの、興味を持てるもの、あるいはたまたま見つけだされたものに特化させて、それを自分の特徴として顕在化させていくことが勉強する第一の目的だと言っていいかもしれません。

しかし、訓練によってひとつの能力を身につけていくことは、逆に見れば、重要と見なされない能力をただ放置するのではなく、意図的に無能にしたり、表に出ないように抑圧することも意味します。たとえば、感情は「ジェンダー」によって、生物としての性別以上に違いを強調されたりもします。笑ったり泣いたりといった表現は、女には奨励されても、男には抑制が求められます。逆に怒りや競争心は男らしさの表現と見られたりします。このように、感情の訓練には奨励されて能力を向上させる側面だけでなく、逆に意図的に無能にしてつかえなくするといった「訓練された無能力」(trained incapacity) とでも言うべき一面もあるのです。

このようにして訓練された感情の表出法は「ジェンダー」以外にも見つけることは容易です。というよりは、あらゆる感情は訓練された方法によって表出されると考えれば、国や地域、民族、宗教、階級、そして時代や社会システムの違い等々によって、感情表現は多様なのだということもわかるはずです。

「訓練された無能力」
これはもともとはT. ヴェブレンが「技能本能」との関連で提案した概念である。人間には、ひとつの技能を向上させようとする本能があるが、それを訓練によってわざわざ疎外する傾向を批判したものだ。
R. K. マートンはこの概念を「官僚制」における極度に専門化した仕事に対する能力や忠誠と、それとは対照的に、ちょっと外れたところに対する無能力や無関心という特徴に当てはめた。
K. バークはヴェブレンに依拠しながら、この概念を、人間の能力一般における皮肉な特徴としてとらえている。

抑制と発散

社会の近代化が、「理性」と「感情」を別のものとして考え、前者を意識できるもの、後者を意識できない、あるいはしにくいものとしてきたことについては、Part 1 ですでに指摘しました。わからないことをできるだけわかるようにすること、自然に任せた現象をできるだけ管理して、制御できるようにすること。それはまさに近代化が掲げた目標で、その対象は、自然そのものから人間自身にも向けられました。

「理性」によって「感情」を管理することを率先して実践したのは、ヨーロッパの近代化の過程で台頭した中産階級でした。その実践と教育は、すでにふれたように近代と名のつくスポーツや芸術の特徴に顕著にあらわれています。たとえば、おしゃべりや踊りをやめて、集中して聴取する音楽、フェア・プレイやチーム・プレイを重視するスポーツ、あるいは、ひとりでする黙読といった行為で、それが、感情の発散よりは、それを抑制し、管理する能力を養うことを目的にして奨励されたことはすでに指摘してきました。

芸術やスポーツに対するこのような姿勢は、娯楽としてよりは、社会生活に役立つ人間性を養うために求められるものでした。ですから、近代化の過程でもうひとつの層を形成した労働者階級の人びとのなかに生まれた同様の文化には、常に低俗性や無教養性といった批判が浴びせられました。当然、中産階級の文化に依拠する人たちにとっては、労働者階級の文化は自らを下品にし、堕落させるものとして忌避されましたが、実際には、中産階級の人にとっても、密かな楽しみであったものが少なくないようです。

関心があるのに下品だと言って否定する。そんな意識に対する強い批判はもちろん、歴史的にも地理的にも繰りかえしおこされてきました。その最も強く大きな動きは1960年代に欧米からおこった若者たちの異議申し立てでしょう。そのムーブメントはヘルベルト・マルクーゼやウィルヘルム・ライヒなどの思想家を後ろ盾にして、政治や経済に対する批判や抗議から、生活の仕方、人間関係のあり方、自己意識の持ち方、そして趣味や好みの領域にまでおよびました。そのなかで共通して主張されたのは、感情の自由な発散であり、画一的でない個々の感覚にもとづく表現の重視ということでし

大衆文化批判
常に批判の対象として扱われてきた「大衆文化」の多くは、実は中産階級に享受されてきた。たとえばアラン・スウィングウッドはそのことを「大衆小説」とその読者層との関係に見ている。つまり、大衆小説というジャンルが成立した19世紀には、労働者階級の人たちの多くがリテラシー（読み書き能力）を身につけていなかったという事実である。
アラン・スウィングウッド『大衆文化の神話』稲増龍夫訳、東京創元社、1982年。

ヘルベルト・マルクーゼ
Herbert Marcuse
1898-1979
60 年代の性や感覚の解放を唱えた思想家。彼は、理性を「現実原則」に沿うものとして考えたS.フロイトに対して、「快楽原則」にもとづく理性のあり方を探究した。
「現実原則」にもとづく理性は、幸福を得るための努力や快楽の抑制を必須とするが、「快楽原則」にもとづく理性は、仕事と遊びを区別できない「楽しさ」にもとづくものと考える。
『一次元的人間』生松敬三・三沢謙一訳、河出書房新社、1974 年。

ウィルヘルム・ライヒ
1897-1957
フロイトの精神分析学とマルクス主義の融合をめざし、ファシズム批判を展開したが、『性と文化の革命』(中尾ハジメ訳、勁草書房、1969 年)が性の開放を主張する若者たちのバイブルになった。

た。

音楽は静かに座して意識を集中させて聴くものではなく、からだで受けとめ、その反応に身を委ねるものであることの再発見でしたし、衣服には、職業や生活上の役割に応じた画一化や、からだの拘束とはちがう、自由なスタイルが求められました。その典型がロック音楽とジーンズやＴシャツといったファッションの流行です。あるいは、すっかり習慣化して凝りかたまった意識を解放するための「ドラッグ」の使用、そして結婚相手以外には不道徳として忌避されてきた「性」に関するさまざまな考えや行為の解放があげられます。

このような意識は、当然大人たちからは強い反発を受けましたが、若い世代には急速に浸透し、すぐに当たりまえのファッションや考え方になりました。男らしさや女らしさを規定していた「ジェンダー」に疑問の目が向けられ、その変革が主張されました。性別によって厳しく分けられていた仕事や家族における役割はもちろん、恋愛や結婚が異性間でのみおこなわれるものだという考えにも異論が唱えられるようになったのです。

ロック音楽に代表される現在のポピュラー音楽の源流は、アフリカから拉致されアメリカで奴隷となって働かされた人びとにたどり着きます。近代化のなかで顕著になった人種や民族に対する差別や偏見、そこから生じる大きな格差に対する批判が、高級と低俗といった文化的な価値規準の不当さをもとにしていたことは言うまでもありません。感情を素直に発散することが、人間の精神衛生にはもちろん、芸術的にも意味のあることを教えたのは、何より、近代化のなかで抑圧され、虐げられてきた人びとのなかで生まれ育った芸術だったからです。

理性と感情、心とからだを別のものとしてではなく、つながりのあるものとしてとらえ、感情の発散やからだそのものへの意識を肯定的にとらえる考え方は、現在では当たりまえのものになっていると言えるでしょう。というよりは、感情やからだに比べて、理性や心が軽視されすぎていると言った方がいいかもしれません。理性か感情かではなく、その関係のなかで自分自身の意識のあり方や人びととのコミュニケーションを考える。肝心なのは、やはり、「関係」や「コミュニケーション」といった視点であるように思います。

心とからだに対する考え方

自分が自分であることを意識し、それを管理する部分について、私たちはここまで、「自我」(ego)、「自己」(self)、そして「アイデンティティ」(identity) といくつものことばにふれ、その共通性や違いについて考えてきました。しかし、その私が私であることを意識し、私を管理する中枢の部分は、私のなかのいったいどこに存在するのでしょうか。最後に、そのことについて「脳科学」の分野に足を踏みいれて見ることにしましょう。

私が私であることを意識する部分、あるいは「心」とか「理性」と呼ばれるものは、一般には脳のどこかにあると考えられてきました。喜怒哀楽の感情は人間以外の哺乳類にもありますが、「理性」を持つのは人間だけだと言われます。「理性」を感情と区別し、より高次のものとする考え方が生まれたゆえんです。人間だけが意識する「心」は、脳の特殊な部位にあって、感情が勝手に入りこめない「理性の砦」の働きをするというのですが、しかし、本当にそうなのでしょうか。

アントニオ・R. ダマシオは人間の「理性」の居所を脳に求めますが、それは脳の特定の部位ではなく、脳全体にあるさまざまなニューロン組織を介して、たがいに協調しながら機能する脳システムです。脳は頭蓋骨に囲まれた身体の組織ですから、直接身体の外の世界にふれることはできません。しかし、脳システムは中枢神経や末梢神経を通して、視覚や聴覚、そして触覚などから送られてくる情報によって身体、さらには環境とつながります。その意味で脳システムは脳に

情動
人が自覚し発散する「感情」(emotion) のもとにあるものとして「情動」(affection) に注目し、そこから、SNS に見られる感情的な発言などを分析したものとして、伊藤守『情動の社会学——ポストメディア時代における“ミクロ知覚”の探求』(青土社、2017 年) がある。

フロイト『幻想の未来／文化への不満』中山元訳、光文社古典新訳文庫、2007 年。

見田宗介『社会学入門——人間と社会の未来』岩波新書、2006 年。

アントニオ・R. ダマシオ
António R. Damásio
1944–
ポルトガル生まれの脳科学者。『無意識の脳 自己意識の脳——身体と情動の感情の神秘』などがある。
『生存する脳——心と脳と身体の神秘』田中三彦訳、講談社、2000 年。

身体の構造や状態、そして外の世界の風景を感知させる窓の役割をするのですが、ダマシオはその感知能力こそが感情だと言います。

からだは外界に対してさまざまに反応します。目、耳、鼻、皮膚や血管、そして筋肉（随意・不随意）などからさまざまな情報がインパルスとして脳に伝えられますし、また脳からはドーパミンやアドレナリンなどの脳内化学物質がからだに送られます。その「神経的な旅」と「化学的な旅」を通してからだにおこる変化こそが、私たちに「感情」として自覚されるものだというわけです。このような理解をもとにして、ダマシオは、(1) 人間の脳とからだは分離できないひとつの有機体を構成して、相互行為をおこなうものであり、(2) 総体として環境と相互行為をするもので、(3)「心」はその構造的、機能的効果から生みだされる生理学的な作用だと考えます。

マルコ・イアコボーニ『ミラーニューロンの発見——「物まね細胞」が明かす驚きの脳科学』塩原通緒訳、早川書房、2009年。

イアコボーニは、人が他人に共感する能力を「ミラーニューロン」と名づけ、その特徴は物まねにあるとし、脳のなかに、その位置を特定している。

私たち人間は、何より生き物ですから、たえず酸素を吸い、水分を補給し、栄養をとらなければなりません。脳にはそれを目的とした生得的な回路があります。たとえば、食事をしてから長い時間が経てば、私たちは空腹を感じて、何かを食べたいと思うようになります。ダマシオはそのことを「本能的調節」と言い、からだのなかでは血糖値の低下がおこり、脳がそれを修正して回復させるよう指令を出していると考えます。それにこたえて食事をすれば血糖値が上がり、満腹感が得られるようになるというわけです。

しかし、私たちの心はときに、このような調節機能を無視したり、不調、不能の状態に陥らせたりもします。食べ物の誘惑に負けて食べすぎることもあれば、ストレスや気分の落ちこみが原因で食欲不振にもなります。有りあまる食べ物に囲まれた世界に生きていますから、ついつい食が進んでからだに脂肪がたまり、成人（生活習慣）病を患うといった贅沢な悩みや苦しみをかかえこんでいる人も少なくありません。そこでダイエットや絶食をして、からだを管理するといった行為にもおよぶのですが、それは、私たちが理性を失いつつあることを示すのでしょうか。それとも逆に理性が勝ちすぎるためなのでしょうか。

ダマシオは「笑い」という感情を表情にあらわすためには、意識する部分だけでは不十分だと言います。顔には意識して動かすことのできない不随意筋の部分があり、そこを動かすのと、笑おうと思ってからだに働きかけるのとでは、指令を出す脳の部分が違うのだと言います。ですから、本当の笑いと愛想笑いや作り笑いの違いは、すぐに相手に感じとられてしまうというわけです。だとすると、不随意筋を意図的に動かすためには、どうしたらいいのでしょうか。ダマシオは、それを役者の名演技に見つけて、「本物をまねるのではなく本物を創造するやり方」だと言います。つまり、自ら本物の感情を作りだして、後はからだの作用に任せるのですが、その感情はあくまで理性によって管理できなければなりません。

このような迫真の演技は名優にしかできないものでしょう。けれども、私たちは日常の人間関係のなかで、役者が演技するのと同じような心持ちでコミュニケーションをする必要に迫られることも多いのではないでしょうか。そして、その難しさを熟知するゆえに、私たちには他人の行為をわざとらしい演技と見破ることもできるのです。しかし逆に、「本物を真似るのではなく本物を創造するやり方」が、舞台上だけでなく、舞台を降りたところでもやめることができないとしたらどうでしょうか。それはまさに、A. R. ホックシールドが「深層演技」にともなう問題として、指摘していることそのものでもあるのです。

Part 3：文化とコミュニケーション

15. 日本人の人間関係

16. コミュニティ

17. 群集、公衆、大衆

18. 場と集まり

19. 都会と田舎

20. 仕事と生活

21. 異文化コミュニケーション

補　論

15. 日本人の人間関係

同質性と異質性

日本人は自らの国民性を気にしがちだと言われます。その証拠に、これまで多くの日本人論が書かれてきました。たとえば、土居健郎の『「甘え」の構造』は、日本人がつくる人間関係の特徴を、親子に典型的な愛（甘え）にもとづく依存的な関係に見つけています。彼によれば、日本人の人間関係は、「身内」と呼ばれる親子関係を中心にした核と、その外側に「知っている他人」との関係、そして、「あかの他人」の三層として理解することができます。

土居健郎
1920-2009
精神分析家。日本人の精神構造を分析した『「甘え」の構造』は、大ベストセラーとなり、その後の日本人論にも大きな影響を与えた。
『「甘え」の構造』（増補普及版）弘文堂、2007年。

土居はこの「身内」と「知っている他人」との関係のなかに「同質性」と「異質性」という違いを見つけています。同質な者同士がつくる「身内」の関係にあるのは、自然発生的な「甘え」の感情で、そこでは遠慮をせずに依存しあうことが、その関係を維持するために必要なこととされます。他方で異質な人間同士を基本とする「知っている他人」との関係では、「甘え」には「義理」、つまり「世話」と「恩義」がともないますから、「甘え」を遠慮しあうことが、関係の維持には欠かせない態度になるのです。ところが、その外側に位置づけられる「あかの他人」との関係には「甘え」は通用しません。つまり、見ず知らずの人間とは無関係であるゆえに遠慮もいらないことになるのです。

井上忠司『「世間体」の構造——社会心理史への試み』講談社学術文庫、2007年。

井上忠司は『「世間体」の構造』のなかで、この「知っている他人」との関係を「世間」と言いかえています。日本人が自覚する人間関係や世界の認識には、この「身内」と「世間」という区分が強く根づいていて、それが都市化した世界で暮らす人たちにも相変わらず受けつがれているのです。その特異な発想を、欧米の人たちの考えと比較してみると、違いがはっきりしてきます。

「身内」に相応するのは「親密性」を基本にする関係です

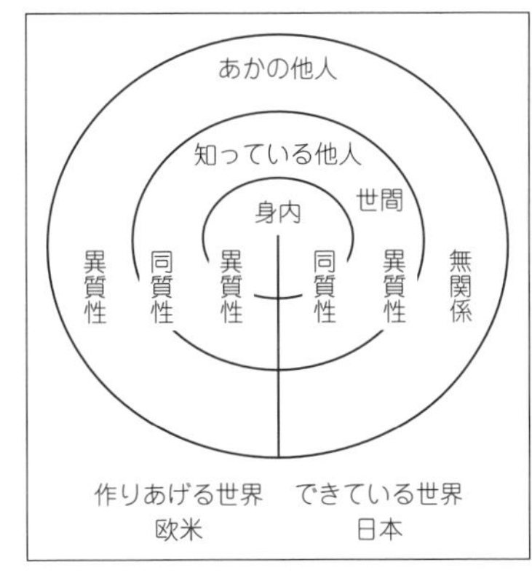

が、欧米では、この関係を律するのは、たがいが異質な人間であるという認識です。つまり、どんなに親しい関係でも、基本的には別々の個性をもった人間なのですから、その異質性にこそ配慮しあうことを良しとするのです。このことは、たとえば親が子を叱る、そのやり方を見たらわかりやすいでしょう。頭ごなしに叱りつける日本の親と違って、欧米では、なぜ叱るのかということを子どもが納得するまで説明すべきだと考えます。それは、親の保護のもとにある子どもであっても、一個の人格をもった人間だと考えるからです。

逆に「知っている他人」同士の関係では、「世間」とは違って、「同質性」が強調されます。敬語を使い、頭を下げあうことが当然とされる「世間」での儀礼と違って、「知っている他人」同士に望まれるのは、できるかぎり率直で親しい関係を作りあげようと努める「社交性」なのです。

最後に「あかの他人」との関係ですが、ここでは日本人がまるでそんな世界はないかのように無関係を装うのとは対照的に、きわめて慎重にたがいに配慮しあうことが求められます。身体的な接触を避けるとか、避けられない場合には“Excuse me.”と声をかけるなど、見知らぬ異質な者同士が公的な場所を共有するためには、配慮が欠かせないことと思われているのです。

日本と欧米の人間関係の特徴には、もうひとつ大きな違いが見られます。それは、日本人にとって、ここにあげたそれぞれの関係は、自分がどうこうする以前に、すでにできあがっていて、それにうまく適応することが大事だと思われていることです。他方で欧米の人びとにとって、それぞれの関係は、それぞれの場で、そこにいる当事者たちが積極的にかかわりあって作りあげるものと見なされているのです。この「できている世界」と「作りあげる世界」という認識の違い

空気と雰囲気
空気に相当する英語はatmosphereだろう。それは「雰囲気」と訳されるが、「空気」がすでにそこにあるものなのに比べ、「雰囲気」は、そこにいる人たちが作りあげるものであるところに特徴がある。すでにあるものを感じとったり読んだりすることと、自分で、あるいは協力しあって作りだす違いは、日本と欧米の人間関係の違いを明確にする特徴である。

は、たとえば、一頃話題になった「空気を読む、読めない」（KY）といった発想を思いだせばわかりやすいでしょう。

その場に求められていることを、誰もが「なんとなく」了解している（しなければならない）という前提は、親しい間柄であればあまり気にならないかもしれませんが、さまざまな立場や人間関係においては、ときとして圧力となります。特に上下関係においては、「暗黙の了解」を「忖度（そんたく）」しなければ、自分自身の立場が危うくなると思わせるほど、強固な命令として作用してしまうのです。

タテ社会と世間

このように、日本人の人間関係には、個人を対等ではなく、上下の関係としてとらえる傾向がうかがえます。中根千枝はそこに注目して、その基本構造を「タテ社会」であると指摘しました。それは家族はもちろん、学校や会社で持たれる「身内」の関係にある序列で、親子、兄弟姉妹、先輩と後輩、上司と部下、あるいは先生と生徒といった関係のなかでは、ことばづかいから挨拶の仕方や姿勢まで、きわめて厳格に決められているのです。

「関係と距離」←

中根千枝
1926-
日本をフィールドにした社会人類学者。大ベストセラーの『タテ社会の人間関係』は、世界13カ国語に翻訳される代表的な日本人論となった。『タテ社会の人間関係——単一社会の理論』講談社現代新書、1967年。

これに対し、人間関係の出発点に対等な個人を置く欧米では、たとえ職務上の上下関係があっても、それはあくまで「公的な場」での関係にかぎられます。ですから、仕事の後のプライベートな時間にまで職場の関係が持ちこまれることはあまりないのですが、日本人にとっては、仕事帰りの飲み会や休みの日のゴルフといったつきあいが頻繁におこなわれます。そのために家族と過ごすプライベートな時間が削られても、会社人間であることに「アイデンティティ」の基本を求める男たちには、それを改めるよりは、仕方がないと考える風潮が、現在でも根強くのこっています。もっとも職業を持つ女たちが結婚や子育てを両立させようとするライフスタイルの増加は、生活における公私の区別を明確にせざるをえない状況をもたらしています。それへの対応には、個々人の問題というよりは、「身内」と「世間」の関係に「公私」の関係をどう組みこんで折りあいをつけるかという、より一般的な問題があると言えます。

ところで、狭い村ではなく、都市生活における「世間」とは何なのでしょうか。それは、「社会」とはどう違うのでしょうか。「社会」という概念はそもそも近代化の過程のなかで欧米から輸入されたものですが、阿部謹也は、日本において「社会」と呼ばれているものの実体は「世間」なのだと言います。「世間」は「社会」と異なり、個人ではなく「人と人との関係」が優先されます。欧米の個人主義に対して日本は集団主義、あるいは間柄主義だとの指摘がしばしばなされますが、それは「世間」では「周りの人が見たらどう思うか」が重要なので、常に他人の視線を意識しながら、和や連帯を育んできたからです。この傾向は近代以降も変わることなく、現在でも強く自覚されているのですが、その実体がどこにあるかというと、かなり曖昧なものになってしまいます。

日本の「社会＝世間」は第二次世界大戦後に大きく変容しました。地方から関東や関西への移住が急増して、都市で暮らす人が大勢を占めるようになりました。人びとの移住が激しくなれば、当然地域の連帯は弱まり、「世間」は衰退していきます。都市の近郊にできた新しい街には、村のような近隣同士の関係は結ばれませんでした。よその子どもも自分の子どもと同じように育てるとか、共同で催しをおこなうとか、公共の場を管理するといったことは、自発的には、ほとんどおこなわれなくなりました。それどころか隣にどんな人が住んでいるのかも知らないという状況が珍しくなくなって、実際に「世間」と呼べるような関係は、都市部では具体的ではないものになったのです。

それでは、現在でも多くの人びとが強く自覚する「世間」は、いったいどこにあるのでしょうか。私たちが念頭に置くのは、ラジオやテレビでしょう。何か不祥事や事件がおこると、その当事者は必ず、「世間にご迷惑をかけた」と言って

阿部謹也
1935-2006
歴史学者。専門はドイツ中世史。代表作に『ハーメルンの笛吹き男』『中世の窓から』などがある。「世間」についても『「世間」への旅』ほか多数の本がある。
『「世間」とは何か』講談社現代新書、1995年。
『ハーメルンの笛吹き男――伝説とその世界』ちくま文庫、1988年。

→「都会と田舎」

社会と世間
「世間」は文字どおり、間や関係を内包するが、「社会」のもとになったsocietyやsocialにも関係の意味は含まれている。しかし、social capitalが「社会関係資本」、social businessが「社会貢献事業」と訳されるのを見れば、「社会」には「関係」という意味が弱いことがわかる。これは単にことばだけの問題ではなく、日本人が欧米流の「社会」にいまだに馴染んでいないことの証拠と言えるだろう。

謝罪をします。そうしなければ、メディア自体やメディアを介した意見として、無責任だとか反省がないといった厳しいことばが浴びせられるからです。佐藤直樹はこの現代における「世間」を、「私たち日本人が集団になったときに発生する力学」で、日常的な人間関係から「世論」にまで作用するものだという指摘をしています。

佐藤直樹『世間の目——なぜ渡る世間は「鬼ばかり」なのか』光文社、2004年。

主にメディアによって実体化する「世間」は、タレントという疑似的な隣人を介して、人間関係のなかの些細な行動や発言を律しますし、また、場合によっては「きわめて強力に人間を拘束するような」力となって、過剰な「自粛」や「自己検閲」をうながし、個人の抵抗をむずかしくするのです。もちろんこのような現象は、ネット上にあらわれる匿名の書きこみや、誰もが日常的に自分自身を発信できるSNS上でのやりとりにも顕著であることは、言うまでもありません。

「メディア」←
「スマホとネット」←

恥の文化

もうひとつ、日本人やその人間関係を律する特徴としてよくあげられる「恥」(shame) についてもふれておきましょう。ルース・ベネディクトが日本人の特徴や日本文化に関心をよせたのは、彼女がアメリカ政府から、当時敵国であった日本について、その国民性の調査を依頼されたからでした。ベネディクトはその調査の結論として、日本人が持つ「恥」の意識に注目しました。「恥」は「罪」と比較される意識です。自分のなかで自覚される「罪」とは違って、「恥」には他者の視線や声が欠かせないという特徴があります。「罪」は、悪いことをすれば、「内なる良心」がそれを罰するという意識ですが、「恥」は誰にも知られなければ悪いとは感じません。その意味で、「恥の意識」は「謝罪文化」の源泉で、他者の視線や声はまさに「世間」そのものなのです。

ルース・ベネディクト
Ruth F. Benedict
1887-1948

アメリカの文化人類学者。第二次世界大戦に参戦するに当たって戦争に関連した研究のために召集された人類学者のひとりで、日本人の精神構造について分析した『菊と刀』はその代表作。その教え子に『サモアの思春期』で有名な文化人類学者のマーガレット・ミードがいる。

『菊と刀——日本文化の型』長谷川松治訳、講談社学術文庫、2005年。

もっとも、ベネディクトの議論には多くの反論や修正が加えられました。たとえば作田啓一は、「恥」には「公恥」(public shame) と「私恥」(private shame) のふたつがあり、ベネディクトが言う「恥」は前者であって、日本人に特有の「恥」は後者であるとしています。作田によれば、「公恥」とは公の場のルールから照らして自分が劣っていたり、外れていたりするときに感じるもので、名誉や尊厳の失墜にかかわってくるものです。他方で「私恥」は、特に恥じいる必要はないのに、ひとり恥ずかしいと思う、非常に私的な恥、つまり「羞恥心」のことです。人から注目されたり、好意を持っている相手を前にしたときなどに日本人が見せるもので、「シャイ」と言われる特徴でもあります。この場合の「恥」は人前で嘲笑されたことが原因ではなく、むしろ賞賛されたり、思わぬうれしさからくる「恥じらい」にあります。

作田は、うれしいけれども恥ずかしい、という感性こそが日本的なのだと言います。なぜこういった気持ちを持つのでしょうか。井上忠司は、遊びとして「にらめっこ」などをすることや「視線恐怖」を自覚する人の多さを理由にあげながら、そこに、たがいに注視をしあわない日本人の関係の仕方を重ねあわせます。

日本人は謙遜し、できるだけ目立たなくするようにふるまうことを美徳や礼儀にかなったことと考えてきたのです。目の前にいる相手はもちろん、特に誰というわけではない曖昧な「世間」の目までも気にするわけですから、「公恥」にせよ、「私恥」にせよ、「恥」を恐れる気持ちは、きわめて強いと言えるでしょう。ただし、かかないように気をつける「公恥」と違って、「私恥」は、謙虚さ、優しさ、そしてかわいらしさの表出や演出にもなりますから、日本人にとっては必ずしも、避けるべきものではありません。「羞恥心」は、むしろ積極的に表出すべきものとして「儀礼化」しているとさえ言えるでしょう。

もうひとつ、人間関係においては「恥」がたがいの親密さを強めたり、確認したりするバロメーターになることも指摘しておきます。それはすでにふれたように、「秘密」の共有であるからです。「秘密」の共有がもたらす親密さはけっし

作田啓一
1922-2016
日本文化や日本人の人間関係の特色として、個人主義のほかに、中間集団や中間文化の脆弱さを指摘した。国家や社会から個人を守る小さな集団の欠如は、天皇を頂点にした戦時下の体制に特徴的だったが、それは現在の「世間」と「身内」の関係にも共通している。『恥の文化再考』筑摩書房、1967年。

柳田國男『明治大正史世相篇』（新装版）講談社学術文庫、1993年。

木村敏『人と人との間——精神病理学的日本論』（新装版）弘文堂、1976年。

→「親密性の絆」

世間話と噂話
井上忠司は、「世間話」はソトからやってくるソトの世界の話であり、「噂話」はウチの世界についての話だと区別している。「世間」の「噂」にならぬよう、「噂」になったら、「お騒がせして申し訳ありません」と謝罪することが必要で、その意味では、メディアが伝えるタレントのスキャンダルや企業や政治家の不祥事は、この世界がまさしく「世間」であることを証明していると言える。

「嘘と秘密」←「孤独」

て他言しないことによって維持されます。しかし、そうであればまた、他人に話したくなるのが、人間の性（さが）だと言えるかもしれません。

何しろ、暴露されたのでは「恥」になってしまう他人の「秘密」ほど、噂の種として興味をそそるものはないのです。「世間」を気にした関係は、表面的には「優しさ」を装います。それはすでに指摘したように「思いやりの体系」と呼べるものですが、それを維持するためには、その裏面として「陰口」がともなうことが避けられないのです。「身内」と「世間」の関係は現実には、どんな関係のなかにも混在して、曖昧で流動的な性格を持ちますから、遠慮をするかしないかという判断もまた、きわめて微妙でむずかしいところにあると言えるでしょう。

「マイホーム主義」ということばが流行したのは、高度経済成長の時代でした。「世間」よりも自分の家族を大事にするという考え方ですが、いつの間にか使われなくなりました。とはいえ、家族や自分自身を大事にするという考え方は、今でも多くの人が抱いていることだと思います。ただし、そこには「世間」や「社会」に異を唱えたり、逆に批判されても、それに立ち向かって自分や家族を守るという意味での大切さとはかなり違うように思います。ここには現在でも相変わらず、「世間」に比べて「身内」や「個人」が圧倒的に弱い位置にあるという考えが存在するのではないでしょうか。

エクササイズ

＊日頃「世間」をどんなものとして、どの程度気にしているか、自覚してみてください。

＊恥の感覚を「公恥」と「私恥」に分けて、思いつく経験や知っている事例をあげてみましょう。

16. コミュニティ

近代化とコミュニティ

「コミュニティ」(community) ということばは現在では、国際的な連帯から地域社会の共同体、さらにはインターネット上の集まりまで、さまざまな状況に用いられています。それはまた、学問領域の違いによっても、多様に使われ、解釈されてきました。たとえば社会学では、近隣社会や地域社会といった小規模な社会組織をさすのが一般的ですし、文化人類学が注目するのは、かつては「未開」と呼ばれた地域にある特有の文化を持った集団です。また、政治学では市民社会や「集合的アイデンティティ」に、哲学や歴史学では「イデオロギー」や「ユートピア」としての「コミューン」(commune) という考え方に焦点が当てられました。このように、コミュニティはさまざまな意味あいで理解されていますが、人びとが拠り所として帰属 (belonging) する場所という点では一致しています。

→「アイデンティティ」

「コミュニティ」についてはすでに何度かふれてきましたが、ここでは、さらに考えるための前提として、基本的な点をおさえておくことにします。この本は「コミュニケーション」を主題にしていますが、それが人びとにとって重要なものとして理解されたのは、その必要がないほどに近接して濃密な関係が崩されたときからだという立場をとっています。近代化は人びとの移動や移住をうながし、異質な人びとが混在する集団や地域を新たに作りだしました。そこでは何より、一人ひとりの「アイデンティティ」の自覚が必要になったのですが、それだけに、たがいがうまく関係しあうルールや集まりの仕組みが模索されました。その意味で、「コミュニティ」は、近代化によって否定されたものであると同時に、かつてはあった人びとを結びつける理想的な集団のあり方として、繰りかえし再現や復興が望まれてきたものでもありました。ですから「コミュニティ」はまた、近代化によって生まれた、まったく新しい人びとの絆であるというとらえ方もできます。それは、アメリカのような移民たちが作りあげた近代国家に顕著で、人びとのつながりはもちろん、「アイデンティティ」の拠り所としても重要な働きをしたのです。

「Part 1 補論」←

社会関係資本とアメリカ社会

ヨーロッパの社会形態が近代化の影響を受けて大きく変容した1830年代に、フランス人のアレクシス・ド・トクヴィルは、独立して半世紀ほどたったアメリカを訪れました。彼が驚いたのは、革命後も旧体制の影響を受けて近代化の進まなかったフランスと比べて、自由で平等な民主主義にもとづく国家をいちはやく実現させたと感じられたアメリカの社会形態でした。

テオドール・シャセリオーによるアレクシス・ド・トクヴィルの肖像画

アレクシス・ド・トクヴィル
Alexis de Tocqueville
1805-1859

フランスのノルマンディの大地主の家系に生まれる。一家のほとんどは「フランス革命」のときに処刑されたが、トクヴィルは34歳で下院議員になった後、ナポレオン3世のクーデターで逮捕されるまで、政治家として活動した。著書には『旧体制と大革命』がある。
『アメリカのデモクラシー』（第1巻上・下、第2巻上・下）松本礼二訳、岩波文庫、2005-08年。

トクヴィルが注目したのは、その国家としての仕組みが、まず、国はもちろん州や郡以前に、もっと小さな「共同体」（association）を土台にし、それらが水平方向に連携する関係を築いていたことにありました。「コミュニティ」ではなく、「アソシエーション」と呼ばれた「共同体」を構成したのは、独立心に溢れた個人と、勤勉に働き、たがいに助けあう家族でした。開拓者にとっては何より、自分と自分の家族が頼りでしたが、同じ地域に住む家族同士の助けあいが、たがいの自立に欠かせないことも学びとっていました。ですから、アメリカ人にとって国家とは、あくまで個人が出発点になり、小さな集団が連携しあって構成される大きな仕組みとして見なされるものだったのです。

このように、アメリカ人にとって「コミュニティ」は、何より人びとが自発的に参加して協力しあう組織で、生きるためには欠かせない仕組みと考えられてきました。それはまた「社会関係資本」（social capital）という言い方をされて、個人がその力を自由に発揮して、たがいに競いあって自己実現を果たすという「アメリカン・ドリーム」と共存した、生き方の指針として重視されてきたものでした。ロバート・D. パットナムはそんな「社会関係資本」を「理想主義的な無私無欲の原則」ではなく、「正しく理解された自己利益」の追求だと言います。つまり、人びとのつながりを大事にし、助けあうことを重視するのは、けっして見返りを期待しないのではなく、すぐにではないにしても、いつかは必ずあると考えるからで、それはまさに「互酬のシステム」と言えるものなのです。1830 年代にトクヴィルが感銘を受けたのは、こうした「社会関係資本」が、アメリカという新しい社会を特徴づける形態としてはっきり目に見える形で存在していたからでした。

もちろん、アメリカにおいても、大量生産・大量消費のシステムの普及や都市化、そして移民の増大によって、その社会構造に大きな変化が訪れました。19 世紀後半から 20 世紀初頭には、便利で豊かな暮らしに対する欲望が浸透した反面で、貧富の格差が目立つようになりましたし、小規模の農家や牧場が買収されて大規模化したために、都市に移って賃金労働者になる人も増えました。それにともない、それまで蓄積してきた「社会関係資本」の減退が生じましたが、そのような状況からも、新たな「コミュニティ」の必要性が自覚されていきました。

このような発想はその後も、第二次世界大戦後に急増した大都市郊外のニュータウンにも活かされています。念願のマイホームを手にいれた人たちが隣近所との親密な関係を求めて、「互助システム」を作りあげることに積極的だったのです。しかしこの新しい「コミュニティ」に対する疑念が 60 年代にあらわれます。それは 50 年代に急増した大都市郊外のニュータウンに生まれた若い世代（ベビーブーマー）たちからおこされたもので、その批判は、人びとのつながりの形骸化や、階層や肌の色で峻別された排他的な性格に向けられました。その「対抗文化」と呼ばれた運動で好んで使われたスローガンは「フリー」や「個性」と同時に「シェア」や「一

ロバート・D. パットナム
Robert D. Putnam
1941-

アメリカの政治学者。彼によれば、アメリカ人にとって、ボウリングは仲間と集団で楽しむゲームである。だから、それをひとりですることの異様さが、「社会関係資本」の衰退を象徴するのである。
『孤独なボウリング――米国コミュニティの崩壊と再生』柴内康文訳、柏書房、2006 年。
『われらの子ども――米国における機会格差の拡大』柴内康文訳、創元社、2017 年。

20 世紀とアメリカ

20 世紀に訪れたアメリカ社会の急変とそれが人びとの生活に与えた変化については、F. L. アレンの『オンリー・イエスタディ――1920 年代・アメリカ』（藤久ミネ訳、ちくま文庫、1993 年）、R. S. リンド、H. M. リンド『現代社会学大系 9 ミドゥルタウン』（中村八朗訳、青木書店、1990 年）、そしてディヴィッド・ハルバースタム『ザ・フィフティーズ――1950 年代アメリカの光と影』（1 ～ 3 巻、峯村利哉訳、ちくま文庫、2015 年）を参照。

P. スレイター『孤独の追求——崩壊期のアメリカ文化』渡辺潤訳、新泉社、1980年。

公民権運動とレイシズム
アメリカのコミュニティに見られる階層化や差別には、今もなお残る人種問題が大きくかかわっている。特に、奴隷制度を起源とする黒人への不当な扱いは、アメリカ合衆国の建国以来、現在にいたるまで大きな課題になっている。1960年代には白人からの不当な差別に対して、市民として平等な地位と権利の獲得を訴えた公民権運動が全米規模でおこなわれた。1963年のキング牧師による「私には夢がある（I have a dream）」演説は、後世に語り継がれている。そんな公民権運動は公民権法の制定（1964年）という成果をもたらしたが、それでも人種差別そのものがなくなったわけではない。それから半世紀を経た2010年代以降も、白人警官による黒人市民の殺傷事件が相次ぎ、いまもなお大きな社会問題になっている。こうした人種差別の問題は、アメリカにかぎったものではない。日本人の精神構造を分析したルース・ベネディクトは、ファシズムが台頭していた第二次世界大戦中に、人種差別の本質を問いかけた一冊を書いている。
(↗)

「ネット社会」←

緒であること」（togetherness）でした。それを分析したフィリップ・スレイターは、そこに込められた意味を(1)コミュニティに対する欲求——周囲の人びととの信頼、共同、そして友愛をもって生きたいという願い、(2)つながりに対する欲求——社会的・物理的環境と直接取りくみたいという願い、(3)依存に対する欲求——人生の方向や、衝動の制御について、責任を分かち持ちたいという願い、だったとまとめています。

このような批判は、単に「コミュニティ」や人間関係に限定されたものではなく、仕事や生活をふくめた生き方全体にかかわるもので、その基盤となる社会や経済のシステムそのものに向けられたものでした。仕事の能力が組織のなかで与えられた役割をこなす力になり、生活が衣食住のすべてにわたって、商品化されたものを消費する仕方に変わりました。新しく郊外にできた「コミュニティ」は、学歴や収入が近似した人たちによって階層分けされたものになりました。南部に多く住んでいた黒人たちが、北部に移動し都市の中心部に住むようになりましたが、差別や不当な扱いに抗議し、「公民権」の獲得を主張して、大きな運動を展開するようになりました。

パットナムは、アメリカの「社会関係資本」が70年代以降、減退しつづけていることを指摘しています。かつては「コミュニティ」の人たちが集まって楽しんだボウリング場に、ひとりでゲームをする人が増えている。そんなシーンはアメリカ人の孤独感を象徴するものとしては、きわめてわかりやすいものですが、そこにはまた、かつてのような「コミュニティ」を求めるにはあまりに多様化し、複雑化した社会という現実があります。と同時に、だからといってあきらめるのではなく、現代の社会にあった新しいコミュニティを作りだそうとする動きも、たしかに見られるようです。現在では、実在する世界と共存するもうひとつのヴァーチャルな世界となったインターネットも、出発点には、60年代の対抗文化の流れをくむ人たちの「コミュニティ」の希求があったと言われているからです。

（↘）
ルース・ベネディクト『レイシズム』阿部大樹訳、講談社学術文庫、2020年。

日本人とコミュニティ

それでは、日本人にとって「コミュニティ」は、どのようなものだと言えるのでしょうか。近代化による社会形態の変化は、日本では明治維新からですから、すでに1世紀以上が経過しています。東京は20世紀の前半には世界有数の都市になり、60年代には人口1000万人をこえる大都会になりました。その多くは地方から移住してきた人たちでしたが、あらたに住みはじめた生活の場にできたのは、欧米風の「コミュニティ」ではなかったようです。

たとえば神島二郎はそれを、近代化による「自然村」から「擬制村」への変化と呼んでいます。つまり、都市に移り住んだ人たちがつくったのは、アメリカに見られたような個人主義を基本にした人びとの新しいつながりではなく、伝統的な村のなかにあった関係の仕組み（自然村）を再現した「擬制村」だったというわけです。このことは、すでにふれた日本人に馴染みの人間関係の仕組みが「身内」や「世間」、あるいは「タテ社会」という特徴を持っていることからもわかると思います。

神島二郎『近代日本の精神構造』岩波書店、1961年。

→「日本人の人間関係」

その顕著な例は、大きな企業を中心に発展した「企業城下町」や大都会の社宅でしょう。もっともそれ以前から、都会にあった人情味溢れる下町に住む人たちにとって、向こう三軒両隣は家族や親戚のように助けあって暮らす関係でしたから、そこにはやはり、個人のプライバシーを尊重しあうといったルールは見つけにくいです。企業城下町や社宅に住む人たちがつくる人間関係の中心には、職場ではもちろんのこと、生活の場でも常に、仕事上の関係が据えおかれました。しかし、職住接近の暮らしは村社会では当たりまえのことでしたから、このような新しい生活の仕方の方が、日本人には馴染みやすかったのかもしれません。

→「都会と田舎」

標語としてのコミュニティ
コミュニティバス
コミュニティ・ペーパー
コミュニティ放送
ネット・コミュニティ
コミュニティ・スクール
コミュニティ・スペース
コミュニティ・サイト
コミュニティ・センター
コミュニティ・クラブ
出会いコミュニティ
コミュニティ・ビジネス
コミュニティ・シネマ

もっとも「コミュニティ」ということばが一般に聞かれるようになったのは、都会の下町や企業城下町ができた後のことでした。もともとは町内会や自治会という行政主導でつくられた近隣組織ですが、都市郊外に新興住宅地が盛んにつくられるようになった70年代以降から、やはり自治体によって「地域コミュニティ」という名に置きかえられていきました。ちなみに町内会には第二次世界大戦中に国の政策として大政翼賛会の末端組織としてつくられたという歴史があります。非国民的な言動をたがいに監視しあう組織で隣組とも呼ばれました。戦後のアメリカの占領政策によって、町内会は禁止されましたが、禁止が解かれた後に、行政主導の自治組織として復活したものです。

「コミュニティ」ということばは、現在多様に、それゆえきわめて安易に使われていますが、日本の社会には馴染みにくい、人びとのつながりの形のように思えます。そのことは、「身内」や「世間」の意識が、現在でも、人間関係を律する仕組みとして機能していることからも推測できるでしょう。その理由は、やはり欧米の近代化には不可欠だった「個人主義」という考えが、日本人には十分に受けいれられていないことにありそうです。そのことを、家の作り方から見てみることにしましょう。

「日本人の人間関係」←

「コミュニティ」の結成に熱心な人たちが住んだアメリカの郊外住宅には塀はめったに見られないようです。道路と家のあいだには必ず芝生の庭があって、隣の家とのあいだには何もないか、せいぜいあっても背の低い柵ぐらいです。ところが対照的に、日本の郊外につくられた一戸建て住宅には必ず高い塀が巡らされています。その点に着目した柏木博は、そこに「しきり」に対する感覚の違いを読みとっています。彼によれば、外に対してはっきりした「しきり」をつくらないのは、アメリカ人にとって「私」と「公」の区別がはっきりしているからで、日本の住居に塀が欠かせないのは、それがはっきりしていないせいではないかと言うのです。たしか

柏木博『「しきり」の文化論』講談社現代新書、2004年。

に、個人主義は「私」と「公」を区別するだけの考え方ではなく、むしろ、そこを前提にしたうえでの人間関係の持ち方や、「公」に対する姿勢や行動にこそ力点が置かれるべきものです。ですから、隣近所とのあいだを塀によって遮断してしまったのでは、関係そのものを拒絶する姿勢をあからさまにしてしまうのです。

同様にインターネットの世界でも、「コミュニティ」ということばは、きわめてありふれています。それは、ネットの世界がアメリカで生まれて、そこで使われたことばがそのまま輸入されたことに、一番の理由があるようです。ネットでつくられる「コミュニティ」は地域や組織ではなく、意識や好みを基盤にして成りたつ集まりであることを特徴にしています。ですから、欧米においても、従来の「コミュニティ」とは異なる、新しい性格が見つけられ、それが活性化する大きな原因になっているようです。その意味では、日本人にとっても、きわめて新しい人びとの集まりやつながりを実現させたメディアだと言うことができるでしょう。けれどもまた、「コミュニティ」と名乗るからには、従来のものとのつながりものこされているはずで、その点ではやはり、日本のネット社会につくられる「コミュニティ」には、欧米のものとはちがう、きわめて日本的な「身内」や「世間」といった性格が、そのまま移植されていると言えるかもしれません。

監視社会

戦時下の隣組でおこなわれていた「たがいを監視しあう」という行為は、現在の SNS のコミュニティにも当てはまるものだ。それは「身内」や「世間」の延長として、同調や自粛をうながすような相互監視として機能している。現実の社会に目を向ければ、かつてのパノプティコン的な監視社会から、たがいを監視しあう社会への移行を垣間見ることができる。

ジョージ・オーウェル『一九八四年』(新訳版) 高橋和久訳、ハヤカワepi 文庫、2009 年。

ミシェル・フーコー『監獄の誕生——監視と処罰』(新装版) 田村俶訳、新潮社、2020 年。

ジグムント・バウマン、デイヴィッド・ライアン『私たちが、すすんで監視し、監視される、この世界について——リキッド・サーベイランスをめぐる 7 章』伊藤茂訳、青土社、2013 年。

→「ネット社会」

◆◆◆

エクササイズ

＊自分が住んでいる地域に「コミュニティ」ということばを当てはめてみましょう。どういう社会関係が見えてくるでしょうか。

＊「コミュニティ」と「世間」の違いについて、考えてみましょう。

17. 群集、公衆、大衆

都市化と群集の出現

現在、世界的に知られる都市の多くは、主に近代化以降に人口が急増したという特徴をもっています。たとえばロンドンでは、19 世紀初めに約 86 万人だった人口が、その後の 100 年で一気に約 420 万人にも膨れあがっています。同様のことはパリにもベルリンにもおこりました。19 世紀が、近代化にとって重要な時期であったことは、都市へのこのような人口集中からもよくわかります。

さまざまな地方からの人びとの都市への流入は、ことばや生活習慣、そして人間関係の持ち方などがまったく異なる、見知らぬ者同士が密集して暮らすという状況をもたらしました。もちろん、都市のなかには同郷の人たちが集まって暮らす一角ができ、それぞれに地方色を持った地区が形成されましたが、都市の中心にある繁華街には、さまざまな人びとがひしめきあうようにして集まることが日常的な風景になりました。こういった都市の一角に集まる大勢の人びとは、ひとたび何かの危機や問題がおこると統制のきかない集団へと変貌することがありましたから、「群集」(crowd) として恐れられ、非難されることになりました。

19 世紀末のパリの労働者による食糧暴動をきっかけにして「群集」研究をはじめたギュスターヴ・ル・ボンは、「群集」(foules) を、突発的に発生する、知性に欠けた凶暴な集団だと断罪しました。しかし、彼が恐れたのは、「群集」となる特定の人たちがいるというのではなく、大勢の人間がひとつの場所に集まれば、誰もが何らかのきっかけで個性を喪失して、「精神なき感情」のままに一体化してしまうという危険性でした。誰にも例外なく襲いかかる現象は、まさしく都市が生みだした病理と言えるものでした。

この「群集」については、別の観点にたってル・ボンを批

ギュスターヴ・ル・ボン
Gustave Le Bon
1841-1931

フランスの医学者であり社会心理学者。世界各地を旅行し、人類学、民族学、考古学などの分野に著作を残した。日本の場合、群集(衆)心理という考え方が明治時代から、政治の分野で輸入され、現在まで社会心理学の古典として認識されている。

『群衆心理』櫻井成夫訳、講談社学術文庫、1993 年。

判した、G. タルドの分析があります。タルドが人間に本質的な特徴として「模倣」という行動に注目したことは、すでに紹介しましたが、彼は「群集」についても、同様の指摘をおこなっています。つまり、「群集」とは、周囲にいる者を手本にして同一化し、たがいに同質的な分身になった人たちの集まりだという見方です。一斉に同じ行動に走るのは、「精神なき感情」のしわざではなく、人間に本来備わった「模倣本能」によると考えたわけです。今村仁司はそこに着目して、タルドが「群集」に見たものは、個人の差異、階級、そして社会的身分さえなくして、すべてを等質なものにならす、近代社会が生んだ独特な集団現象だと解釈しています。それは後に「大衆」や「大衆化」といったことばであらわされる、近代社会に特有の人びとの集合的な性格に通じる特徴にほかなりません。

今村仁司『群衆——モンスターの誕生』ちくま新書、1996年。

→「自己と他者」

公共性の誕生と公衆

けれどもまた、近代の都市化は、さまざまな立場の人が街中で共存しあうルールも作りだしています。リチャード・セネットは『公共性の喪失』のなかで、18世紀頃のヨーロッパの都市に「公共性」(public) と呼べる観念が育っていることを指摘しています。それは一方では、見知らぬ者たちがたがいに不要なかかわりを避けるためにしはじめた「儀礼的無関心」であり、他方では、かかわりが必要な場合にはそれなりの礼儀や親しさを示しあう「社交性」でした。近代化以前の都市では、身分によって出入りが制限された場や空間が多く存在しましたが、近代化によって拡大した都市には、誰もが自由に入って楽しむことのできる空間が、いくつもつくられるようになりました。コーヒーハウス、パブ、レストラン、ミュージックホール、オペラ劇場、そして広場や公園などが、見知らぬ人との交流の場として発展し、まったく知らない人間同士がひとつの場を共有し、音楽や芝居を楽しむことやおしゃべりや議論をすることができるようになったのです。

リチャード・セネット
Richard Sennett
1943-

都市の発展と労働の形態、そしてその基盤にある資本主義の特質を歴史から現在にいたるまで幅広く分析する。また小説家でもある。
『公共性の喪失』北山克彦・高階悟訳、晶文社、1991年。

「自己と他者」←

たとえば酒を飲んでおしゃべりに花を咲かせる場である「パブ」は、もともとは「パブリック」と呼ばれた場所でした。「コーヒーハウス」もふくめて、このような場所では、日々の出来事や時々の政治や経済について、客同士が情報を交換したり、議論をしたりすることが盛んになりました。字の読める人が声を出して新聞を読み、読めない人がそれに耳を傾ける。そこはまさに「公共」の場であり、「世論」が生まれる場であったのです。

「場と集まり」←

ガブリエル・タルド『世論と群集』（新装版）稲葉三千男訳、未來社、1989年。

タルドはこのような公共の場と新聞や雑誌の発達が、「群集」とは対照的な「公衆」という存在を生みだしていると指摘しました。新聞や雑誌は、同じ内容の記事を遠くに大量に届けます。そしてその読者たちは、直接対面することなく同じ情報を受けとり、思想を共有しました。タルドは「公衆」をメディアによってつながる理性的な集団と見なしましたが、それはまた、公共の場で、新聞や雑誌を片手に議論しあう人びとのなかにもある特徴でした。近代の都市は一方で「群集」を生みだしましたが、他方で「公衆」という存在も作りだしていて、人びとは自分がいる場や状況次第で、どちらの集団にも身を寄せることになったのです。

ところで、一方で「社交性」や「儀礼的無関心」によって公的な世界で生きるすべを身につけた人たちには、他方で、より親密で心を許しあえる関係もまた必要でした。それは愛情で結ばれた家族であり、利害をこえてつきあえる友だちでした。すでにふれたように、この恋愛結婚や友情にもとづく関係もまた、近代化のなかで生まれたもので、それは、公的な世界からは隠された私的な領域で、そこには他人の接近を制限する「プライバシー」（privacy）の権利が認められました。

「親密性の絆」←

エリートと大衆

近代的な都市はまた、衣食住にかかわるものを商品化して、それらを消費させる経済の仕組みを発展させました。あらゆる商品を一店に備えて陳列するデパートが生まれ、繁華街に並んだ店には、魅力的な品々が並べられました。新聞や雑誌に掲載された広告記事をふくめて、人びとはさまざまな商品に欲望をかきたてられ、それらを消費することに喜びを見出すようになりました。ロンドンやパリでは19世紀の中頃から繰りかえして万国博覧会が開催され、それがいっそう消費社会を発展させる契機になりました。そのような流れは20世紀を迎えるとアメリカに飛び火して、さらなる進展を見せることになります。ここには映画とラジオという娯楽性の強い新しいメディアの出現といった要因もありました。

→「場と集まり」「消費とコミュニケーション」

「群集」や「公衆」に加えて「大衆」(masses) が一般の人びとや社会の特徴を総称することばとして、よく使われるようになりますが、そこには「大量生産」や「大衆市場」といったように、大勢の人が大量に生産されて売られる商品の購買者になったという意味が強くこめられています。レイモンド・ウィリアムズは、「大衆」が19世紀中頃から、主に労働者と、それが数の多い社会勢力であることを形容するときに使われてきたのに比べて、「強固な集合体」から「非常に多数のものや人間」を指すことばに変容して、大々的に使われるようになったと言っています。映画とラジオが隆盛を極める20世紀前半には、「マス・メディア」や「マス・コミュニケーション」といったことばも定着するようになりました。

レイモンド・ウィリアムズ
Raymond H. Williams
1921-1988
ウェールズの労働者階級の家に生まれた。その階級的な視点から、イギリスの文化についてさまざまに考察した。カルチュラル・スタディーズの出発点を語るのに欠かせない人である。
『キイワード辞典』岡崎康一訳、晶文社、1980年。

ただし「大衆」には、その数の多さや画一性のために、エリート知識層からは特に文化的な面で強い批判が浴びせられました。それがエリートたちが楽しむクラシック音楽などの高級文化と、大衆が消費する低俗文化といった二項対立的な図式を作りだしたのです。「大衆」は、「マス・メディア」によって容易に統制され、操作される存在で、大量生産されたものを大量消費する大勢の人として、批判されるだけの対象と見なされました。

「大衆」批判の代表として知られるオルテガ・イ・ガセットが指摘したのは、近代化が責任感やリーダーシップを持っ

オルテガ・イ・ガセット
José Ortega y Gasset
1883-1955
スペインの哲学者。ファシズムの侵攻が拡大していた20世紀初め、現代の大衆社会化（特にアメリカ）をいち早く予告し、それに警鐘を鳴らした。現代の人間を無責任な存在として、すべての人が生そのものに対して自律的な道徳心を持つように主張した。
『大衆の反逆』佐々木孝訳、岩波文庫、2020年。

テオドール・W. アドルノ『アドルノ 音楽・メディア論集』渡辺裕編／村田公一ほか訳、平凡社、2002年。

た優れた少数者（貴族、権力者）支配を崩し、「大衆」という多数派を主役にして、社会の動向を左右するようにさせたことでした。しかもオルテガには、当の「大衆」には社会はもちろん、自分自身を自分で制御し支配する能力も、その気もない人たちと映りました。とはいえ、オルテガは「大衆」を「エリート」に対するものといった図式でとらえていたわけではありません。それはル・ボンやタルドが「群集」に見たように、誰もが分けもつ時代の心理といった特徴をしめすもので、彼がことさら批判の目を向けたのは、物質的な豊かさを社会の理想形態と信じて疑わないアメリカ社会の姿でした。

20世紀の前半にはふたつの世界大戦があり、そのあいだには未曾有の好景気と大恐慌がありました。ドイツではそんな動乱の時代のなかからアドルフ・ヒトラーが登場し、独裁的な権力者となってヨーロッパ全体を支配するほどの勢力を持ちました。ヒトラーのユダヤ人迫害は周知の事実ですが、ユダヤ系ドイツ人の学者たちが集まってつくった「フランクフルト学派」という研究集団は、近代化がなぜ、ヒトラーのような独裁者と全体主義的な国家を作りだしてしまったのかについて研究を重ねました。そのなかのひとりであるテオドール・W. アドルノは、映画やラジオ、あるいはレコードなどによって強力になった文化産業が、人びとを政治的に無知で無関心な存在にし、権力者に容易に操作されてしまう無力な人間にしたと批判しました。

「大衆」や「大衆文化」に対するこのような評価は、20世紀の後半にテレビが登場し、アメリカ的な豊かさがその他の先進国に行きわたるようになると、さらに信憑性を高めることになりました。しかし同時に、これまでの「大衆文化」批判とは異なる、新しい分析方法も登場してきました。

大衆とポピュラー

「大衆文化」が権力者による「大衆」操作の道具としてあるとしたら、そこにはどのような手法があるのでしょうか。

権力を持つ者が「大衆」を思い通りに管理する仕方には、自らの思想を「イデオロギー」として強制的に植えつけるほかに、「大衆」が自発的に興味を持って支持するように仕向ける方法があります。アントニオ・グラムシは、それを「ヘゲモニー」(hegemony) と呼び、民主主義的な資本主義社会において「イデオロギー」を浸透させる支配的な手段だと主張しました。

グラムシはムッソリーニの支配に抵抗して捕らえられて長い獄中生活をした人ですが、「ヘゲモニー」に代表される彼の思想が評価されたのは1960年代後半にイギリスで生まれた「カルチュラル・スタディーズ」と命名された新しい文化研究の学派においてです。この学派がめざしたのは、社会の外部や上層からではなく、その内部や下層から、社会や文化のあり方をとらえ直すことで、具体的には労働者階級の政治的、経済的立場と文化の関係をマルクス主義にもとづいて批判的に分析することからはじまりました。「イデオロギー」と「ヘゲモニー」はこの学派の主要な概念となりましたが、そのことを文化研究に応用するためにいちはやく注目していたのは、ロラン・バルトでした。

バルトは、ひとつの作品にはそれがどんなものであれ、それを制作した者の考えが潜在すると指摘しました。一見当たりまえに思えるもの、真実として理解できることのなかには、そう思わせようとする意図や、無意識のうちに入りこんだ偏見や固定観念があって、それが「イデオロギー」として人びとのなかに繰りかえし注入されつづけるというわけです。それは表現されたものばかりでなく、表現するためのことばの使い方、写真や映画といった映像の写し方、編集の仕方のなかにあるものですから、受けとる者には気づかれないということになります。バルトはそれを「明示的意味」(denotation) とは異なる「暗示的意味」(connotation) として、そこに分析の狙いを向ける必要性を説きました。彼が批判の矛先を向けたのは「大衆文化」の受け手ではなく、その作り手にだった

アントニオ・グラムシ
Antonio Gramsci
1891-1937
イタリア共産党に入党し、労働運動や反ファシズムを実践した。彼の著作のほとんどは獄中で書かれている。
『グラムシ獄中ノート』石堂清倫訳、三一書房、1978年。

→「Part 3 補論」

ロラン・バルト
Roland Barthes
1915-1980
フランスの哲学者。記号論をもとに、メディアや芸術、文学そして流行現象などを分析した。
『ロラン・バルト著作集3 現代社会の神話——1957』下澤和義訳、みすず書房、2005年。

明示的意味と暗示的意味
上の雑誌表紙のフランス軍服を着た若いニグロ（アフリカ系黒人の蔑称）が三色旗に敬礼している写真から、バルトは二重の政治的イデオロギーを読みとった。
フランス国旗に敬礼している姿は、単純に国家への敬意を明示している。一方で、熱心な黒人の姿は、フランス植民地主義としての博愛心を暗示している。そこには、フランスは肌の色に関係なく忠誠をつくすべき偉大な国家であるというイデオロギーが隠れていると分析した。

「消費とコミュニケーション」←

のです。

「カルチュラル・スタディーズ」は一方では、グラムシやバルトを参考にして、マス・メディアによって商品として提供される文化の「イデオロギー」や「ヘゲモニー」の分析をしましたが、他方では、普通の人たちによって日常的に作りだされる文化、とりわけ若者たちのファッションや音楽などにも関心を向けました。そのメインやマスではないサブカルチャーが、ときに大きな流行となって国内はもちろん海外にまで広まっていく。そんな新しい文化現象を「大衆」ではなく「ポピュラー」と呼んで対応することが、この学派以来一般的なものになりました。

世界中に流行する新しい文化が、社会の中心や高い位置から発せられるのではなく、むしろ周縁や底辺から生まれることは、20世紀後半以降に生まれた新しい文化に共通した特徴です。その出発点には、自らの境遇を訴え、社会に向けてその不当さを批判する姿勢が顕著ですが、それがいったん流行の波に乗ると、棘がとれて穏やかなものになってしまいます。それは「ポピュラー」が同時に「マス」であることの宿命で、ここにはまた、「大衆文化」からつづく「画一化」や「商品化」といった批判が向けられることになります。

エクササイズ

＊「公共」の場にいる人びとが突然、群集化するのは、どういう場合でしょうか。最近の出来事から探して、その原因を確かめてください。

＊「大衆」について、その賛否両論を整理して、自分の考えをまとめてください。

18. 場と集まり

人が集まる場

都市の繁華街には人びとが集まる多様な場があります。買い物をしたり、食事をしたり、映画や芝居を見ることも、ゲームに興じたりすることもあるでしょう。そこには当然大勢の人たちがいますが、ほとんどの場合、そこですれ違う人たちは、ことばを交わすこともなく通り過ぎて行ってしまいます。繁華街を歩く人たちは、それぞれが自分の目的のために集まっただけであって、必ずしも他者との交流を求めてきたわけではないからです。とはいえ、人通りの少ない閑散としたところには、誰もあえて行きたいとは思わないでしょう。直接コミュニケーションをしたいわけでもないのに、私たちが人混みに引きよせられるのは、いったい、どうしてなのでしょうか。

パリのパサージュ

ヴァルター・ベンヤミンは、その理由を19世紀前半に数多く建築されたパリの「パサージュ」に見つけています。そこはさまざまな商店が軒を連ね、ガラス張りの天井に被われた一角です。雨でも傘をさす必要がなく、昼は陽が差しこみ、夜にはガス灯がともりました。そこは、時間や天候に関係なく、人びとが集まり、散歩をしたり、ウィンドウ・ショッピングをしたり、飲食を楽しんだりできるはじめての空間で、ベンヤミンは公の場で人びとがタバコを吸いはじめたのもここだったろうと推察しています。さまざまなものを大きく映しだす幻灯が人びとの興味を引きつけた時代で、「パサージュ」はまさに街に出現した現実の「幻灯＝幻想」(fantasmagorie)の空間として、多くの人を魅了したようです。

ヴァルター・ベンヤミン
Walter Benjamin
1892-1940

フランクフルト学派を代表する思想家。ユダヤ人の彼は、第二次世界大戦時、ナチスから逃れるため亡命を図るが失敗し、服毒自殺をした。
『パサージュ論』(第1〜5巻) 今村仁司・三島憲一ほか訳、岩波現代文庫、2003年。

パサージュは誘惑で溢れる街路で、欲望をかきたてられる場として人びとを引きつけましたが、19世紀の中頃に生まれたデパートに、その地位を奪われます。あるいは、新奇で豊富な商品を陳列する場としては、同時期にパリやロンドン

「群集、公衆、大衆」←

で何度も開かれた「万国博覧会」の果たした役割の大きさにも注目する必要があるでしょう。

ベンヤミンはこのような流れを、商品を購入して消費するシステムの普及だけでなく、それ以上に、それらを見物し、最新のファッションを身につけて見せびらかしあうこと、娯楽として認知されたことに意味があるとしています。新しい商品や流行を求めて人びとが集まる場は、幻灯に映しだされた世界そのままに、その幻想的ではかない風景を出現させたがゆえに人びとを魅了したのです。

「羨望と嫉妬」←
「消費とコミュニケーション」

公共の場

近代都市の誕生と、そこに集まった人たちが作りだした場や、そこに生まれた暗黙のルールである「儀礼的無関心」と「社交性」については、すでに何度も指摘をしました。公共の場は誰もが入ることを許されますが、そのためには「公共心」をわきまえた「公衆」であることが求められます。タルドは「公衆」を主に新聞や雑誌の読者のなかに見ましたが、ユルゲン・ハーバーマスはコーヒーハウスやサロンに集まって、文芸や政治の議論を自由に交わし、世論を形成していく人たちや場につくられる特徴を「市民的公共性」と呼んでいます。そこに生まれた特徴は、ハーバーマスによれば、(1)社会的な平等を前提にする、(2)既存の通念や制度を問題にする、(3)議論を通じて生まれた情報や文化を商品化する、ということになります。多いときには、18世紀のロンドンには新聞を読めるコーヒーハウスが2000軒以上もあったと言われています。

ユルゲン・ハーバーマス
Jürgen Habermas
1929-
ホルクハイマーやアドルノらの影響のもと、フランクフルト学派の第2世代として登場し、代表的存在となる。
『公共性の構造転換――市民社会の一カテゴリーについての探究』（第2版）細谷貞雄・山田正行訳、未來社、1994年。

ここには、ベンヤミンが注目したパサージュやデパートとは違う、近代化のなかで生まれた人びとの集まる場と、その特徴が指摘できます。それはまた、「資本主義」と「民主主義」という近代社会を支える二本の大きな柱が生まれ育ち、成長した場だと言うことができるでしょう。

つまり、コーヒーハウスと印刷物とが相互に連動しあって、新聞や雑誌はもちろん、詩や小説といった文学が出版され、それらが多くの読者を獲得し、音楽が楽譜として記録され、それもまた多数売られるようになったのです。文学や芸術は人びとが身につけるべき教養として認められただけでなく、そのことがまた資本主義制度のなかに新しい商品と市場を作りだすもとになったのです。宮廷や貴族のあいだでのみ聴かれていた音楽が「クラシック」として中産階級の人たちのなかに広まることで、コンサート・ホールやオペラ劇場がつくられて、演奏会や舞台の上演が盛んになりました。

小林章夫『コーヒー・ハウス――18 世紀ロンドン、都市の生活史』講談社学術文庫、2000 年。

→「音楽と場」

ベンヤミンはパサージュを、街路から交通という要素を取りさった、商売だけの空間だと指摘しました。ということは、パサージュの登場以前から、街路は単に交通の場であっただけでなく、商売の場でもあったということになります。しかも、パサージュやデパートが人を集める主要な場になったとはいえ、街路を行き交う人の数がそれによって減ったわけではありません。ですから、街路では依然として、行き交う人たちを目当てにした商売がおこなわれ、街頭での演説や寸劇、あるいは音楽なども盛んだったわけです。

たとえば新聞が読めるコーヒーハウスが登場したのは 18 世紀のロンドンで、大衆紙が急成長するのは 19 世紀の後半です。しかし、新聞は突如登場したわけではなく、それ以前からあって、たとえば「ブロードサイド」と呼ばれる街頭売りの新聞が、事件や問題、あるいはこまごまとした話題を多くの人びとに伝える役割を果たしていたりしました。しかも、この種の新聞には文字だけでなく絵も描かれ、あるいは売り子が物語風に仕立てられた記事を歌うように読むといったこともしましたから、労働者階級の人たちにも広く受けいれられていたようです。

村上直之『近代ジャーナリズムの誕生――イギリス犯罪報道の社会史から』岩波書店、1995 年。

このような公共の場における特徴は、同じように都市化のなかで生まれながら、地域的に限定され、その構成員も、そこに居住する人にかぎられた「コミュニティ」とは対照的な性格をもったと言えるでしょう。誰もが自由に出入りできる都心の公共の場と違って、居住の場は、ヨーロッパでは階級によって区分けされてできあがりましたし、アメリカでは、人種の違いによって明確に分断されました。その意味で、誰もが出入りできる公共の場では、多様な人びとが混在し、その異質性を許容しあい、楽しむ余地が一層重要なものとして認識されたのです。もっともアメリカでは、公共の場に自由に出入りする権利が人種によって制限され、たとえばレストランやホテルから、公園のトイレにいたるまで、「白人のみ」といった看板が掲げられました。その制限が撤廃されるのは1960年代に主張された「公民権」獲得の運動が認められた後のことです。

「コミュニティ」←

繁華街と若者文化

繁華街はショーウィンドウに陳列された商品に欲望をかきたてられ、消費する快楽を楽しむ場として発展してきたわけですが、そこはまた、見知らぬ人たちに向かって自分を表現する舞台としての魅力も兼ねそなえてきました。初期のカルチュラル・スタディーズを代表するディック・ヘブディジは『サブカルチャー』のなかで1950年代から70年代にかけてイギリスに登場した若者のサブカルチャーが、ロンドンの特定のストリートに集まる特定の層の若者たちによって作りだされたものであることを紹介しています。

ディック・ヘブディジ『サブカルチャー――スタイルの意味するもの』山口淑子訳、未來社、1986年。

ロンドンのストリートとサブカルチャー
カーナビー・ストリート：モッズ
キングス・ロード：パンク
カムデンハイ・ストリート：ゴス・カルチャー

第二次世界大戦後のイギリスには、アメリカや日本と同様に、ベビーブームと経済成長がもたらされました。それは労働者階級の生活水準をあげ、そこで育った若者たちに、親とは違う未来に向けた夢や目標をもたらしました。ただし、それは労働者層のなかでも一様ではありませんでした。上層の家庭に生まれた子どもたちには高等教育を受ける可能性が生まれ、そのための受け皿として、大学と専門学校の特徴を合わせもった「テクニカル・スクール」や「アート・スクール」が増設されました。そこはテレビという新しいメディアや急成長をはじめた広告会社で働く人たちを供給する学校になりましたが、60年代に世界を席巻するブリティッシュ・ロックのミュージシャンを多く輩出する拠点にもなりました。

しかし、下層の家庭に生まれた子どもたちは、相変わらず、自分の将来は親と同じという、夢の持てない境遇に置かれました。ですから親とは違って時間とお金を手にした彼や彼女たちが夢中になったのは、独特の衣装と化粧をしてストリートにたむろし、ディスプレイをすることでした。そのひとつである「テディボーイ」たちは、かつての貴族に似た服装をし、アメリカからやってきたロックンロールを自分たちの音楽にしましたし、「モッズ」はやはり独特の衣装に身を包み、スクーターを乗りまわしました。

『さらば青春の光』
スクーターを乗りまわす当時のモッズの様子や若者文化の状況を描いた。イギリスのロックバンド「ザ・フー」のアルバム『四重人格』をベースにしている。
フランク・ロッダム監督
1979年、イギリス

ヘブディジはこういった労働者階級の若者たちの行動に、現実にはかなわない自分たちの夢を想像の世界で実現させ、それをストリートで実演して見せたという解釈をしています。重要なのは、このような現象がひとつの流行となって、イギリスやヨーロッパはもちろん、アメリカや日本にまでやってきたことでした。近代化のなかでおこった流行は階層の上から下に流れることを特徴としてきましたが、これ以降、若者たちに広まる文化の主流は、下から上、周縁から中心へと逆の流れを見せることになりました。

→「消費とコミュニケーション」

ロンドンでは、その後も、グラムやパンク、そしてラスタ（レゲエ）といった新しい文化現象が、労働者階級や旧植民地から移り住んで最下層に位置づけられた若者たちのなかから生まれ、それが世界中の若者を虜にする大きなムーブメントとして繰りかえされました。

日本の都市空間と若者の場

第二次世界大戦後の日本の社会には、欧米のような階級は明確ではなく、むしろ誰もが中流だと感じるような特徴を持ちました。また、この時代に新しく認識された、若者という世代が特徴のある集団としてとらえられ、そこから生まれる

日本の若者族
太陽族（1956）
カミナリ族（1959）
みゆき族（1964）
フーテン（1967）
アンノン族（1977）
竹の子族（1980）

新しい現象も都会、とりわけ東京周辺に目立ちましたが、自然発生というよりはマスコミによって作りだされたり、大げさに増幅されたものが多かったと言えるでしょう。とはいえ、盛り場を舞台に見立て、そこに出かけることを一種のパフォーマンスとして意識する傾向は、若い人たちを中心にして確実に広まったと言えそうです。

もちろん、盛り場や繁華街がパフォーマンスの場であったことは、浅草や銀座といった20世紀の初頭から賑わいを見せていた場にも見られる特徴でした。そこを練り歩く若者たちが最新流行のファッションで身を包んだことはモボ（モダンボーイ）やモガ（モダンガール）といったことばが流行し、歌にも歌われたことからもわかります。けれども、そういった行動が大衆化するのは、日本では、やはり戦後の現象だと言えるでしょう。

新宿風月堂
どこからともなく
やってくる
みんなひとりでやってくる
バッハが流れる広い店内に
吹抜け天井 街の中の部屋
詩人とか、絵描きとか
でもだれも名を知らない
何かがはじまりそうな
自分を見つめてた
（中略）
みんな自分の夢に生きていた
柳がゆれる新宿風月堂
（相沢靖子作詩／早川義夫作曲「風月堂」）

たとえば新宿は、1960年代には大学生が集まる盛り場として賑わいを見せ、当時の大学紛争の影響でしばしばデモの舞台になったり、アメリカの「対抗文化」から生まれた「ヒッピー」の影響を受けた「フーテン」がたむろする場になって注目を集めたりしました。ただし、若者たちを引き寄せる新宿の魅力は、ここに、後に大成し、有名になる若くて無名の芸術家や文学者、役者や映画監督といった人たちが集まる喫茶店や飲み屋街があったからでした。しかし70年代以降になると、若者の足は渋谷に向かうようになりました。

銀座や浅草、そして新宿といった街に比べて地味だった渋谷が大きく変容したのは、西武デパート系列のパルコが1970年代に進めた都市開発戦略の結果だと言われています。吉見俊哉は、そのパルコ戦略の基本にある、街の「セグメント化」と「ステージ化」に着目しています。つまり、渋谷を魅力的にするためには、大勢に受けいれられるものではなく、焦点を絞ることが必要で、その対象は最新流行のファッションに関心を持ち、それをうまく着こなして人混みを歩くことを好む人たちだったという点です。それは60年代に新宿に

吉見俊哉『都市のドラマトゥルギー――東京・盛り場の社会史』河出文庫、2008年。

集まった若者たちよりも若い、10代の女の子たちでした。

他方で、1970年代にはカタログ情報誌やファッション誌が相次いで創刊され、渋谷のほかに原宿や六本木がおしゃれな若者の街として紹介されました。渋谷のファッショナブルで明るいイメージは、パルコの戦略だけでなく、その新しさに注目したメディアとの相乗効果によって醸成されたものだと言えるでしょう。もっとも、街の魅力に引きつけられる人たちは、メディアや資本の力に操られるだけの存在ではありません。渋谷や原宿から生まれる新しいファッションの芽は、そこを舞台として集まる人たちのパフォーマンスのなかにある場合が少なくないですし、電気屋街だった秋葉原のようにオタクの街として大きく変容したという現実もあります。

渋谷スペイン坂

繁華街がステージであることは、ベンヤミンがパサージュに見た街の特徴でもありました。ですから、舞台としての街に出かける人が誰でも、パフォーマーであることを少なからず自覚するのは、けっして新しい意識ではないと言えるでしょう。しかし、繁華街が公共の場として多様な人たちを混在させ、都市に住む人たちにとって重要な意味を持ったとすれば、「セグメント化」は、異質な者たちとの混在を避けて、同質な者同士だけが集まる、たがいにつながりのない「島宇宙」(宮台真司)という新たな現象を作りだすことになったと言えるのかもしれません。

宮台真司『制服少女たちの選択』講談社、1994年。

→「都会と田舎」

エクササイズ

＊舞台としての街を経験的に描写してみましょう。

＊異質な人びとの混在する街と同質な者だけが集まる街の違いについて、「公共性」という視点から考えてみましょう。

19. 都会と田舎

はじめて都会に来たとき、あまりの人ごみに圧倒された経験を持つ人も多いでしょう。きらびやかでモノにあふれる都会にあこがれて上京する人もいれば、周囲の人に対して何の関心も持たない無機質さに孤独を感じた人もいるかもしれません。一方、田舎に対して、人びとのつながりの温かさを感じる人もいれば、狭い人間関係に窮屈さを覚える人もいるでしょう。このように、都会と田舎は常に対比される関係であり、またそこには近代以降の人間関係のあり方が如実に示されています。

都市の精神生活

都会に集まる人たちが急増したのは、すでにふれたように19世紀のことです。その大都会のひとつであるベルリンで人生の大部分を過ごしたG.ジンメルが書いた「大都会と精神生活」には、都市の急速な発展とともにおこった人びとの精神のあり方が的確に分析されています。

ゲオルク・ジンメル「大都会と精神生活」『ジンメル・エッセイ集』川村二郎編訳、平凡社、1999年。

小都市や田舎は、出会う人の多くが顔見知りで、衣食住にかかわるモノのやりとりにも、特定の個人同士という関係が持ちこまれます。当然、距離の近さが人の温かみを感じさせる反面、個人の行為や態度に関する相互の干渉や、異質な者を排除するといった事態もおこります。一方、大都市では、多くの人たちはたがいに見知らぬ匿名の存在であり、モノやサービスのやりとりはお金を支払うことでおこなわれます。そこには、田舎にはない個人の自由がもたらされるのですが、その裏側にはたえず、誰からも意識されないという孤独な気分が自覚されるのです。

「孤独」←「群集、公衆、大衆」

都市化した社会では、地縁や血縁で結ばれる直接的な関係は弱体化し、目的や機能で結ばれた間接的な関係が中心になります。頻繁に移動や移住をする人びととの関係は、一時的で匿名性を帯びたものですから、都市は基本的に「よそ者」の集まりという性格を持つことになりました。田舎のように異質な人が排除される社会とは違って、都市のなかでは人びとは、自分の個性をもとに生活し、それをたがいに尊重する平等な関係をつくることが可能です。しかし身近にいる見ず知らずの人たちを疎ましく感じたり、ささいなことで反感を持つ原因も多く潜んでいます。ですからたがいに詮索せずに無関係や無関心さを装うのですが、E. ゴフマンがおよそ半世紀後に概念化した「儀礼的無関心」の指摘は、実際にはジンメルにも自覚されていたことでもあります。

→「対面、傍観、覗き」

地方からの流入

このような都市化にともなう人間関係の変容という現象は、日本ではどうだったのでしょうか。現在 1300 万人をこえる人口を抱える東京は、18 世紀の初頭（江戸）にはすでに 100 万都市になりました。独特の町人文化が栄え、識字率も同時代のヨーロッパの都市とは比較にならないほど高く、滑稽本や浮世絵がはやり、芝居小屋が立ち、床屋や風呂屋が社交場になったと言われています。その江戸が東京になり、近代化と共に人口が急増するのは、明治維新から 40 年ほど過ぎた日露戦争後に鉄道網が発達し、地方から東京に来やすくなってからのことです。

東京の人口は第一次世界大戦をきっかけに急増して 700 万人をこえ、第二次世界大戦（戦災、疎開など）で減少した後、戦後に再び急上昇して、1961 年に 1000 万都市となりました。ちなみに、日本の総人口は江戸時代には約 3000 万人でしたから、近代化のなかで 4 倍にも膨らんだことになります。しかも現在では、その半数が東京、横浜、名古屋、大阪などの大都市圏や近隣地域に集中しています。

1960 年代に 1000 万都市になった東京には、戦後のベビーブーム（団塊世代）による人口増加や、急速な経済復興にともなう、地方からの都市への膨大な移動（就職と進学）とい

集団就職列車
（昭和 41 年、津軽、青森県所蔵県史編さん資料／CC BY-SA 4.0）

う要因がありました。

戦後から50年代までに増えつづけた子どもたちの多くは、その後の高度経済成長期に都会に移住することになります。1960年代に、東北、北陸、九州、四国、中国地方から、京浜、阪神、中京の各地帯の工場や企業に、中卒、高卒の就職者が大量に送りだされていきました。その人たちは高度経済成長のなかで「金の卵」と呼ばれましたが、その多くは貧しい農村生まれで、家では養えない次男や三男が中心だったと言われています。

もうひとつ、都市への流入をうながしたのは高学歴化の波でした。日本の進学率は第二次世界大戦までは旧制中学（現在の高校）でも7パーセント程度でしたが、戦後になると大学の新設が相次いで大学生の数が急増します。大学進学率は1955年におよそ8パーセント、65年には11パーセント、そして75年には3割近くに増えていきました。つまり、戦前はエリートやお金持ちなど一部の人しか行けなかった大学が、戦後徐々に誰でも進学できるような環境になっていったのです。ちなみに、現在では同年代の半数以上が大学に進学しています。

擬制村とまなざしの地獄

神島二郎『近代日本の精神構造』岩波書店、1961年。

ここではもう一度、神島二郎の「自然村」と「擬制村」を振りかえることにします。「自然村」は、近代以前からあった伝統的な村のことですが、「擬制村」は戦後の復興期に、貧しい地方から都市へ流入した地方出身者によって作りだされた「自然村」を模した疑似的な家郷や共同体のことでした。都市に生まれた「擬制村」は、県人会、学校の同窓会、郷土会など、地域的なつながりを持つものだけでなく、地方出身者を多く受けいれた企業にも見られるものでした。

「コミュニティ」←

第二次世界大戦後の経済成長期における都市と田舎の格差は、経済的にも文化的にも大きなものでした。貧しい生い立ちを経験した人たちにとっては、都会に出て働くことは、経済的にも文化的にも豊かな暮らしを実現することを可能にする夢として感じられました。けれども他方では、都会にはなじめない気持ちや故郷を懐かしむ思いもあって、その矛盾した気持ちが共有されることになります。このことは、第二次世界大戦後から1960年代にかけてヒットした歌謡曲を並べたときに目立つ「東京の歌」と「望郷の歌」からもわかるでしょう。

田舎育ちの若者にとっては、都会の人間の行動を理解し、順応するのは簡単なことではありませんでした。たとえば、「儀礼的無関心」を思いだしてください。それは、見ず知らずの人間同士が不要な接触を避けるためにおこなう作法です。しかし、ここにはたがいに相手を了解しあうために気にならない程度にまなざしあうという瞬間があります。

見田宗介の『まなざしの地獄』は、地方から出てきた少年の犯罪を「都会のまなざし」との関連で分析して、発表時には大きな話題になりました。1965年に青森県から東京に集団就職をした永山則夫は、68年に米軍基地で盗んだピストルを使って、たまたま出会った縁のない人たち4人を射殺しました。

永山は過剰なまでに上京を夢見る少年でした。彼にとって、自分の郷里は貧しく、田舎くさいだけの場所で、その生活から抜けだすためには都会というきらびやかな別世界へ行くことしかありませんでした。「金の卵(集団就職)」としてもてはやされて上京した彼は、誰も知りあいのいない東京で、いち早く馴染もうとがんばります。もらう給料の大半をつぎこんで、高級品(ファッション、タバコ)を買って都会人を気どるのですが、周囲の人からは、自分の予想とは違う「まなざし」を感じてしまいます。当時の東京では若者たちのファッションをリードするのは急増した大学生で、彼らが身につけるのは、大人とは違う独特のものでした。「ヤング」という

東京と望郷の歌

東京キッド/美空ひばり
東京シューシャインボーイ/暁テル子
連絡船の唄/菅原都々子
リンゴ追分/美空ひばり
赤いランプの終列車/春日八郎
ふるさとの燈台/田端義夫
東京アンナ/大津美子
東京の人よさようなら/島倉千代子
東京の人/三浦洸一
哀愁列車/三橋美智也
東京見物/三橋美智也
帰る故郷もない俺さ/曾根史郎
東京だよおっ母さん/島倉千代子
東京のバスガール/コロムビア・ローズ
おさらば東京/三橋美智也
有楽町で逢いましょう/フランク永井
東京詩集/鶴田浩二
赤い夕陽の故郷/三橋美智也
南国土佐を後にして/ペギー葉山
僕は泣いちっち/守屋浩
浅草姉妹/こまどり姉妹
銀座の恋の物語/石原裕次郎・牧村旬子
北帰行/小林旭
島育ち/田端義夫
東京の灯よいつまでも/新川二朗
あばよ東京/北島三郎
あゝ上野駅/井沢八郎
帰ろかな/北島三郎

永山則夫連続射殺事件

1968〜69年、東京、京都、函館、名古屋でガードマンやタクシー運転手が射殺された事件。

永山は逮捕されて死刑判決を受けるが、獄中で詩や小説などを書き、1983年には小説『木橋』で第19回新日本文学賞を受賞した。1997年8月1日に東京拘置所において死刑が執行された。

見田宗介
1937-
現代の社会と文化を分析する代表的な社会学者。また真木悠介の名で、あるべきコミューンを構想してもいる。
『まなざしの地獄——尽きなく生きることの社会学』河出書房新社、2008年。

ミミズのうた
目ない、足ない
お前はミミズ
真っ暗な人生に
何のために生きるの
頭どこ、口どこ
お前はミミズ
話せるものなら
声にして出さんか
心ない、涙ない
お前はミミズ
悲しいのなら泣いてみろ
苦しいのなら死んでみろ
（後略）
永山則夫『無知の涙』角川文庫、1973年。

ことばがはやり、アメリカの大学生が着る服が手本となって、いくつものブランドが生まれていたのですが、彼にはよくわかりませんでした。彼は、都会の若者たちが身につけるものと自分の違いを、他者が自分に向ける視線に感じとって、そこに軽蔑の意味あいを読みとります。

こんな経験が重なって、永山は、都会のまなざしのなかで生きることを「地獄」と感じるようになります。どれほどがんばっても、気をつけても、自分が都会の人間であることを確認できない苛立ち、無念さが、やがて連続殺人事件をおこす引き金になっていったというのです。彼は、そういった反省を獄中でおこない、自分が陥った心境や罪を犯すにいたった経緯を、自分の無知さに求めました。

見田は、永山のかかえた苦しみから、都会における他者の「まなざし」を分析しています。つまり、人の素性や顔が知られていない都会では、具体的に目に見えるもの（容姿や服装）はもちろん、出身や学歴といった抽象的な印象でさえ、見た目によって判断せざるをえないわけですが、都会においては自分の姿でさえ、その他者の「まなざし」を鏡にしてしか実感できないということになります。

大都市郊外と田舎の都市化

都市の人口増加は、都市を地理的にも拡大させます。東京には、周辺の県にまたがって、大型のニュー・タウンがいくつも造成されました。そこにマイホームを得たのは、都心につながる電車で仕事に通う人たちです。ニュー・タウンには買い物をするためのショッピング・センターやスーパー・マーケット、さらにはコンビニエンス・ストアがつくられ、付近には、子どもたちの通う学校が、幼稚園から高校まで配置されました。テレビ、洗濯機、冷蔵庫、クーラーが新しい家電として普及し、自動車が必需品となって、ライフスタイルにも大きな変化が見られるようになりました。

当然ですが、そのような郊外に生まれたニュー・タウンには、最初から地域共同体が備わっていたわけではありません。それは住む人びとによって自発的に作りだされる必要があるものですが、すでにふれたように、アメリカとは違って、日本の都市郊外に生まれたニュー・タウンには、「コミュニティ」と呼べるようなものはできませんでした。

→「コミュニティ」

塀に囲まれた一戸建て住宅やコンクリートで戸別に仕切られている団地は、それ以前には少なかった少人数の家庭（核家族）を単位にし、個人のプライバシーを優先して、地域や隣近所との交流には消極的な傾向がありました。もちろん、自治体は新住民のつながりを作りだすために祭りや催しなどをして市民参加活動を開催しましたが、つながりの必要性を感じなければ、自発的な取りくみはおこりません。人びとにとって、地域以上に親密なつながりを感じさせたのはテレビでした。「モーニングショー」（NET、1964）、「アフタヌーンショー」（NET、1965）、「3 時のあなた」（フジ、1968）が、専業主婦向けの番組として開始され、その芸能や生活情報を井戸端会議的に扱う内容が、これ以降の「バラエティ」や「ニュース・ショー」の原型になりました。

1980 年代になると、テレビは家族全員がそろって見るものよりは、それぞれが単独で見るものにかわっていきました。それは、家族それぞれが別々の行動、別々の空間を生きることが当たりまえになったことを意味します。宮台真司は『まぼろしの郊外』で、郊外で生まれ育った若者たちが、家族や学校、そしてもちろん地域社会よりも、気のあう友人たちと楽しく過ごす、いわば「第四空間」と呼べる場所を大切にするようになったと指摘しています。近所のコンビニやゲーセン、あるいは電車で出かける繁華街などでたむろする人たちにとって、そこは家庭よりも居心地のいい大切な場所に感じられたりもしたのです。その「島宇宙」のような小さな世界に安住することになれてしまうと、街はもちろん、学校も地域も、そして家庭さえもが、自分が積極的にかかわる必要のない単なる「風景」のように感じられてしまいかねなくなっ

宮台真司『まぼろしの郊外——成熟社会を生きる若者たちの行方』朝日文庫、2000 年。

田舎暮らしの本

丸山健二の『田舎暮らしに殺されない法』には、田舎暮らしの怖さ、危うさ、イメージと現実、夢と実態のズレが事細かに、しかも身も蓋もないほど辛辣に書かれている。

(↗)

てしまいます。

それでは田舎はどうでしょうか。若者たちが都会に出た後の田舎には過疎化現象がおこり、老人ばかりが住むような地域が多くなりました。また、都市化現象は地方の小さな町にも波及して、生活圏が中心部から郊外に移動する傾向が顕著になりました。国道沿いにできた大きなスーパー・マーケットや、家電や衣料の量販店、ファミリー・レストランやファスト・フード店が、既存の商店街をシャッター通りに変えて寂れさせていきました。その意味では、現在ではライフスタイルや情報量など、どの点を見ても、都会と田舎の違いはなくなっていると言えるかもしれません。

他方で、経済成長の時代に都会に出た人たちが定年を迎えて、田舎暮らしに新たな夢を抱くといった現象もおこっています。過疎化に悩む地方の自治体では、そういった人たちを勧誘して町や村を活性化させる方策を具体化させているところも少なくありません。しかし、ここにはまた、新旧の住人同士がどういった関係をつくって共生するかといったむずかしい問題が生まれています。都市の郊外でなれ親しんだ、他人とはあまりかかわらずに暮らすといったスタイルを持ちこんだのでは、田舎は単に「風景」としての意味しか持ちえないですし、古くから住んできた人たちにとっては、異物の侵入としてしか感じられないからです。

(↘)
田舎暮らしは不便だ。近くにコンビニはない、ケータイはつながりにくい、テレビも映りにくかったりする。自然以外に何もないから、やりたいことは自分で見つける必要がある。何より、地元の人はけっしてやさしくないし、付きあおうとすれば、馴染みにくい風習や人間関係の仕方を受けいれなければならない。

色川大吉の『猫の手くらぶ物語——八ヶ岳南麓』は、都会から田舎に移り住んだ老人たちがつくる、助けあいクラブの話だ。

「猫の手くらぶ」に参加する人たちは全員が都会からの移住者で、インテリで、自立心が強く、それなりに裕福な人たちだ。だからひとり暮らしの身ではあっても、むやみに人に頼ろうとはしない。困った時に気兼ねなく助けをお願いするが、そのために必要なのは、何より、おたがいに重荷と感じないような距離感だという。田舎にできた都会風の「コミュニティ」である。

エクササイズ

＊地方から都会に出てきた人は自分の体験をもとに、都会育ちの人は地方出身者から話を聞いて、都会と田舎の違いについて、考えてみましょう。

＊宮台真司の言う「島宇宙」や「第四空間」について、自己分析してみましょう。

20. 仕事と生活

仕事とアイデンティティ

「仕事」と「生活」は、私たちが生きていくためには切っても切れない関係にあります。生活するためにはその糧を得なければなりませんが、現在では、それは、働いてもらうお金を使って必要なものを購入するのが普通です。また、「仕事」は、人間関係の基盤にもなっていますから、当然、私的な生活にも入りこんできます。欧米にくらべて日本では、職場のつきあいが家庭に持ちこまれることが多いと言われてきました。ここでは、「仕事」と「生活」について、「アイデンティティ」と「人間関係」、そして「ライフスタイル」を中心に考えてみることにします。

多くの人にとって「仕事」は「生活」の中心にあり、また「アイデンティティ」の基盤でもあります。自分がまっとうな生活をおくる人間であることを確認し、他人から認めてもらうためには、何であれ定職に就いていることが必要で、働かずにぶらぶらしていたのでは、一人前の人間として認められないのが、世間の常識だと言えるでしょう。

福田定良は、そのような自覚をもって生きる人たちを「堅気」と呼んでいます。つまり「堅気」とは、真面目な職業を意味するとともに、そういう職業に従事している人、真面目に働いている人、あるいは働くべきだと考えている人のことを意味します。しかし、「堅気」であると自覚する人のなかには、一方で「仕事はつまらない」「仕事はつらいものである」という実感がつきまといます。「堅気」にとって、仕事は「したいこと」である以上に「すべきこと」、生きていくために「しなければならぬこと」で、福田は、その意識を、皆が一様に感じる共通感覚（common sense）だと言いました。

福田定良『仕事の哲学』平凡社、1978年。

このような「共通感覚＝常識」はもちろん、古くから自覚されてきたものでしょう。ただし大きな変換点は、やはり、近代化や都市化と大きく関係しています。つまり、それによって多くの人たちが日々の糧を自分で作りだすという農業に従事した暮らしから、何かの職業について、その報酬を金銭でもらうようになったという点です。一家総出で一日中畑仕事をすることから、稼ぎ手は男（夫・父）ひとりになり、女（妻・母）は家庭を守ることに専念して、子どもたちは学校に通うことになりました。近代化や都市化のなかで生まれた仕事の多くは、きわめて細分化されていて、自分の能力のごく一部を使うことを要求します。さらに、その一部について、専門的な知識や技術を必要としました。学校は自分がどの仕事に向いているのか、やりたいのか、その適性と希望を見つける場として重要な役割を持ったのです。

スタッズ・ターケル『仕事！』中山容ほか訳、晶文社、1983年。

自分が誰であるかという「アイデンティティ」の自覚が必要になったのは、多様化した仕事のなかに自分の適性や希望を見つけ、そこにうまく適応させて生きていくことを要求されたからですが、自分の「アイデンティティ」を専門化した仕事という狭い範囲のなかに見つけるのは、それほど簡単なことではありませんし、自分の能力ややりがいをそこに限定してしまうのもまた、容易なことではありません。仕事を「したいこと」よりは「すべきこと」、「楽しい」ことよりは「つらいこと」や「つまらないこと」として自覚する「共通感覚」は、何より、こんな特徴から生じたものだと言うことができるでしょう。

「楽しみと退屈」←

仕事と人間関係

このようにして就いた仕事はまた、一日の大半を過ごす場となりましたから、そこでの人間関係も、誰にとっても家族に次ぐ主要なものになりました。しかも、欧米と違って仕事と生活、公と私の区別を明確にしない形で発展させた日本では、仕事中心という生活が一般的になりました。そのことはすでに、土居健郎の「甘え」、中根千枝の「タテ社会」、そして「身内」と「世間」の関係としてふれてきた特徴でもあります。

→「日本人の人間関係」

人間関係を「タテ」のつながりとしてとらえる傾向は、個々の個性よりは、集団や組織の一体感を重視します。組織や上司の命令には素直にしたがわなければなりませんが、そうするかぎりはまた、上司や組織に依存して甘える姿勢も許されます。そこでの「社交性」は、当然、欧米のそれとは違って、平等ではなく上下の関係を基本にするものになりますが、いったん就職すれば、よほどの不祥事や、会社自体の経営の危機でもないかぎりは、定年まで勤めあげる場でもありました。その仕組みはまた、社宅や保険など、社員の福利厚生にまでおよぶものでしたから、仕事がその家族にとっても一層の重みを持ったのは当然でした。

仕事と人間関係についてはすでにもうひとつ、「嘘と秘密」の章で、接客業における特徴についてふれました。つまり、なじみの客との関係はもちろんですが、そうではない一見(いちげん)の客に対しても、あたかも親しい人間同士であるかのように対応するという接客態度における特徴です。これは商人にとっては古くから当たりまえのものでしたが、注目されるのは、農業（第一次）と工業（第二次）にかわる主要な産業として、サービス業（第三次）が拡大し、そこに従事する人の割合が、職業の主流を占めるようになったことです。

→「嘘と秘密」

特に、都市の拡大と多様な職種が顕著となった現在では、はじめて接する客に親身な世話やサービスを提供する仕事が少なくありません。いわば、親しさの演技が仕事の重要な役割になるわけですが、そんな「表層演技」だけではなく、心から誠実に対応しなければと思ってする「深層演技」が必要になる職種も少なくありません。特に病院で病人と接する看護師、老人ホームで高齢者たちの世話をする介護士といった職業は、長寿社会となった日本では、ますます必要になる職種だと言われています。いわば親密さを商品として提供する仕事ですが、そこには、家族の形態の変化という要因が大きな理由として存在しています。

→「病と死」

家族と生活

近代化と都市化によってもたらされた家族の形態は「核家族」です。「親密性の絆」の章でふれたように、現在の家族は一般に親と子どもの二世代だけで構成されています。親と子の濃密な関係を基本とした関係ですが、他方で、子どもが成長して一人前になれば、家から出て、また自分の家族をつくることを特徴としています。たとえば、現在さまざまに問題化している国の年金制度は、1959年に「国民年金法」として新しく制定された制度です。そこには、雇用されて働く仕事に従事する人が増え、定年退職後に収入がなくなること、平均寿命の急速な伸びなど、さまざまな理由が考慮されていました。しかし、第二次世界大戦後のベビーブーム（団塊）の世代が年金を受給する時期になって、少子高齢化のひずみがこの制度を直撃したのです。

統計で見る日本
厚生労働省「平成28年度　人口動態統計特殊報告　婚姻に関する統計」結果では、「夫妻とも再婚又はどちらか一方が再婚」は上昇傾向にあり、2005年には25％をこえ、2015年は26.8％となっている。

「核家族」はまず、結婚からはじまります。それで子どもをつくらなければ、そこには「夫婦」という単独の関係しかありません。「情愛」、つまりたがいに惹かれあう気持ちと、寝食を共にするという契約だけが頼りですから、いつ解除されてもおかしくない関係でもあります。すでに指摘したように、2005年には婚姻件数の4分の1が再婚でした。しかし、ここでは夫と妻という常識的な役割にとらわれずに、友だちのように、またともに仕事を持って共同経営者のようにして家庭を運営するといった、それぞれにあった生活の仕方も可能です。

「親密性の絆」←

夫婦にとって子どもはかすがいだと言われてきました。「恋愛」は「結婚」の条件にはなりますが、結婚後のつながりまでを保証してくれるわけではありません。ふたりのあいだにできる子どもの存在は、そのつながりや絆、あるいは結婚にともなう義務や責任を目に見えるものにします。ここには、子どもを育てて、将来面倒を見てもらおうと考えるよりは、育てること自体、一緒に生活することそのものに喜びを見出す傾向が顕著になったと言うことができるでしょう。上野千鶴子はそれを「子どもを生産財ではなく消費財と考える」変化として指摘しています。しかしまた彼女は、仕事を得て自立する時期になっても家を出て行かない子どもの増加(「パラサイト・シングル」)と、それに対する親の容認という現象にも注目しています。子どもは消費財であるにしても、できるだけ長く楽しむ耐久消費財であるかのようだというわけです。

とはいえ他方では、現代の家族の生活が、たがいが一緒にいて、その経験を共有することを第一に考え、実践しているとはとても言えない状況もあります。共働きであれば、多くの時間子どもを託児所や保育所に預けなければなりません。

家にいる時間が少なくなった子どもたちは、進学のために塾や予備校に通い、習い事やスポーツ・クラブに多くの時間を費やします。家のなかには子ども専用の個室があるのが普通ですから、たがいにばらばらに時間を過ごすということも珍しいことではないでしょう。「親密性」を根拠にした「家族」という絆によって結ばれた関係には、実際には、その根拠として確認できる絆を見つけることがむずかしいのが現状だと言えるのかもしれません。

2018年6月に参議院本会議で可決・成立した「働き方改革関連法」、また共働きや非正規雇用者、ひとり親家庭の増加などにより、家族や生活そのもののあり方が多様化しています。さらに追い打ちをかけるように、新型コロナウイルス感染症の流行により、大企業を中心にテレワークの導入が本格化し、これまでの仕事の概念が、職場から在宅へと変化をもたらし、ライフスタイルにも大きな影響を与えています。仕事が生活の一部であることに変わりはないですが、現在のIT技術を中心としたテレワークは、社会的弱者とのデジタルデバイドを広げるだけではなく、社会的格差も拡大しつつある現状があることも忘れてはなりません。

上野千鶴子
(清水梅子撮影)

上野千鶴子
1948-
女性学、ジェンダー研究のパイオニアであり、「フェミニスト」を代表する論客。社会学の立場から、文化や政治など多方面についての発言や分析も多い。
『老いる準備――介護することされること』学陽書房、2005年。
『近代家族の成立と終焉』(新版)岩波現代文庫、2020年。
『ナショナリズムとジェンダー』岩波現代文庫、2012年。

ライフスタイルとアイデンティティ

ミヒャエル・エンデ『モモ』大島かおり訳、岩波少年文庫、2005年。

ミヒャエル・エンデの『モモ』は、近代化によって変容した生活と仕事の関係を問いかけ、批判した童話です。お客とのんびりおしゃべりしながら仕事をしていた床屋さんが、「時間貯蓄銀行員」の勧めで、無駄を省き、効率的に仕事をして時間を貯蓄するのですが、床屋さんには、それで豊かになったという実感が得られません。むしろ、仕事に忙しさやつまらなさばかりを感じてしまいました。床屋さんにとってお客さんとのおしゃべりは、仕事の潤滑剤というより、仕事のやりがいそのものだったのです。近代化は金銭的、物質的な豊かさをもたらしましたが、その代償として、精神的な貧しさを招いたというわけです。

トマス・モア『ユートピア』平井正穂訳、岩波文庫、1957年。

ポール・ラファルグ『怠ける権利』田淵晉也訳、平凡社、2008年。

そもそも、近代化の行きつく理想形態としては、単純労働は極力機械に任せて、人は創造的で、関係的な仕事に短時間従事するだけでよくなるはずでした。たとえば、16世紀のはじめに『ユートピア』を書いたトマス・モアはそのなかで、人びとが働く時間を一日6時間としていますし、近代化によって強いられる長時間のきつい労働とそれを正当化する「労働倫理」を批判したポール・ラファルグは、20世紀初頭に書いた『怠ける権利』のなかで、一日3時間働けば、生存に必要な糧と楽しい生活はもたらされるはずだと言いました。

渡辺潤『ライフスタイルとアイデンティティ——ユートピア的生活の現在、過去、未来』世界思想社、2007年。

ミハイ・チクセントミハイ『フロー体験とグッドビジネス——仕事と生きがい』大森弘監訳、世界思想社、2008年。

もちろん、現代にあっても、それ自体のなかにやりがいや楽しさを見つけることのできる仕事はいくつもあるはずです。ですから、自分の好きなことをして生きたいと考える人は少なくないはずです。村上龍は、正社員という「立場」に希望や安定を求める時代はとっくに終焉したと指摘したうえで、「正社員かどうか」よりも重要なのは、「どんな仕事がしたいか」であると言っています。現在では大学を卒業する頃になっても、自分が将来、どんな仕事をしたいのか、見つけられない学生がかなりいるようです。本当は、それを模索するのはもっと早い時期でなければいけないのかもしれません。村上が言うように小学校を卒業したあたりで、自分がやりたいことを実践をふくめて経験すれば、その後の学校の選び方や、そこでの勉強や訓練の仕方もはっきりしてきます。

学校教育はもともと、近代化によって変わる仕事の種類や中身に適応することを目的のひとつにしたはずですが、そこをほとんど見定めぬままに大学までの長い期間を過ごしているのが現状だと言えるでしょう。しかも、一度就職した会社に定年まで勤めつづけることを当たりまえだとする考えも、一般的ではなくなりました。他方で、アルバイトやパート、契約社員そして派遣社員という不安定な立場でしか働けない非正規雇用労働者は、全体の4割近くになっています。また、内閣府の調査によると、母子世帯の世帯主は、非常勤雇用から正規常勤雇用になることが困難であること、また、正規常勤雇用であっても、約4分の1は年間稼動収入200万円未満にとどまっているという結果もあります。

仕事は自分が誰であるかという「アイデンティティ」にとって、一番の根拠となるものです。また親密な他者の存在は、自分が何のため、誰のために生きるかという「生きがい」を確認させてくれるものであるはずです。そういった人たちとの生活をどのようなスタイルでおこなうか。それはまさに、自分にとって最も大事なコミュニケーションであると言うことができるでしょう。

村上龍『13歳のハローワーク』幻冬舎、2003年。

湯浅誠『「なんとかする」子どもの貧困』角川新書、2017年。

藤田孝典『棄民世代——政府に見捨てられた氷河期世代が日本を滅ぼす』SBクリエイティブ、2020年。

◆◆

エクササイズ

＊自分が育ってきた家族と、そこでの生活を振りかえって、コミュニケーションという観点から分析してみましょう。

＊自分にとって仕事とは何か、なぜ働かなければいけないのか、何をしたいのかなど、自分に問いかけて考えてみましょう。

21. 異文化コミュニケーション

ウチとソト

「異文化コミュニケーション」(intercultural communication) には民族、人種、階級、宗教によるものから地域や世代にいたるまで、いろいろなケースを考えることが可能です。ただし、日本において「異文化コミュニケーション」と言ったときに話題になるのは、外国人とのつきあい方が圧倒的に多いですし、そのときの外国人とは、白人をさす場合がほとんどです。たとえば次のような例を典型としてあげることができるでしょう。

はじめて欧米からの留学生を受け入れるホームステイでおこる問題の多くは、日本の文化と欧米の文化の違いに起因しています。たとえば、留学生を受け入れる日本の家庭では、多くのご馳走でもてなします。しかし留学生は必ずしも、期待通りに対応するとはかぎりません。おなかがいっぱいになったらのこしたり、嫌いなものがあれば手をつけなかったりもするでしょう。それを「遠慮」と受けとったりすれば、関係はかえってギクシャクすることになります。

あるいは自分の子どもへの対応と同じように、留学生の部屋を掃除してあげたとしたらどうでしょうか。自分の子どもと同じように扱うのは、「身内」と見なすことですから、日本人にとっては最大のもてなしですが、個人のプライバシーを大事にする留学生であれば、はっきりと拒絶するでしょう。「日本人の人間関係」の章でふれた「身内」と「世間」というとらえ方、そこでの「甘え」や「遠慮」といった態度のとり方が、日本独特のものであることがあからさまになる瞬間です。しかし、そのことに気づく日本人は案外少なくて、留学生のわがままさや礼儀知らずとして批判するだけになることが多いようです。

「日本人の人間関係」←

もちろん、日本に来た留学生であれば、日本人や日本の文化について学ぶことは必要でしょうし、学びたい気持ちもあるでしょう。であれば、その旨を彼（彼女）に伝えて納得させたうえで、わが家流のもてなしをすべきですが、親身に世話をすれば相手が素直に甘えて、そのことで恩義を感じるはずだと信じて疑わない場合が少なくないのです。

土居健郎が指摘した日本人における三層の関係のとり方を思い出してください。日本人は「あかの他人」との関係は無視する傾向にあると言われています。つまり、たがいに意識しあったり、コミュニケーションをとったりする必要のない人として認識されているのです。「旅の恥はかきすてて」と言われるように、「公共心」のなさを示しているとして、よく批判される特徴です。

「ウチ」に対する「ソト」という感覚は、一面では「身内」に対する「世間」として、過剰なほどに気をつかい、遠慮をすることを自覚しますが、「世間」までを「ウチ」と考えたときの「ソト」は、無関係で無遠慮がまかり通る世界と見なされます。外国からやってきた人を「ガイジン」と呼ぶことには、こんな排除の姿勢が顕著に見られると言えるでしょう。ですから、街中で外国人に話しかけられたときに、どう対応したらいいのかわからずに、「石」になったりするのですが、ここには、長年学校で英語を勉強してきたのに、片言の英語を使うこともできない日本人が大半だということの原因があるのかもしれません。

「異文化コミュニケーション」とは、このような文化的な違いを自覚するために生まれた研究分野です。それは近代国家としてうまく転換を果たしたにもかかわらず、個人ではなく「身内」、社会ではなく「世間」、そして平等ではなく上下に敏感な「タテ」の人間関係を大事だと考える日本人に対する戒めといった性格を感じさせますが、また同時に、「和洋折衷」や「和魂洋才」といった処理の仕方を自画自賛する機能も果たしているようにも思われます。実際、外国から輸入されたもので、日本人向けに作り直されたものは無数にあっ

ジョン・コンドン『異文化間コミュニケーション――カルチャー・ギャップの理解』近藤千恵訳、サイマル出版会、1980年。

て、それが日本の特色となっているものも少なくないのです。

縮み志向の日本文化
韓国人の李御寧が書いた『「縮み」志向の日本人』(講談社学術文庫、2007年)が指摘するのは、何でも小さくするところに美的価値を見出す特徴である。
その傾向は平安時代に清少納言が書いた『枕草子』に見つけることができるほど古いが、トランジスタ・ラジオからはじまる電化製品の小型化や軽自動車など、現在の日本の産業にも見られるものである。

文化資本と身体表現

「ガイジン」とのコミュニケーションの難しさは、まず、ことばの違いにあります。何を言っているのかわからないとか、どう話していいのかわからない場合には、実際、コミュニケーションはうまくいきません。けれども、そのようなときでも、表情やジェスチャーを使って、たがいの意思疎通をすることは可能です。ただし、ここにも文化的な差異は、微妙に、しかし大きく影響をしてきます。

その例として、「視線」の向け方やとらえ方の違いを考えてみましょう。一般的に言って、対話をするときの視線は、欧米の文化ではたがいに見つめあっているのが普通です。しかし日本では視線の向けどころは相手の目に集中せずに、絶えず動きまわります。じっと見つめることには特別な感情や意味が込められていると解釈されてしまうからです。

こういった違いはほかの表情やジェスチャーにも見られます。「微笑」は相手に対する親愛の情や攻撃心のないことを伝える意思表示ですが、日本人が示す「微笑」に独特の意味があることは「笑いと泣き」の章で、取りあげました。典型的には何と言っても、意味不明の「ジャパニーズ・スマイル」でしょう。同様のことは、出会いの際にたがいに頭を下げあう「お辞儀」にも言えるでしょう。「関係と距離」の章で見たように、握手やハグ、そしてキスなどは、日本人同士のあいだではほとんど見られない習慣ですし、対面するふたりのあいだにとられる距離やジェスチャーも微妙に違います。

マジョリー・F.ヴァーガス『非言語コミュニケーション』石丸正訳、新潮社、1987年。

「笑いと泣き」←
「関係と距離」

たとえば手招きの表現は、日本人とアメリカ人では手のひらが逆向きになります。手のひらを下にして指を動かす日本人のジェスチャーは、アメリカ人には「バイバイ」の意味にとられてしまいます。また、数の数え方における指を開いたところからはじめるのと、閉じてからはじめるといった違いもあるでしょう。あるいは、日本人は自分のことを示すのに鼻を人差し指でさしますが、アメリカ人は自分の胸をさすようです。そのほかにも、電話をかけるジェスチャー、おいしいことを示す仕草など、このような違いはあげたらきりがないほどでしょう。

このような身体表現は、もちろん生まれ育った文化のなかで身につけられるものです。ですから、同一文化圏のなかにいる人たちにとっては、きわめて自然に表現された、当たりまえの表情やジェスチャーとして受けとられます。ところが、文化が違えば、それは途端に自明性を失って、誤解やとまどいを生んでしまう危険性を持っています。そこに優劣や上下といった差が持ちこまれると、偏見や差別といった問題がおこることにもなるのです。

階級差が単に経済的なものではなく、生活習慣や身体表現などにあらわれる特徴であることは、すでに「顔とからだ」の章で紹介しました。そのことは、ときに、相手を差別したり、忌避する原因になりますが、問題は、それがきわめて生理的な感覚にもとづいていて、理屈では説明がつかないところにあります。

ジョージ・オーウェルは、階級批判をテーマにしていくつもの作品を書いた作家です。彼はそのなかで自分が育った中産階級のすました社交術を嫌い、労働者階級の人たちの気取らない人づきあいに愛着を感じます。けれどもそんな姿勢とは裏腹に、炭坑で働く若い炭坑夫たちが食事の際にたてる「ピチャピチャ」という音に耐えられないほどの嫌悪感をもってしまいます。あるいはパール・バックの『大地』には、中国を訪れた主人公が、中国人たちが道ばたに吐き捨てる唾や痰に気持ちの悪さを感じる描写があります。どちらも何気なくする動作ですが、文化的に規定されているゆえに、少しの違いでも生理的に受けつけないことの好例でしょう。

ジョージ・オーウェル
George Orwell
1903-1950
イギリスの作家。近未来小説『一九八四年』や全体主義社会を批判した『動物農場』で知られる。
『ウィガン波止場への道』（増補版）土屋宏之訳、ありえす書房、1982年。

→「コミュニティ」

パール・バック『大地』（1・2）小野寺健訳、岩波文庫、1997年。

食文化とコミュニケーション

合衆国は、人種の坩堝（るつぼ）だと言われてきましたが、最近では、野菜の持ち味をそれぞれ生かした「サラダボール」と表現されるようになりました。この多様な人種や民族が共存して、社会全体を調和のある豊かな国にしていこうとする考え方は「文化多元主義」(multi-culturalism) と呼ばれています。それは合衆国だけにかぎった状況ではなく、欧州連合 (European Union) においても同様の傾向が見られます。多人種、多民族によって構成される多文化社会というのは先進諸国を中心に世界の趨勢とも言えるでしょう。

日本においても 1989 年の出入国管理法の改正によってブラジル、ペルーの日系人が日本国内で自由に働けるようになったため、外国人登録者が総人口の 2% (2018 年) を占めるようになりました。しかし、他の先進国にくらべれば、その割合はけっして多くはありません。移民国家としての歴史を持つアメリカやカナダ、あるいはオーストラリア、また旧植民地の独立によって、大量の移民を受け入れたイギリスやフランス、そして労働力不足を外国人によって補ったドイツなどとくらべると、日本には外国人が移住してくる理由が少なかったと言えるでしょう。しかし、外国人の割合が少ない一番の理由は、入国を厳しく管理して移民を認めない国の方針にこそあります。

多人種、多民族が共存する社会に見られる多文化性は、衣食住のすべてにわたって見ることができます。ここでは食文化について考えてみることにしましょう。食べ物の違いはまず素材にありますが、もうひとつは料理法にあります。クロード・レヴィ=ストロースは、多様な料理が「生」「熱」「腐」の大きく三つに分けられるとして、それを「料理の三角形」としてまとめました。食文化の違いは、食べられるものと食べられないものの区別の違いにあって、そのことが、ある人にはごちそうと思われても、別の人には口にする気にならないという違いを生みだします。しかしそれは料理法にも言えることで、同じ食材も、それを生で食べるかどうか、焼くのか煮るのか、あるいは腐らせるのかによって、食べ物はずい

移民と日本人

日本には多くの人が移民として旅立った歴史がある。ハワイ、北米、そして中南米などへである。そこで日本人がどんなふうに生きたかについては、多くの文献が残されている。たとえば田村紀雄には、主にカナダに移住した人びとについて、新聞とコミュニティといった視点からの多くの著作がある。

『移民労働者は定着する——『ニュー・カナディアン』文化、情報、記号が伴に国境を横切る』社会評論社、2019 年。

『カナダに漂着した日本人——リトルトウキョウ風説書』芙蓉書房出版、2002 年。

『日本人移民はこうして「カナダ人」になった——『日刊民衆』を武器とした日本人ネットワーク』芙蓉書房出版、2014 年。

クロード・レヴィ=ストロース『生のものと火を通したもの』早水洋太郎訳、みすず書房、2006 年。

料理の三角形

ぶん違ったものになります。

グルメ文化が盛んな日本では、世界中の料理を食べることができます。その意味では、異文化コミュニケーションの苦手な日本人にとって例外的に許容範囲が広い部分だと言えるかもしれません。しかし、日本人の口に入る外国の食べ物は、けっして現地でつくられるものと同じではなく、日本人向けにアレンジされているものがほとんどです。その好例はカレーライスとラーメン、それにスパゲティのナポリタンやミートソースでしょう。スパゲティについては海苔やシソ、そしてタラコを混ぜあわせた和風がありますし、肉料理でも醤油を使った照り焼きや、大根おろしで食べる和風のステーキやハンバーグがあります。あるいは日本的な食べ物の代表である納豆も東南アジア発祥だと言われますし、すき焼きの源流は韓国の鍋料理にあると言われています。食文化における「和魂洋才」「和洋折衷」は、日本人の食生活をきわめて多様なものにしていると言うことができるでしょう。

オーディオレコード生産金額実績(%)

年	邦盤率	洋盤率
2010	82	18
2011	82	18
2012	84	16
2013	85	15
2014	84	16
2015	87	13
2016	89	11
2017	89	11
2018	88	12
2019	90	10

(一般社団法人日本レコード協会)

グローバリズムと異文化

日本人は外見的に、そして日々の生活の仕方についても、ほとんど欧米化したと言っていいと思います。そして同様の傾向は、知識や文学についても指摘できると思います。書籍の翻訳は外国語から日本語へが圧倒的に多く、反対に、日本の書籍が外国語に翻訳されるのは、きわめて例外的な作品にかぎられてきました。おかげで日本では、欧米で流行した思想や、人気や評判の小説をすぐに読むことができます。そのように、外国に向けたアンテナに注意して、最新の動向を追いかけることに、ずっと熱心だったと言っていいでしょう。

映画シェア(%)

年	邦画率	洋画率
1975	44.4	55.6
1980	55.0	45.0
1985	50.9	49.1
1990	41.4	58.6
1995	37.0	63.0
2000	31.8	68.2
2005	41.3	58.7
2010	53.6	46.4
2015	55.4	44.6
2019	54.4	45.6

(注)1975～1995年は配給収入による。2000年～は興行収入による。
(一般社団法人日本映画製作者連盟)

しかし、最近では洋楽や洋画などのシェア縮小に見られる日本人の「内向き志向」が見られます。反対に、海外で人気になった日本のマンガやアニメなどの舞台となった土地を巡る聖地巡礼がブームになり、訪日外国人旅行者が増加しました。ところがこのようなインバウンド旅行者の訪問地が日本語表記のみで他言語に対応していないという問題もあるようです。

これはグローバリズム化する世界とつきあううえでは、困った問題だと言えるかもしれません。日本の大学には多くの留学生が在籍するようになりました。それは、日本にいて異文化と接するチャンスですし、自分が背負う文化資本を自覚し、相対化して見つめなおす機会にもなるのですが、彼（彼女）らと積極的に友だちになろうとする日本人は多くないのが実情のようです。

このことは、インターネットの使い方にも言えそうです。インターネットの普及は、国境という大きな障壁がいとも簡単に乗りこえられることを実感させました。ところが現実には、やはり、日本語が通じる国内のサイトだけに安住する人がほとんどのようです。インターネットを使って世界中を飛びまわるためには、英語を使いこなすことが必要です。多くの日本人にとって接触可能な異文化とは、相変わらず、日本人向けに味つけしなおされたものにかぎられるということなのでしょうか。

「スマホとネット」←

エクササイズ

＊「ガイジン」、外国と言ったときにイメージするのがしばしば白人や欧米の国であることについて、その理由を自覚的に考えてみましょう。

＊日本人向けに味つけしなおされた外国文化を、身の回りから探してみましょう。そのなかで、外国のものそのものだと思っていたものを見つけてみましょう。

補　論

文化資本とハビトゥス

資本（capital）は普通はお金に関連して、「経済」とつなげて使われることが多いことばです。P. ブルデューはそんな経済学における資本という考え方を、「経済資本」（economic capital）のほかに、「社会関係資本」（social capital）と「文化資本」（cultural capital）の三つの関係として見直しました。

ピエール・ブルデュー
Pierre Bourdieu
1930-2002
フランスの社会学者。哲学から芸術、人類学まで研究分野は広い。『ディスタンクシオン』で論じた文化資本論や、ハビトゥスの概念は、その後のさまざまな分野の研究に影響を与えた。
『ディスタンクシオン――社会的判断力批判』（1・2）石井洋二郎訳、藤原書店、1990年。

ブルデューの母国であるフランスはもちろん、ヨーロッパ各国の社会は大きく上中下という三つの階級に分かれていると言われます。これは中世までの身分制度が崩壊した後で、近代化のなかで新しく生まれた序列です。最近ではこの階級差が不明確になりつつあると言われますが、ヨーロッパの文化を考えるうえでは、今でも重要な基本概念でしょう。

ブルデューは社会の仕組みから個人の個性にいたるまでが、この三つの資本に大きく左右されていると考えました。その序列はまず、所有している「経済資本」で決まりますが、それは当然、交友関係や職業上の関係、そして住む場所とそこでできる近隣関係といった「社会関係資本」の違いにおよび、さらにはさまざまな「文化資本」の違いとなって、個々人を特徴づけているのです。「社会関係資本」については「コミュニティ」の章でふれましたし、友だちと学閥の関係についても、「親密性の絆」の章でふれました。つまり「文化資本」をたしかなものにするためには、関係しあう人びとの取捨選択が不可避だという指摘です。

→「コミュニティ」
「親密性の絆」

ブルデューによれば、「文化資本」は、(1) 知識や教養といった個々に身についているもの（身体化された文化資本）、(2) 書物や絵画といった物質的に所有可能なもの（客体化された文化資本）、そして、(3) 資格や学歴といった制度として認知されているもの（制度化された文化資本）の3種類に分けられます。階級はけっして固定したものではありませんから、より高いと見なされている「文化資本」を獲得したり、子どもに身につけさせようとすれば、それなりの努力が必要となります。だから、子どもには最良の高等教育を受けさせる必要がありますし、「社会関係資本」のなかでうまく立ちふるまうための「社交性」を身につけさせる必要もあるのです。礼儀作法や話し方、そして表情やジェスチャーは、まさに、固定せず、また制度化もされていない自分の位置をたしかに表示する記号として意味を持つと言えるでしょう。

「文化資本」のなかの慣習的な行動をブルデューは「ハビトゥス」(habitus) と呼びます。それは、人びとが帰属する階級や集団に特有の、社会的に獲得された行動や知覚の様式にほかなりません。ですから、ひとつの「社会関係資本」を共有する人びとにとって、その位置を維持するのに必要なのは、何を言うかであると同時に、どう話すかであり、何をするかであると同時に、どうふるまうかになります。当然、単に「経済資本」を所有しているだけでは、それに見合う「社会関係」に参加できずに、「成りあがり者」とレッテルを貼られて、軽蔑の対象になってしまうというわけです。

このように、同じ位置にいる人たちは、その同等性を仲間であることの証として示しあいますが、そこにはまた、違いを巡る競いあいも生じます。ブルデューはそういった欲求を「卓越化」(distinction) と名づけました。「卓越化」は、自分たちがふさわしいと考える「アイデンティティ」の獲得に向かいます。ですから逆に、劣る者を軽蔑し、差別する大きな要因にもなるのです。T. ヴェブレンが批判した「有閑階級」の「見せびらかし」を思い出してください。自分の優越性の自覚は、他者が自分に対して向ける羨望や嫉妬の感情によってこそ、たしかなものになるのです。

「羨望と嫉妬」←

「群集、公衆、大衆」←

「大衆化」や「消費社会」といった傾向が、このような競争を拡大させたことは間違いありません。ヨーロッパの高級ブランドに憧れるのは、アメリカと日本の若い女たちだと言われてきました。しかし、その競争が機能するのは、何が卓越的であるかという「正統性」(legitimacy）を認めあうなかにかぎられます。

現在では「経済資本」や既存の序列づけをされた「社会関係資本」とは異なった「文化資本」に「卓越性」を求める傾向があります。上から下への滴り落ち（トリクルダウン）ではなく、下から上への滲みあがり（ボトムアップ）で、それは、ポップ・カルチャーと呼ばれて、芸術の既存の序列づけを大きく変容させました。その点を、次に「カルチュラル・スタディーズ」の立場から点検することにしましょう。

カルチュラル・スタディーズとサブカルチャー

「カルチュラル・スタディーズ」は、イギリスの労働者階級の立場から、その政治的、経済的、社会的立場の不当性を批判するところで生まれた研究集団ですが、その分析対象は、主に低俗文化として軽蔑されてきた下層の労働者文化や若者文化でした。その意味で、「カルチュラル・スタディーズ」のなかから生まれた業績に共通しているのは、何より「大衆」自身の主体性であり、メイン・カルチャーに対抗するサブカルチャーの存在の指摘とその可能性でした。

代表者のひとりであるスチュアート・ホールが、大衆の主体性について、テレビなどのメディアに対する積極的な受け手の存在に注目しています。マス・メディアが発信する情報には、それをどう解釈すべきかをわかりやすく組みたてる工夫が施されています。彼はR.バルトの記号論を援用した「コード化」(encoding）と「脱コード化」(decoding）という概念を提示して、受け手がメディアの言ったことを完全に鵜呑みにするわけではなく、自分なりに読みかえる「脱コード化」の手続きをとっていることに注目したのです。

スチュアート・ホール、ポール・ドゥ・ゲイ編『カルチュラル・アイデンティティの諸問題――誰がアイデンティティを必要とするのか？』宇波彰監訳／柿沼敏江ほか訳、大村書店、2001年。

このような指摘は、無力で権力の意のままに操作される「大衆」といった考えに異を唱えることを目的にしたものですが、その面をさらに強調したジョン・フィスクは、テレビ番組の見方や既存の文化を勝手に作りかえるサブカルチャー

ジョン・フィスク『抵抗の快楽――ポピュラーカルチャーの記号論』山本雄二訳、世界思想社、1998年。

ジェームズ・ディーン

若者の反抗と映画
若者の反抗を題材にした映画が注目されたのは1950年代で、たとえば、アメリカではジェームズ・ディーン主演の『理由なき反抗』や『エデンの東』、マーロン・ブランド主演の『暴力教室』がヒットし、フランスではフランソワ・トリュフォーが監督した『大人は判ってくれない』やジャン=リュック・ゴダール監督の『勝手にしやがれ』が「ヌーヴェルヴァーグ」（新しい波）と称される映画の流れをつくった。イギリスにおいても「ニューウェイブ」はおこり、トニー・リチャードソン監督の『蜜の味』（1961年）といった労働者階級の若者を主人公にした映画が生まれた。同時代には「怒れる若者たち」をテーマにした文学運動もおこった。

「場と集まり」←

に注目して、そういった楽しみ方のもとにある資質を「ポピュラー文化資本」と名づけました。第二次世界大戦後のイギリスは、それまであった階級制度の垣根が崩れ始め、旧植民地からやってきた多様な人種や民族が混在する複雑な社会になりました。当然、さまざまな「ポピュラー文化」が登場することになるわけですが、目立ったのは若者たちのファッションや音楽に見られるものでした。この点については、テッズやモッズ、そしてパンクやレゲエを対象にして「サブカルチャー」の分析をしたD. ヘブディジをすでに紹介しました。彼はそういった自己演出が現実にはむずかしい自己実現を想像の世界で展開し、それをストリートで上演して見せたのだと解釈しました。ところが、そのような新しい文化は、生みだした者たちの思惑を遥かにこえて注目を集め、大きな流行現象になったりもしたのです。

階級が障壁になって、現実の世界での自己実現をむずかしくするという思いについては、学校という場とそこでの非行に注目した、ポール・ウィリスの『ハマータウンの野郎ども』が参考になります。学校教育は、それによる社会的、経済的な上昇を目指しておこなわれるものですが、非行は、そこでがんばったって、結局は無駄なことだというあきらめから生まれます。そして非行に走る少年、少女たちは、そんな現実に目を向けない教師に逆らい、優等生を「いいなりっ子」と言ってバカにしました。ウィリスは、当時の学校教育が、労働者階級の子どもたちを労働者階級の仕事に就かせることを目的におこなわれていたという現実をふまえて、非行少年、少女たちの発言や行動の正当さを擁護しました。こういった行動に出た子どもたちも、まじめに勉強した生徒たちも、結局は階級に見合った職業に就いて、それ相応の生活をすることになるのですが、この抵抗や反抗という意思表示とそのスタイルは、やはり社会に顕在化しはじめた「若者」という世代に特徴的な行動として、文学や映画の題材となって、注目されることになります。それはイギリスにかぎったことではなく、フランスなどの他のヨーロッパ諸国やアメリカでも顕在化した、新しい現象でした。

「カルチュラル・スタディーズ」が注目した「サブカルチャー」は「メイン・カルチャー」になって、現在の資本主義を支える役割を担っているものが少なくありません。現代は、世界中どこの若者たちも同じような服を着て、同じようなものを食べ、同じような音楽を聴くようになった時代であることに、第一の特徴があると言っていいでしょう。

クリス・ロジェクはそんな若者たちが好む「サブカルチャー」的な発想や理念をビジネスに転化して成功した企業がいくつもあることを指摘して、それらを「ニート資本主義」（Neat Capitalism）と呼んでいます。スーツとジーンズの違いにあきらかなように、この種の企業は形式や虚礼を嫌います。おしゃれな感覚やイメージを大事にして、企業としての成功に力を注ぎますし、ライバル企業には熾烈な競争を挑みます。一方で、ビジネスが貧困や環境破壊、あるいは資源の浪費といった社会的な問題にも積極的にかかわることを務めと考えます。そこには、利益優先の古い資本主義に対する批判がありますが、同時に、そういった姿勢が企業のブランド・イメージを高めると判断した企業戦略を見ることもできます。

このような展開は「カルチュラル・スタディーズ」そのものにもおこりました。つまり、その研究対象がイギリスの労働者階級や若者の「サブカルチャー」という限定されたものから、よりグローバルなものへと拡大していったのですが、研究スタイル自体もまた、新しい流行として世界中に広まり、話題になりました。日本でも、もちろん、教養というジャンルの売れ筋商品として、一時的にもてはやされたのです。

グローバリゼーション

話題になったものが瞬く間に世界中を駆けめぐるという現象は、「グローバリゼーション」ということばとしてすっかり定着しています。歴史的に見れば、ヒト・モノ・カネが地

ポール・ウィリス『ハマータウンの野郎ども』熊沢誠・山田潤訳、ちくま学芸文庫、1996年。

クリス・ロジェク『カルチュラル・スタディーズを学ぶ人のために』渡辺潤・佐藤生実訳、世界思想社、2009年。

ジョセフ・ヒース、アンドルー・ポター『反逆の神話――カウンターカルチャーはいかにして消費文化になったか』栗原百代訳、NTT出版、2014年。

マーク・フィッシャー、セバスチャン・ブロイ『資本主義リアリズム』河南瑠莉訳、堀之内出版、2018年。

ジグムント・バウマン『グローバリゼーション――人間への影響』澤田眞治・中井愛子訳、法政大学出版局、2010年。

大航海時代
ジャック・アタリ『1492――西欧文明の世界支配』(斎藤広信訳、ちくま学芸文庫、2009年)や、チャールズ・C.マン『1493――世界を変えた大陸間の「交換」』(布施由紀子訳、紀伊國屋書店、2016年)が参考になる。またユヴァル・ノア・ハラリ『サピエンス全史――文明の構造と人類の幸福』(上・下、柴田裕之訳、河出書房新社、2016年)では、人類の壮大な歴史のなかで近代以降が持つ意味の大きさが強調されている。

反グローバル運動とマルチチュード
ネグリとハートは、〈帝国〉(=現在のグローバルな主権と資本主義)に対抗する新しい政治的主体を「マルチチュード」と呼ぶ。そこには、ミュージシャンやDJ、編集者やライター、アーティストやデザイナー、イラストレーターといったクリエイティブ産業やメディア産業の非正規専門労働者(プレカリアート)が含まれる。高学歴でスキルはあるものの、日々の生活や将来が安定しない人びとが当てはまり、反グローバル運動を牽引する中心的な役割を果たすことになった。

アントニオ・ネグリ、マイケル・ハート『〈帝国〉――グローバル化の世界秩序とマルチチュードの可能性』水嶋一憲ほか訳、以文社、2003年。

球規模で移動する現象は、大航海時代までさかのぼることができるでしょう。グローバル化が顕著になったのは、フランス革命による国民国家の形成や産業革命による資本主義の勃興をもたらした近代以降です。その後、19世紀から20世紀初めにかけての帝国主義を経て、第二次世界大戦後には、ヒト・モノ・カネの移動に情報が加わることになりました。

そのきっかけになったのは、通信衛星を使ったテレビの生中継です。それが実現したのは、アメリカのケネディ大統領の暗殺が生中継された1963年のことでした。アメリカのニュースがそのまま時間差なしに日本のテレビに映しだされ、多くの人たちを驚かせました。その翌年には東京で開催されたオリンピックが世界中に発信され、多くの人たちの関心を呼びました。

1970年代になると、世界的な情報の移動は日常化することになります。ケーブルテレビ、衛星放送、そしてインターネットという現在までのメディアの流れは、そのまま、情報のグローバル化を推進した技術的な発展と言えるでしょう。何よりインターネットは、既存のマスメディアに頼らなくても、いつでも知りたい情報に接触することを可能にしたのです。

もちろん、グローバル化の流れは、情報やコミュニケーションにかぎらず、あらゆる分野に及んでいます。街を歩けばすぐに、マクドナルドやスターバックスを見かけるでしょう。その見慣れた店は、世界中どこに行っても同じ看板で、同じような品揃えをしています。どこに旅をしてもなんとなく安心した気持ちにさせる一方、異国の街を歩いている気分を台無しにするかもしれません。

世界中に拡大している文化の多くは、アメリカ発信のものです。J.リッツアは、アメリカ発の文化が国、地域、人種の壁をこえて世界中に行きわたった状態を「マクドナルド化」と呼びました。ファストフードの需要の高まりは、何より忙しくなった生活を合理的に、便利に過ごすという要望にこたえるものです。あるいは、世界中どこに行っても、ほぼ同じ味のハンバーガーがほぼ同じサービスのもとで提供されるという状態には、豊かさを象徴するアメリカの文化に対する憧れという欲求が読みとれます。

リッツアが「マクドナルド化」としてあげる、効率化、合理化、単純化、均一化、そして予測可能性という特徴は、もちろん、ファストフードのみならず、コンビニエンス・ストアやスーパー・マーケットなどのほか、オンラインショッピングにも行きわたるもので、それが、ローカルな文化や地域の経済を駆逐する現象を加速化させることにもなりました。

ジョージ・リッツア『マクドナルド化した社会——果てしなき合理化のゆくえ』正岡寛司監訳、早稲田大学出版部、2008年。

文化や経済で世界的な覇権を握ったアメリカですが、最近ではそのリーダーシップが問われています。1990年代になって冷戦状態が終焉を迎えると、グローバル化が新自由主義と同義に扱われることも多くなりました。金融資本の流れが世界の経済に大きな影響を与えることは、2008年にアメリカでおこった金融不安（リーマンショック）が世界的な不況をもたらしたことで実証ずみです。あるいは、安価な労働力を求めて、企業が工場を他国に移すこと、農産物のアンフェアな貿易など、経済の問題がグローバルであることが指摘されてから、すでに長い時間がたっています。

デヴィッド・ハーヴェイ『新自由主義——その歴史的展開と現在』渡辺治監訳、作品社、2007年。

ニーナ・ラティンジャー、グレゴリー・ディカム『コーヒー学のすすめ——豆の栽培からカップ一杯まで』辻村英之監訳、世界思想社、2008年。

新自由主義がうながしたグローバル資本による経済格差はますます広がり、反グローバル運動も世界各地で展開されることになりました。また、反グローバリズムは過度なナショナリズムを助長する側面も備えており、排外主義につながる要因にもなっています。

2010年代後半はグローバルな連携から自国ファースト主義に傾きかけていた世界情勢でしたが、2020年の新型コロナウイルス禍はグローバリゼーションのあり方に一石を投じることになりました。ウイルスという見えないリスクに対して、世界が協調して立ち向かうのか、それとも自国を優先させるのか、グローバリゼーションは新たな過渡期を迎えていると言えるでしょう。

Part 4：メディアとコミュニケーション

22. メディア

古いメディアが新しかったとき

メディアはコミュニケーションを仲立ちするものです。そして私たちは日常生活のなかで、さまざまなメディアを使っています。たとえば、物心ついたときにはすでにスマホに触れていた世代はデジタルネイティブとも呼ばれ、彼（彼女）らにとって Twitter、Facebook や Instagram といった SNS を介したコミュニケーションは身近なものになっています。また、テレビよりも YouTube、メールよりも LINE、CD よりもストリーミング（サブスクリプション）といったメディアの使い方も、この世代にとっては当たり前におこなわれています。もっとも、ここにあげたメディアの多くも、使われるようになってから、それほどの時間が経過しているわけではありません。この先、私たちがさらに別のメディアを使って、今では考えられないようなコミュニケーションをすることは容易に想像できるでしょう。ここでは、まず、そんなメディアの歴史をいくつか振りかえってみることにします。

ロジャー・シルバーストーン『なぜメディア研究か――経験・テクスト・他者』吉見俊哉ほか訳、せりか書房、2003 年。

現在使われているメディアのなかで一番古いのは、何と言ってもグーテンベルクの印刷術の発明にはじまる、新聞や雑誌、あるいは印刷された書籍の歴史です。15 世紀の中頃ですからすでに 500 年以上が経過していますが、その後の近代化に果たした役割は、多くの人が指摘するところです。物語や詩が文学書になり、音楽が芸術として楽譜出版されるようになって、多くの人に楽しまれましたし、都市生活には新聞や雑誌を読むことで共有される情報や、それによって「世論」や「公衆」と呼ばれる人びとが登場しました。そのことがまた、私たちの意識や人間関係に大きな影響を与えたことは、すでに繰りかえしふれてきたことです。

「対面、傍観、覗き」←

ここにはもちろん、人びとが集まって、直接コミュニケーションをするさまざまな場の出現も見逃せません。都市が巨大になり、仕事や娯楽、そして買い物を目的にした場が多様に出現したことと、そこで生まれた人間関係の仕方についても、すでにふれてきました。ここでは、さらに、現在のメディア状況を考えたときに重要な点として、音や映像を使ったメディアについて、振りかえってみることにします。

→「群集、公衆、大衆」「場と集まり」

キャロリン・マーヴィンの『古いメディアが新しかった時』には、現在では当たりまえになったさまざまなメディアが最初に登場したときの様子が再現されています。近代化と都市での生活は、人びとに生活における公私の区別を自覚させましたが、電話の登場は、そのあいだにできた距離をこえてコミュニケーションを可能にしたと同時に、垣根を破って家庭に侵入する困った道具という一面を持ったようです。興味深い指摘はほかにもあげられます。新技術の普及にともなって使える人と使えない人、積極的に受容する人と拒否する人があらわれて、それが階層化の一因になったことは、現在のケータイやネットで問題になっていることそのもので、まさに歴史が繰りかえされていることがよくわかります。

キャロリン・マーヴィン『古いメディアが新しかった時――19世紀末社会と電気テクノロジー』吉見俊哉・水越伸・伊藤昌亮訳、新曜社、2003年。

この本には電信や電話、電灯、ネオンサイン、あるいは電気そのものについて、作り話ではないかと思わせるような笑い話がいくつも紹介されている。色恋沙汰のうわさ話が電話によって村中にあっという間に広まる話。モールス信号を使ったひそひそ話。病気が電話で感染するのではという恐怖等々である。

電気技術がもたらす豊かなコミュニケーションが世界中の争いごとを解決するといった予測もまことしやかに語られたようだが、20世紀にはふたつの世界大戦があり、ナショナリズムやイデオロギーの対立が続いた。

新しいメディアの登場には、それがもたらすであろうコミュニケーションや社会そのものの変化がうたわれます。しかし、その普及に際しては、もっと私的で俗な興味や関心が引き金になる場合が多いのです。たとえばインターネットやビデオの普及に果たしたポルノグラフィーの役割は指摘するまでもないことでしょう。しかし、それは最近の傾向にかぎったことではなく、写真が普及した19世紀の中頃にもおこった現象だと言われています。そのことはまた、映画にも言えることでした。

多木浩二『ヌード写真』岩波新書、1992年。

マスとパーソナル

ラジオは20世紀初頭までは「無線」と呼ばれ、電波が届く範囲内でメッセージを送受信するパーソナルなメディアでした。一方で電話は、双方向のコミュニケーションにとどまらず、ニュースや音楽などで編成された番組としてホテルに水越伸『メディアの生成——アメリカ・ラジオの動態史』同文舘出版、1993年。

配信されたりもしました。そのような、手探りの時期を経て、無線はラジオというマス・メディアになり、電話はパーソナルなメディアになりました。どういう理由でそうなったのでしょうか。水越伸の『メディアの生成』には、その分かれ目が、料金の徴収方法にあったと指摘されています。つまり、送受信の有無をチェックできる有線が電話として利用され、チェックできない無線がラジオになったのですが、ここにはもうひとつ、ラジオ局の収入をコマーシャルによってまかなうというスポンサー・システムの発案という要因があります。この方式が、次に登場するテレビにも引きつがれたことは、改めて指摘するまでもないでしょう。

エジソンが最初に発明した蓄音機は、やはり、個人が使う録音と再生の装置でした。しかし、実際に実用化されたのは、レコードのもとになった、ベルリナーが作った大量複製が可能な円盤式の蓄音盤（グラモフォン）と、その再生装置でした。音楽を録音したレコードは、主に家庭でパーソナルな形で楽しまれましたが、それは再生だけの単機能の装置として商品化され、同じ作品を大量に製造して売るマス・メディアとして普及したのです。また、レコードは、ラジオ局の音楽番組を通して聴かれるものとしても定着しましたから、多くの人たちはレコードを買わなくても、流行の歌や曲を家庭で楽しむことができました。

もっとも、ラジオが家庭で楽しめる娯楽として提供したのは音楽だけではありません。アメリカでは、メジャーリーグの中継が、野球の人気を全米に広げ、国民的なスポーツにしたと言われています。もちろん、野球は、ラジオが登場する以前から、新聞によってその試合結果が伝えられ、多くの読者をつかんできました。しかし、リアル・タイムで試合の中継

メディア・クロニクル

1445 ヨハネス・グーテンベルクが活版印刷術を発明
1702 イギリス初の日刊新聞『デイリー・クラント』が出現
1871 日本最初の日刊新聞『横浜毎日新聞』発行
1876 アレクサンダー・グラハム・ベルが電話の実用特許出願
1877 トーマス・エジソンが円筒式蓄音機（フォノグラム）を実用化
1887 エミール・ベルリナーが円盤式蓄音機（グラモフォン）を発明
1895 リュミエール兄弟，シネマトグラフを発表
1908 SP レコードの商品化
1920 世界初の公共ラジオ局開設
1927 初のトーキー映画『ジャズ・シンガー』公開
1939 RCA がニューヨーク万国博覧会でテレビジョン公開
1948 LP レコード生産（コロムビア）
1949 EP レコード発売（RCA ビクター）
1953 NHK，日本テレビ，テレビ放送開始
1975 初の市販パーソナル・コンピュータ「アルテア」発売
1981 フィリップスが CD プレイヤー発表
1981 IBM がパーソナル・コンピュータ発売
1990～ インターネットの基盤である"HTML""HTTP""URL""WWW"が考案される
1995 PHS サービス開始で携帯電話が爆発的に普及
1998 インターネットのブロードバンド化が加速
2003 地上テレビ放送の完全デジタル化
2006 YouTube が配信を開始（日本版は 2007 年）Facebook、Twitter の開始（日本では2008年）

を聴くことと、試合結果を文字で読むこととはまるでちがいました。アナウンサーのことばとスタジアムにこだまする打球音やファンの歓声が、聴取者にはまるでスタジアムにいてゲームを観戦しているかのような感覚で受けとられたのです。

2007	アップルがiPhoneを発売（日本では2008年）
2010	Instagramの開始（日本では2014年）
2016	ストリーミング（Spotify）の開始
2020	オンライン授業やオンライン会議の普及（Zoom、Teams）

ラジオは音楽やスポーツを人びとに広め、その魅力の虜にしました。わざわざ出かけなくても家で楽しめましたし、お金を払う必要もなかったのですから、ラジオに耳を傾ける時間は増えました。それは日常生活のなかに非日常的な時間をもたらしたのです。そんなラジオは、電波によって広い範囲に同時に発信され、多くの受け手を持つことを可能にしたマス・メディアです。その受け手たちが聞くのは主にプライベートな生活の場においてですから、その意味では、マス・メディアはパーソナルな形で利用されたと言えます。しかし、新聞や雑誌がコーヒーハウスで複数の人たちによって読まれ、話題にされたように、マス・メディアはまた、公共の場でも楽しまれました。その最たる例は映画でしょう。

ベンジャミン・G. レイダー『スペクテイタースポーツ――20世紀アメリカスポーツの軌跡』平井肇訳／川口智久監訳、大修館書店、1987年。

1895年にリュミエール兄弟によって開発されたシネマトグラフは、最初は数秒の、ただ人物や風景を記録しただけの映像でした。彼らの目的はさまざまな対象を映像として記録することにあって、それを観客に見せることではなかったのですが、そんな細切れの映像を劇場で公開すると、大勢の人が詰めかけることになりました。彼（彼女）らは動く映像に驚き、熱狂しました。たとえば、駅に列車が到着するシーンを映した数秒の映像は、見ていた人を座席から立ちあがらせ、悲鳴をあげて逃げださせたと言われています。現実と映像化されたものの違いが区別できない段階では、目の前のスクリーンに映った人やものが動くこと自体が、人びとに大きな驚きと興奮をもたらしたのです。映画の技術はたちまち進歩して、時間が長くなり、音が入り、カラーになり、スクリーンも大きくなります。編集技術や手法も編みだされて、劇場の芝居や見せ物に並ぶ娯楽のメディアになりました。

蓮實重彥編『リュミエール元年――ガブリエル・ヴェールと映画の歴史』筑摩書房、1995年。

駅に列車が到着するシーン

→「Part 4 補論」

現実と無場所感

ラジオと映画が20世紀の前半にもたらされた娯楽を中心にしたマス・メディアだとすれば、後半の主役になったのはテレビです。テレビも最初はモノクロの小さな画面でしたが、一日のニュースからドラマやアニメ、そしてスポーツや音楽が楽しめました。人びとは映画以上に関心を示しましたが、手軽に手に入る価格ではありませんでした。日本での普及は上皇と上皇后のご成婚パレードの中継が転機だったと言われています。経済成長が軌道に乗った1959年のことです。

桜井哲夫『TV魔法のメディア』ちくま新書、1994年。

テレビはかつてはラジオが置かれていた居間の場所を占拠し、一家が団らんする場所と時間には欠かせないメディアになりました。そのために、テレビは、家族が会話をする時間を奪ったといった批判もされましたが、テレビの普及は都市化と核家族化の進行と同時のものでしたから、一家団らんといった風景には、じつは最初からテレビがあったのだと言うこともできます。ただ、日本ではテレビの普及に押されて、映画館に足を運ぶ人の数は激減しました。この傾向はテレビでビデオ化された映画を見るようになった70年代の末にはさらに際立ちました。

	映画館数	観客動員数
1960年	7,457	10億100万人
1975年	2,443	1億7400万人

（総務省統計局）

テレビはその発展期には、他の先行メディアと比較して、すべてに劣る二流のメディアだと言われました。つまり、ジャーナリズムという点では新聞にかなわないし、娯楽作品という点では映画に劣りますし、音の再生では、レコードとステレオと呼ばれたオーディオ装置と比べるべくもないとされたのです。けれどもテレビはすぐに、その不完全さを逆手にとって、今までとは違う新しい世界を作りだしました。

ジョシュア・メイロウィッツ『場所感の喪失——電子メディアが社会的行動に及ぼす影響』（上）安川一ほか訳、新曜社、2003年。

ジョシュア・メイロウィッツは、テレビの魅力が完成された映像よりは未完成のものの提示にあるとして、その特徴を表舞台ではなく楽屋裏を映しだすことに長けたメディアだと指摘しています。たとえば、舞台上で華やかに踊るスターが、舞台袖で大きな欠伸をした姿を想像してください。テレビが、そして視聴者が好んで見たがるのは、舞台の踊りではなく、裏に回ったときに思わず出た欠伸の方だというのです。

メイロウィッツの発想にはメディア特性に注目して「メディアはメッセージ」と言ったM.マクルーハンと、人間関係における表と裏の使いわけを指摘したE.ゴフマンの影響があります。そこから、ことば、それも活字が意味のみを伝えるメディアだとすれば、テレビはそのことばを話す人の話し方や声の質はもちろん、外見の特徴や表情や仕草まで表出して、すべてを伝えてしまう点に着目します。テレビは視聴者に対面的な相互行為と同様に、あたかも目の前で自分に向かって話しているかのように感じさせて、公よりは私、演出されたものよりは自然なもの、タテマエよりはホンネ、表よりは裏を気にかけるコミュニケーションを作りだすのです。

メイロウィッツは、さらに、テレビが人びとの行動に与える影響について語ります。つまり、それまで明確だった「表領域」と「裏領域」、私的な領域と公的な領域、あるいは物理的場所と社会的場所といった境界線の曖昧化です。それは現実や自分がいる場所についても同様で、彼はその感覚を「無場所感」(no sence of place) と表現しました。そんな傾向は、パソコンとインターネットやケータイ、さらにスマホといった新しいメディアによって、さらに加速化していると言えるでしょう。

新聞の記事を読む、知人からの手紙を読む。このときにも、私は今読んでいる場所から、一時的に別の場所にいる気持ちを自覚します。それが書かれた時間はすでに過ぎさっていますが、ラジオとテレビは、今、ここでといった同時性をもたらしました。電話はそこに一方的な受け手ではなく送り手でもあるという相互性を加え、ケータイはさらに、持ちはこびできるようにしたわけですし、文字を使った時間差なしのやりとりも可能にしました。もちろん、このメール機能はパソコンとインターネットの方が先で、家のパソコンは常時ネットにつながっていれば、メールのやりとりも、ホームページ

現実と無場所感

村上春樹の小説には、しばしば無場所感が描かれている。長編小説『ねじまき鳥クロニクル』の原型となった短編小説「ねじまき鳥と火曜日の女たち」(『パン屋再襲撃』収録) では、主人公の「僕」のところに、見知らぬ女性から電話がかかってくる。

「僕」がクラシック音楽を聴きながらスパゲティーをゆでているときに、心当たりのない誰かから突然かかってくる電話。「僕」は仕事の用事かもしれないと電話に出る。10分間時間を欲しいの、そうすれば分かりあえるから、と彼女は言う。それから「僕」は唐突に電話を切られてしまう。目の前には存在しない、見知らぬ女性との会話。そして、唐突で一方的な断絶。ケータイやインターネットが当たりまえの存在になっている私たちにとって、リアルな場所感を自覚する機会は少なくなっているのかもしれない。

やブログの探索もいつでも自由自在です。時間と空間をこえて、世界中のどこにでも出かけて、誰とでもコミュニケーションができる。そんなことが誰にでも可能な状態がもたらされたのが、現在のメディア状況だと言えるでしょう。

伊藤守『記憶・暴力・システム――メディア文化の政治学』法政大学出版局、2005年。

ミシェル・シオン『映画にとって音とはなにか』川竹英克、ジョジアーヌ・ピノン訳、勁草書房、1993年。

そうであれば、私が今どこにいるのかという「場所感」は、ますます曖昧になっているはずです。街を歩きながらスマホで音楽を聴けば、現実の音が遮断され、目の前に広がる風景は自分だけの世界のように感じられるでしょう。同様のことは、自動車に乗りながら聴く音楽や見る風景にも当てはまります。さらに、スマホやカーナビでテレビを視聴することもできますし、インターネットの動画にも接続可能です。また、学校や仕事はオンラインを介してリモートですませることが可能になりますし、VR（ヴァーチャル・リアリティ）はリアルな世界とヴァーチャルな世界の区別を無効化させます。そもそも、何かをするのにどこかにいなければならないという場所の制約は、新しいメディアによって無意味になってしまったと言えるでしょう。

ジョン・アーリ『モビリティーズ――移動の社会学』吉原直樹・伊藤嘉高訳、作品社、2015年。

服部桂『VR原論――人とテクノロジーの新しいリアル』翔泳社、2019年。

このような奇妙な感覚はもちろん、場所にとどまるものではありません。それは、私が今、コミュニケーションをしている相手、そして何より自分の「アイデンティティ」にも及びます。どこでもない場所にいて、誰でもない人になって、誰でもない人とコミュニケーションをする。SNSでは、こんな「匿名」のコミュニケーションが盛んです。そこで自覚できる私とは、いったい誰なのでしょうか。

「スマホとネット」←

◆◆

エクササイズ

＊普段の生活で使っているメディアをひとつ取りあげて、それにはじめて接触したときの驚きを思い出してみましょう。

＊メディアを使うときに自覚する「無場所感」について、具体的な経験を材料にして、自己分析をしてみましょう。

23. 話すことと書くこと

日常生活におけることば

ことばには、「話す—聞く」ことと「書く—読む」ことのふたつがあって、現在では、それぞれに多様な方法やメディアがあります。それらの使いわけは、それぞれの特性と限界によりますが、私たちは、そのことをどこまで理解して使っているのでしょうか。

ことばを使って話すときには、それを聞く人の存在が欠かせません。ことばが、その発明された時点から「ダイアローグ」（対話）のためのものであったこと、したがって特に相手を求めないで話す「モノローグ」（独白）は、人前では異様な行為として感じられてしまうことについては、すでに指摘しました。

→「対面、傍観、覗き」

それに比べて文字を使う手紙やメールの場合には、書くときにその受け手を必要とすることはありません。というよりも、手紙やメールは、相手が遠くにいて、直接話すことができないから使われるものなのです。話すことばと書くことばの違いは、何よりこの、その場における相手の存在の有無、「相互性」と「一方向性」にあると言えるでしょう。

目の前にいる相手と話す場合には、私たちはその内容について、相手がどの程度知っているか、理解できるか、賛成するか反対か、興味を持つかどうかなどを探りながら、会話をおこないます。ですから、話しはじめた話題も、相手がおもしろがらなければ、途中でやめてしまうことがありますし、説明についても、相手が持っている知識や情報次第で簡単にもなれば、詳しくもなるわけです。あるいは強調して、同じことを繰りかえすといったこともあるでしょうし、語調を強めたり、逆に声をひそめたりもするでしょう。

話されることばは直接相手に伝わり、そこにひとつの世界を作りだします。W. J. オングが、盛りあがったときにはそこに「共有された「魂」」が出現して、会話の参加者をすっぽりくるんでしまう、と言ったのは、語り部が紡ぎ出す物語を例にしてでしたが、そんな瞬間は、現在でも、誰かのうわさ話や、世間で話題の出来事などについて話すときに、誰もが経験することであるはずです。

「対面、傍観、覗き」←

であるだけに、話しことばには危険な要素もつきまといます。一度話されたことばは、それが言ってはいけないこと、間違ったことであっても、言わなかったことにはできません。いったん話されたことばの訂正は、さらに新たなことばをつけ加えることでなされますが、しかしそれによって、もとものことばが記憶から完全に削除されるわけではありません。R. バルトは、この追加することによって削除するという話しことばに特異な行動を「口ごもり」と呼んでいます。

ロラン・バルト『言語のざわめき』(新装版)花輪光訳、みすず書房、2000年。

それにくらべて書くことには、読み手の反応を想像して、情報を過不足なく伝えることや、こちらの意図通りに解釈されること、興味を持たせることなどを、自問自答しながら考えることが必要になります。会話のようにわからないことを聞き手が問いかえしたり、話し手が相手の反応を見ながら説明を追加することはできません。もちろん、メールならば即座の返信が可能ですし、ブログにもコメント欄があります。しかし、それはごく最近普及した文字を使ったコミュニケーションのメディアであって、私たちは長いあいだ、届くまでに時間がかかる手紙に頼ってきたのです。

また、記憶にのこる話しことばと違って書いたことばは記録としてのこります。問題がおきたときに生じるのは「言った言わない」の水掛け論ですが、記録されたことばは受け手のもとにのこりますから、書いた覚えはないと主張することはむずかしくなります。さらに手書きの文字には人それぞれ独特の筆跡がありますから、それは指紋のように、誰のものであるかを明確にしてしまいます。文字とはそもそも、記録してのこすことを目的につくられ、使われてきたもので、それだけに、冒しがたい権威と普遍性を持つものとして考えられてきた歴史があるのです。そのことは、「読み書き能力」の本格的な普及が先進国でも20世紀に入ってからで、それ以前には、支配層の人たちが使うコミュニケーションの道具であったことを考えれば、よくわかると思います。

読むことと書くこと

話しことばは、育つ過程で自発的に習得されるものですが、「読み書き能力」、あるいは「リテラシー」は勉強して覚えてゆく技術です。高校進学率が98％にもなった現在の日本では、読み書きのできない人はごく少数ですが、現在でも発展途上国では、多くの人たちに身につけさせなければならない第一の能力として、考えられている場合が少なくありません。それは、国が近代化をして経済を発展させるために必須のことですし、個人が自分の夢をもって新しい世界に出かけるためにも必要なことだからです。

書きことばの普及は、もともとは聖書や仏典などの写本にあったと言われています。しかし、より多くの人がその能力の習得を必要だと考えたのは、新聞や雑誌、あるいは書籍といった活字媒体の発展と、それを読みたいという欲求、そして読むことの必要性でしょう。ルターがおこなったドイツ語版の聖書の刊行は、活版印刷技術がもたらした最初の恩恵として扱われます。活字媒体の発展と普及は、ヨーロッパ各国のエリートたちがラテン語を用いておこなってきた文字による情報伝達・知識伝承を、各国の母語へ置きかえてゆく効果をもたらしました。

マーシャル・マクルーハン『グーテンベルクの銀河系――活字人間の形成』森常治訳、みすず書房、1986年。

この結果、知識や情報は、次第に話すことではなく、書かれたものを自分で読むか、誰かに読んでもらうことで得られるようになっていきます。ラテン語ではなく母語であることが、情報や知識の伝達を飛躍的に拡大させたことは言うまでもありません。また、15世紀頃からのいわゆる大航海時代には、遠隔地との定期交易の連絡手段として手書きの書簡が重要になりました。そこで一定レベルの読み書き能力を身につ

香内三郎『「読者」の誕生――活字文化はどのようにして定着したか』晶文社、2004年。

けた商人たちが使ったのも、話しことばと同じ言語でした。

活版印刷によって可能となった大量出版、特にその申し子である新聞という「ジャーナリズム」の発展は、交易情報伝達の活性化とも相まって、各々の母語の読み書きに親しむよいきっかけとなりました。リチャード・ホガートが『読み書き能力の効用』で語っているように、読み書き行為は、19世紀におけるイギリスの中産階級、そして20世紀における労働者階級に一般化して、個人としての自覚やアイデンティティの確立をうながすことになります。この点はすでに、コーヒーハウスと世論や公共性の関係として、何度もふれてきたことです。

リチャード・ホガート『読み書き能力の効用』（新装版）香内三郎訳、晶文社、1986年。

「群集、公衆、大衆」←「場と集まり」

手紙と日記

「読み書き能力」の習得は、また、個人的な「手紙」や「日記」を普及させました。ここにはもちろん、それを書くことが必要になったという時代的な要請もあります。個々人が「手紙」を書く必要性を感じたのは、本来なら直接話すことができた人が遠くに行ってしまって会うことができなくなるという、関係のあり方から生まれます。現在では、このような関係は当たりまえに存在しますが、しかし、人びとが生まれ育ったところを離れて移動や移住を盛んにするようになったのは、やはり社会が近代化してからのことなのです。ごくかぎられた上層の人びとにのみ使われてきた「手紙」というメディアが、誰にとっても手近で手軽な通信手段になったのは、近代化の政策のなかに郵便制度が重要なものと位置づけられたからでした。

郵便制度
日本では前島密により1871（明治4）年に東京～大阪間ではじまる。その手本となった切手を貼る「ポスト投函制度」がイギリスではじまったのは1840年である。

手紙を書く必要性は、家族や親戚といった親密な関係の人たちが離れて暮らすようになったこと、しかし、一緒に生活していたときの親密な関係を持続したいと思ったところから一般的になりました。その典型は、新天地を目指したヨーロッパからアメリカへの移住でしょう。W. I. トーマスとF. ズナニエツキはヨーロッパ（ポーランド）からアメリカに移住

W. I. トーマス、F. ズナニエツキ『生活史の社会学――ヨーロッパとアメリカにおけるポーランド農民』桜井厚訳、御茶の水書房、1983年。

した移民たちがやりとりした手紙を分析して、そこに見られる特徴を、(1)儀礼的な手紙 (2)近況報告的な手紙 (3)感傷的な手紙 (4)文学趣味的な手紙 (5)仕事用の手紙に類型化できるとしています。

近代化が、多くの人びとに手紙の必要性をもたらしたことは言うまでもありません。就職や進学で子どもたちが家を離れることは、日本でも明治時代以降盛んになりましたが、とりわけ第二次世界大戦後の経済成長の時代に、大勢の人びとが都会に移住したことは、「都会と田舎」の章ですでにふれたとおりです。

→「都会と田舎」

時間と空間の隔たりがある「手紙」には「ダイアローグ」という話しことばの特徴が見られますが、「日記」は読み手を想定しないという点で、純粋な「モノローグ」として考えることができます。それは日々の記録として習慣的につけられるものであったり、個人的、あるいは社会的に非日常的な状況にあるときに書かれたりするものです。たとえば闘病生活や戦時下での生活を綴ったものは、ときに公になって、多くの読者に読まれたりするものが少なくありません。また日本には『土佐日記』や『更級日記』など、日記文学と呼ばれる伝統があって、それは現在でも生きているジャンルでもあります。

紀田順一郎は、そんな日本人の書く日記のなかに、実際には誰にも読まれないものだったとしても、どこかで他者の目にふれることを想定した体裁をとっている点を見つけています。そのことはまた、季節の変化や毎日の天気といった外の世界の記述が多く、欧米人の書く日記に一般的な「自己との対話」といった特徴が希薄であることにも関係するようです。欧米における「近代的な自己」のはじまりを教会での懺悔に見つける指摘がありますが、自分を見つめなおし、反省するといった機会をさらに一般的にしたのは「日記」をおいてほかになかったと言えるでしょう。

紀田順一郎『日記の虚実』新潮社、1988 年。

ベアトリス・ディディエの書いた『日記論』には、日記をベアトリス・ディディエ『日記論』西川長夫・後平隆訳、松籟社、1987 年。

書くことが、自分のなかに自己を見つめ、それを記述するもうひとりの自分を作りだす作業だとする指摘があります。そのふたりの自分が対話をしながら考えを導きだしたものが日記の中身だとすれば、それはまさに「近代的な自己」の思考スタイルそのものだと言えます。

話すことの復権と書くことの変容

「リテラシー」の習得と読み書きの一般化には、学校教育の制度化とメディアの発達が果たした役割が大きかったと思います。ただし、メディアとの関係で言えば、新聞や雑誌、そして書籍といった活字メディアは、私たちにとっては圧倒的に、読むメディアでした。もちろん、それらを読むことが社会の近代化にとって重要な要素になったことは、「公衆」「世論」、そして「公共性」といった話題のところでふれたとおりです。活字のメディアは、知識や情報を知るために、世のなかの動きや世界の広さを理解するために、そして何より、そこから自分なりの判断や考えを紡ぎだすために、欠かせないものになりました。

「群集、公衆、大衆」←「場と集まり」

しかし、20 世紀に発展したラジオやテレビといった電気メディアや映画はまた、私たちに、活字とは異なる受容の仕方をもたらしました。それはオングやマクルーハンが指摘したように、声の文化の復権であり、映像化された動くイメージという、まったく新しい視覚文化になりました。ここにはもちろん、電話や写真といったパーソナルなコミュニケーションや表現を可能にするメディアの普及もあります。さらに最近では、パソコンとネットという文字、音声、そして映像を統合して処理する新しいメディアが生まれて、瞬く間に主要なメディアになったという現実もあります。

電話の普及
電話は日本では 1890（明治 23）年に東京－横浜間で開設されたが、人びとが日常的に使うメディアになるのは、ダイヤル即時通話に移行した 1960 年代後半のことである。

ラジオやテレビは一方で、そこに現出するコミュニケーションを、きわめて個人的な関係にしました。ラジオから聞こえてくる声は、あたかも自分ひとりに語りかけるように話しますし、テレビでは、そこに、こちらを向いて話しかける人

ミニコミ
マスコミとパーソナルなコミュニケーションのあいだにあって、かぎられたテーマをかぎられた人びとに伝えるメディアが「ミニコミ」と呼ばれるようになったのは、大学紛争や公害問題などが（↗）

の姿が映しだされます。そんな身近さを、膨大な人に同時に感じさせるのが、ラジオやテレビがもたらした新しい関係でした。ただし、そこに感じさせたパーソナルなコミュニケーションは、あくまで一方向的なものにすぎません。

一方で、活字のメディアは、新聞や雑誌の記事のように、誰が書いたのかがわからなくても、ひとつの新聞や雑誌が発信する情報として読むことを基本にします。客観的で第三者的立場に立った報道という姿勢が、人びとを代表して環境を監視する役を担うことになったのです。

しかし、さまざまな新しいメディアを使って、自分なりの表現をしたり、誰かに何かを伝えたりしたいとか、する必要があると感じた人びとは、いつでも存在しました。それはときに国家に批判的な政治的主張をするために小さな新聞や雑誌、あるいはパンフレットといった形で発行されましたし、そういった印刷物は、新しい文化的な動きのなかでもさまざまに無数に発行されてきました。

ラジオやテレビは国家によって電波の利用が制限されましたから、人びとの利用は、どこの国でもきわめて限定されてきたのが普通です。それだけに、インターネットの普及は、今までのメディア状況を一変させることになりましたし、そこで書くこと、読むこと、話すこと、聞くことといったスタイルや、その中身を大きく変容させることにもなりました。

(↘)
話題になった1960年代から70年代のことである。そこにはビラのような一枚の紙切れから、新聞や雑誌の体裁をとるものまで多様なものがあり、テーマや目的も政治的な運動の情宣から、街の情報誌（タウン誌）やサークルの会報、そして文学やアートの同人誌や個人が出す趣味の話題や、闘病記などがあった。

その意味で、インターネットが普及した後に盛んになったホームページやブログは、いわば「ミニコミ」のデジタル版と言える。

田村紀雄『ミニコミ——地域情報の担い手たち』日経新書、1977年。

渡辺潤・鈴木正穂・三宅広明『生きるためのメディア図鑑』技術と人間、1981年。

エクササイズ

＊書くことと話すことの違いを、その受け手との関係と、日記、手紙、ブログ、SNSといった手段の違いに注目して考えてください。

＊読むことと聞くことの違いについてはどうでしょうか。文字と肉声の違いを中心に考えてみてください。

24. ネット社会

ネット社会の出現とその源流

ネットの世界では、実際に会ったことのない相手とつながることも珍しいことではなくなりました。しかし、メル友や近年だとSNSのフォロワーといった見知らぬ他者とのつながりが当たり前になったのは、インターネットが普及した後のことです。

Apple II

記憶装置としてフロッピー・ディスクを使い、モニターもキーボードもそなえていた。ゲームを楽しむおもちゃとしてだけでなく、表計算をする「VisiCalc」など多くのアプリケーション・ソフトが開発されたから、一部のコンピュータ技術者や愛好家だけでなく、職場や教育現場、あるいは一般家庭に持ちこまれて利用されることになった。

また、新機種が続々登場するなかで1993年まで生産され、500万台を売りあげる超ロングセラーの商品になった。

今日的なパソコンの源流は1975年にアメリカで発売された組立キット「アルテア」(Altair 8800)に、その基本形は1977年にスティーブ・ウォズニアックが開発した組み立て不要の「アップルII」(Apple II)にさかのぼると言われます。1946年に登場した弾道計算用の軍需品「ENIAC」や1951年に発売された商用の「UNIVAC I」など、初期のコンピュータは組織単位で使う大規模な機材でした。パーソナル・コンピュータという名付けには、そうした方向性への批判が込められています。もっとも「パーソナル・コンピュータ」と名がつく最初の製品を1981年に売りだしたのは、大型コンピュータを開発する世界最大の企業IBMでしたが。そのパソコンを動かすMS-DOSと名づけられたシステムを開発したのは、マイクロソフトを起業したビル・ゲイツでした。パソコンは、これ以降、オフィスの必需品になり、学校教育に導入され、文字はもちろん、映像や音を処理する道具として、あらゆるところで必要不可欠な道具になっていきました。

他方、インターネットの歴史にも米ソの冷戦という軍需が絡みます。こちらの出発点は、米国防総省の高等研究計画局(ARPA)が1960年代後半に開発した分散型の通信網にあります。しかしここにもまた、パーソナルな利用という発想が持ちこまれました。ハワード・ラインゴールドは、このとき「ARPA」の技術を使って、軍需産業的な政府の意図とは異なる、個人やそのつながり、そして草の根の民主主義の発展

ハワード・ラインゴールド『バーチャル・リアリティ——幻想と現実の境界が消える日』田中啓子・宮田麻未訳、ソフトバンクパブリッシング、1992年。

を夢見て、実現に献身的な努力をした人たちに注目しています。1960年代の「対抗文化」の洗礼を受け、ネット上につくった「コミュニティ」を盛りたてていった「コンピュータ好き」たちが集まった場所は、パソコン産業の中心地になるサンフランシスコのシリコン・バレーの礎になりました。

リチャード・ブローティガンの詩「すべてが愛の恩寵にみちた機械に見守られている」

動物とコンピュータがたがいにプログラムとしてハーモニーをつくりだし、澄んだ水と晴れた空のように一緒に生きる。そんなサイバネティックな草原を考えるのが好きだ（早いにこしたことはない！）。

鹿が、まるでくるくると回る花びらをつけた花のように、コンピュータの横をのんびり歩く。そんな松とエレクトロニクスでみたされたサイバネティックな森を考えるのが好きだ（そう、今こそ！）。

労働から自由になり、自然にもどって、兄弟や姉妹である動物のところに帰る。すべてが愛の恩寵にみちた機械に見守られている。そんなサイバネティックなエコロジーを考えるのが好きだ（そうであるべきだ！）。

セオドア・ローザック『コンピュータの神話学』成定薫・荒井克弘訳、朝日新聞社、1989年。

「フリー」と「シェア」と「ツギャザネス」

この「対抗文化」については、すでに何度か取りあげています。そこで、既成の政治体制や社会の仕組み、そして文化のあり方に異議を唱えた人たちが前提にした考えが「フリー」（free）と「シェア」（share）、そして「ツギャザネス」（togetherness）でした。こういった発想は、彼（彼女）らが作りだしたファッションや音楽からライフスタイルのあらゆる側面に生かされますが、ほどなく、優れたものや人気になったものは商品として大きな市場価値を持つようになりました。パソコンやネットに新しい世界を見つけだした人たちは、すでに「対抗文化」の大半が既成の文化に取りこまれた状況のなかで活動をしましたが、この「フリー」と「シェア」、そして「ツギャザネス」の精神を行動や思考の指針に持ちつづけました。彼（彼女）らは、新しく作りだしたハードやソフトを、無償かわずかの費用で、必要な人に分けあたえることをルールにしたのです。

パソコンのソフト事業は、一方でマイクロソフトをはじめ、巨大な企業をいくつも生みだしましたが、こうした「フリー」と「シェア」の原則がなくなったわけではありません。たとえば、Windowsに対抗してつくられたLinuxというOSは、世界中のプログラマーが協力しあい、競いあって作りあげたものとして有名です。

→「Part 2 補論」

エリック・S. レイモンドはこれを「伽藍」と「バザール」の違いで説明します。「伽藍」とはひとつのソフトを企業のなかで開発して商品化するマイクロソフトのような企業をさします。「バザール」はLinuxのように、ソフトが一般に公開され、不特定の技術者が自由に開発に加われる場をさします。バザールでは、誰でも、好きなことを好きなように自由にやっていいのです。ただし、できたものが評価されなければ、それはバザールの店頭に並んでもすぐに消えてしまいます。バザールにある「協力」というスタンスには、同時にいつでも激しい「競争」がともなっています。だからこそ、新しいものが生まれ、それがめざましいスピードで進化する可能性があるわけです。

エリック・スティーブン・レイモンド『伽藍とバザール――オープンソース・ソフト Linux マニフェスト』山形浩生訳、光芒社、1999年。

ネットという新しい世界

ネット社会のはじまりは、まず、その構築にかかわった人たちの情報交換の場にありました。「バザール」のように誰もが自由に参加でき、さまざまなアイデアと工夫を持ちよれて、評価されれば参加者に共有されるという仕組みが、この新しいコミュニケーション手段を飛躍的に変容させて、もうひとつの現実と呼べるような世界を作りだしていったのです。そのような世界は、たとえば「サイバー空間」と呼ばれます。

「サイバー空間」(cyber space) という呼び方は、ウィリアム・ギブスンが『ニューロマンサー』(1984) で使ったのがはじまりとされます。「サイバー」は「サイバネティックス」(Cybernetics) に由来しますが、その命名者であり、この思想の創始者であるノーバート・ウィーナーは、「サイバネティックス」ということばに「有機体 (organism) をメッセージ (message) と見なす比喩」という意味を与えています。これは、モノとして存在する世界に偏重したとらえ方から、そのものに内在するメッセージを同格のものとしてとらえようとする理解の仕方です。彼の発想のなかには、物理的実体の命や姿形は一時的なもので、持続的に伝達されるのは、むしろ、そのなかにあるメッセージだという考え方がありました。

ウィリアム・ギブスン『ニューロマンサー』黒丸尚訳、ハヤカワ文庫、1986年。

ノーバート・ウィーナー『人間機械論――人間の人間的な利用』鎮目恭夫・池原止戈夫訳、みすず書房、1979年。

コンピュータが作りだす世界はまさにメッセージだけで成りたっています。0と1のふたつの数字だけで構成される二進数のメッセージ群が、文字はもちろん、音や映像をも扱って、電子的に世界が構成されます。モニター上に現実世界を再現する試みに、多くの人たちが時間や労力、アイデアを注ぎこんだ背景には、ウィーナーが20世紀前半の世界の変容に対してもった危機感が共有されていました。ウィーナーは、人びとの結びつき方が変わることや、マス・コミュニケーションの情報制御力が映画やラジオ、テレビの発達により増すことが、人びとが手にし、利用する情報そのものを貧困化することを憂えていました。

パソコンとネットという技術に関心を持った人たちは、そのなかに、自前のメディアを持つ可能性、マス・メディアの影響に甘んじることなく、人びとと自由にコミュニケーションできる可能性を感じとりました。主にテキストを使って他者とつながる「サイバー空間」には、街中のコーヒーハウスや集会場のような交流の場がつくられて、データのやりとりだけでなく、伝言を伝え合う「掲示板」やリアルタイムに文字を使っておしゃべりする「チャット」などでの交流がはじまりました。ここで大事なのは、こうした新しいコミュニケーションの手段や交流の場が「バザール」のように、誰かのアイデアからはじまり、多くの人びとの共同作業でつくられたという点です。

日本におけるネット社会

電話でのネット接続が盛んになった1980年代末頃は、まだパソコンそのものが物珍しかった時代でした。パソコン通信をおこなっていた人びとは、ほんの一握りの少数派だったので、見ず知らずの相手とも共通の関心や知識をもとに連帯感を持てました。こうした人びとの集まりをラインゴールドは「ヴァーチャル・コミュニティ」と呼び、現実の場とは違うもうひとつの集団の可能性を見出します。そうした少数の親密な「コミュニティ」はまず1980年代のアメリカで形成され、コンピュータ通信の発展とともに拡大しました。

生物と無生物

コンピュータのなかに生命を作りだして、ある条件を与えて進化させるという試みには、サイバネティックスの影響がある。

スティーブン・レビー『人工生命――デジタル生物の創造者たち』服部桂訳、朝日新聞社、1996年。

また、生物の脳をコンピュータと考え、心をそのソフトウェアと考えて、脳とコンピュータの類似性を追究した人もいる。

ジョン・C. リリー『意識の中心――内的空間の自叙伝』菅靖彦訳、平河出版社、1991年。

このような発想は、すでにふれたように、最近の脳科学や生物学のなかでも証明されつつある。

福岡伸一『生物と無生物のあいだ』講談社現代新書、2007年。

「Alto」

現在のパソコンの原型になった機種で、ゼロックス社のパロアルト研究所にいたアラン・ケイが開発した。本体のほかに、モニターとキーボードとマウスの組み合わせは、子どもでも使えることを考えて発想されたものである。彼はこの道具を、子どもたちが創造力を身につけるためのものとして開発した。

Macintosh と Windows には、ここから生まれたさまざまなアイデアが、無償で利用された。

Alto

スティーブン・レビー『ハッカーズ』古橋芳恵・松田信子訳、工学社、1987 年。

クリフォード・ストール『インターネットはからっぽの洞窟』倉骨彰訳、草思社、1997 年。

野村一夫『インフォアーツ論――ネットワーク的知性とはなにか？』洋泉社、2003 年。

梅田望夫『ウェブ進化論――本当の大変化はこれから始まる』ちくま新書、2006 年。

ジェームズ・スロウィッキー『「みんなの意見」は案外正しい』小高尚子訳、角川書店、2006 年。

日本でも同様の状況があまり時差なく発生して、メールや「バザール」的な「コミュニティ」の場を提供する商用サービスが、全国規模でいくつも誕生していきます。こうしてできたネット上の「コミュニティ」には、コンピュータの専門家やマニアを中心に自己表現や政治的な主張、そして人間関係をまじめにとらえる人たちが集いました。彼（彼女）らは「ネチズン」(netizen) と呼ばれ、その場には「ネチケット」(netiquette) と言われる不文律的なマナーが築かれます。しかし、個別に閉じて存在するネットワーク群が、1995 年以降「インターネット」で相互接続されだすと、コミュニティのあり方も、大規模化したり無数の小集団に細分・多様化したりと、様がわりしていきました。

ネット社会の発達が生んだ問題群

インターネットの「相互性」や「双方向性」は、誰もが情報の送り手になれるメディア状況を生みました。これは、特定少数の送り手から圧倒的大多数の受け手への一方向的なコミュニケーションが基本だった従来の状況を改善する「もうひとつ」のメディアとして大いに期待されました。しかしほどなく人びとは、情報発信の「難しさ」に直面しました。ネットの発信は、現実社会のように流れて消えず、発信の削除はうしろめたさの表明と見なされがちです。そのため、実名でもニックネームでも、発言責任を負って情報を発信しつづけることは、一般にけっこうな重荷になるのです。1998 年に「2ちゃんねる」が日本で流行した背景には、まじめな話題を肩肘張らず気軽に議論できる匿名コミュニケーションの利点が強く影響したと言われます。

その後、日常化したネットで多種多様なコミュニケーションがおこなわれだすと、ネットは「バザール」的な対話より、私的なおしゃべりをする場と見なされるようになります。匿名でのコミュニケーションは、内部告発から誹謗中傷まで、愛憎入り乱れるさまざまな情報発信にも使われだします。こうした「双方向性」の変容は、近年多発する、ソーシャル・メディアなどでのオープンかつ無責任な放言やフェイクニュースといったトラブルの背景にもなりました。

ネットの一般化が進むと、プラットフォーム・サービスの寡占化も問題になりました。代表的な事業者群に、Google、Apple、Facebook、Amazon からなる「GAFA」や中国の「BAT」（百度：Baidu、阿里巴巴：Alibaba、騰訊：Tencent）があります。ネット社会の利便性の多くは、こうした巨大プラットフォーマーが国境を越えて提供する多彩なサービス基盤に支えられています。ただ、その裏側で、検索や購買といった私たちの日常的な諸情報を優越的地位にある巨大プラットフォーマーが集中・寡占的に保有することが、企業間の競争阻害や私たちのプライバシー・リスクにもつながっている、諸刃の剣の側面には十分な注意が必要です。

佐々木裕一『ソーシャルメディア四半世紀——情報資本主義に飲み込まれる時間とコンテンツ』日本経済新聞出版社、2018年。

スコット・ギャロウェイ『the four GAFA——四騎士が創り変えた世界』渡会圭子訳、東洋経済新報社、2018年。

ネットの中の「私」

ネット社会での「名乗り」は、各自の「アイデンティティ」につながる大きな問題です。ソーシャル・メディアなどで、私たちはしばしば、本名とは異なるニックネーム（昔はハンドルネームとも）を使って他者とつながります。ニックネームは、実名に対置して「匿名」ととらえられますが、これは誰でもない（アノニマスな）という意味の匿名ではありません。Twitter などでの趣味アカ・リアルアカの使いわけが典型的ですが、ニックネームは、実社会を生きる「私」からネット上の「私」を区分し、それらの自己を象徴するカギになるのです。

このような自己提示は、現実社会では、E. ゴフマンが指摘する公私などの使いわけ（役割演技）や、W. ベンヤミンが指摘する、パフォーマンスの舞台としての盛り場や繁華街といった場にも見出せます。ですが、ネット上での自己提示や「相互行為」には、生身の顔やからだがともないません。そのためか、ネットで使うニックネームは、ときに実名以上に

ニックネームと「私」の関係

2000 年頃までのネット空間は基本的に現実とは異なるもうひとつの空間と認識され、ネットに現実の「私」を配置する必要はあまりなかった。ひとつのサービスで複数のアカウント ID を得ることも簡単だったので、多くの利用者は、ID に結びつける名前に、愛称やキャラ名のようなニックネームを使っていた。LINE や Facebook のように個人の ID を一個に限定するサービスが増えた現在は、戸籍名など、現実の自分に強く結びつく名前で ID に現実の「私」を結びつける必要性が増したが、Twitter のように複数 ID を使えるサービスでは、現実の私を投影する「リアルアカ」に結びつけたくない活動用に、複数のアカウントを使いわける運用が今も盛んである。

「場と集まり」←

瀬沼文彰『なぜ若い世代は「キャラ」化するのか』春日出版、2009 年。

山下清美ほか『ウェブログの心理学』NTT 出版、2005 年。

パトリシア・ウォレス『新版 インターネットの心理学』川浦康至・和田正人・堀正訳、NTT 出版、2018 年。

強く「私」をあらわす「アイデンティティ」になりえます。それは、ネットで使うニックネームが、他人からつけられるあだ名や「キャラ」と違い、自分自身が選んだ名乗りであることとも無縁ではないでしょう。

パトリシア・ウォレスは、1999 年の『インターネットの心理学』でインターネットにおける自由度の大きさが、コミュニケーションにおける衝突や混乱、迷惑等々の原因にもなっていると指摘しました。どんな社会や集団も、それなりの自由と引きかえになる、秩序やルールに支えられています。国境を越えてつながるインターネットの最大の魅力は、さまざまな可能性をもたらす自由度の大きさにありますが、そこにも何らかの秩序やルールは必要です。

ウォレスは、人生の途中でインターネットに出会った「デジタル移民」たちがネット上のさまざまな「集まり」で生みだす秩序やルールを「インターネットのリヴァイアサン」と呼んで注目しました。前書から 17 年後、2016 年に出された『新版 インターネットの心理学』（訳書は 2018 年）は、「デジタル世代」がすでに成人に達した時点を分析し、インターネットの進化とその利用の仕方や利用者数、そして影響力の違いを詳細に描きだします。ネットと実社会が一体化した感覚を持つこの世代が、この後どんな世界を作りだしていくのかは、見逃せないテーマです。

エクササイズ

＊パソコンやインターネットの発達にかかわった人たちが持ちこんだ理想やアイデアのひとつに注目して調べてみましょう。

＊ネットにおけるコミュニケーションの特徴について、経験的、そして自覚的に考えてみましょう。

25. スマホとネット

スマホとネットの現状と歴史

仕事でのデータ通信や情報検索からプライベートなおしゃべりまで、電話やネットの役割がとても大きくなっています。そのため、スマホやネットが使えなければ一日も暮らせないと思う人も少なくないようです。インターネットは、パソコンから使うものとして1990年代の半ばに登場しましたが、2000年代にはケータイ（ガラケー／フィーチャーフォン）、現在ではスマートフォンから使うものに変わりつつあります。歴史的には、インターネットやケータイ、スマートフォンは、過去に例を見ないほどの短期間に発達・普及しています。

25年弱という期間の長短は視点によって判断が変わりますが、この間に、ホームページや掲示板、あるいはブログが生まれ、SNSと総称される独特の「文化」が育ち、その一部は消えてしまいました。また、Amazonに代表されるネット・ビジネスも急成長し、今では既存のビジネスを凌駕して、その存続を脅かすほどになっています。この急速な発展と変容には、技術の発展と同時に、それらを必要とした、私たちの欲望や、コミュニケーションと人間関係のあり方の変化が強くかかわっていたように思います。

スマホとガラケー
スマートフォンの「スマート」は「賢い」の意味。実際には、ガラケーやフィーチャーフォンも十分「賢い」多機能電話だったが、操作ボタンを嫌ったジョブズがiPhoneでスマートフォンの概念をタッチ型に再定義した結果、それらはスマートじゃない（＝イケてない）方に区分され、日本市場に最適化され海外で戦えなかった「ケータイ」は国内で「ガラパゴス」と呼ばれてしまった。

→「親密性の絆」

スマートフォンの出発点

ケータイもネットも、サービス自体は1980年代以前から存在しましたが、携帯電話（この頃は移動体通信）やネットは、当初、営業マンや一部の趣味人が使うニッチな存在にすぎませんでした。それらが日常生活を支える情報基盤に変容するきっかけになるのが1995年です。この年から携帯電話のデジタルサービスが本格化したほか、商用インターネット接続サービスの本格的な展開やPHSのサービスがはじまって、今日のデジタル・コンテンツやネット文化の出発点になりま

世界初の自動車電話（1946年）

岡田朋之・松田美佐編『ケータイ学入門——メディア・コミュニケーションから読み解く現代社会』有斐閣、2002年。

PHS（Personal Handy-phone System）
電話の子機の仕組みを応用し、小規模な通信エリアを多数使ったマイクロセル方式で運用される携帯電話の一種。日本では1995年から070ではじまる番号で運用された。
安めの利用料金で人気を博したが、ケータイの普及におされて2000年代に衰退し、現在は、病院など特別な環境で使われるものになっている。

した。

ケータイやPHSは、その前のポケットベル（ポケベル）と並んで、1990年代から2000年代の若者文化を象徴するメディアです。ただ、若者のケータイやPHSの利用が増加しはじめたのは1997年前後からのことです。これには、携帯電話のデジタル移行やPHSの登場で、ケータイの利用コストが安くなったことが強く影響しています。また、1997年前後のPHSやケータイに、デジタル化の余禄的にショートメッセージ型のキャリア内メールサービスが相次いで導入されたことは、ポケベルからの乗り換えに少なくない影響を与えたと言われます。

新しい技術によるコミュニケーション手段が、個人にも手が届く範囲の価格体系で提供され、利用者はそれらをなるべく安く手軽に使えるよう創意工夫する。そうして編みだされた便利な利用方法が新たな利用者を呼びこみ、利用コストの低減やさらなる技術発展を導く。ポケベルからケータイやPHSへの乗り換えはこの相互作用の典型例でしたが、これはまた、今日のモバイルやネットの文化を形成した基本原理とも言えるものです。

イノベーターの役割

ジェフリー・ムーア『キャズム——ハイテクをブレイクさせる「超」マーケティング理論』川又政治訳、翔泳社、2002年。

E. M. ロジャーズ『イノベーション普及学』青池慎一・宇野善康監訳、産能大学出版部、1990年。

こうした相互作用の構造は、ジェフリー・ムーアが提唱する「キャズム」理論で読み解けます。ここではまずムーアが援用するエベレット・M. ロジャーズの「イノベーター理論」から整理しましょう。

ロジャーズの「イノベーター理論」は、新しい技術や製品が一般に普及する過程を「イノベーター」（革新的採用者）、「アーリー・アドプター」（初期少数採用者）、「アーリー・マジョリティ」（初期多数採用者）、「レイト・マジョリティ」（後期多数採用者）、そして「ラガード」（採用遅滞者）の五つに分け、普及の度合いが急速に上昇する分岐点を、「イノベーター」と「アーリー・アドプター」を足して普及率が16％に達する地点だと分析したものです。しかし、ムーアはその論に異を唱えて、普及するかどうかの一番の鍵を、「イノベーター」や「アーリー・アドプター」といったオピニオン・リーダー的存在に受けいれられた後、「アーリー・マジョリティ」に受けいれられるまでの「大きな溝」（キャズム、Chasm）を乗りこえられるかどうかにあると主張しました。

「ネット社会」の章でみた、パソコンの普及・発展に照らせば、それで何ができるかわからない時期に夢中になって使い方を考え、技術的な改善を試みた人たち（イノベーター）のなかから、「アップルII」（1977）といったソフト次第でゲーム機にも仕事の道具にもなる機種が生まれて、それを買い求める人（アーリー・アドプター）が増えた時期と、IBM が「PC」（1981）を発売して、仕事に必要な道具になっていく時期のあいだを考えたらいいでしょう。それはまた、既成の社会を批判し、対抗する手段というパーソナル・コンピュータに求められていた性格が希薄になっていった時期であることも示します。

セオドア・ローザック『コンピュータの神話学』成定薫・荒井克弘訳、朝日新聞社、1989 年。

文字コミュニケーションの「発見」

日本のケータイに関する 1990 年代後半の状況もまた、この「キャズムごえ」の過程だと言えます。そして、ケータイの普及の「イノベーター」は、自動車電話や初期の高額の携帯電話を購入した比較的富裕な大人たちではなく、当時の女子高生たちでした。当時の営業マン必携アイテムにベルを鳴らして連絡してほしい電話番号を表示させるポケベルがありました。一部の女子高生たちは、このポケベルを語呂合わせの数字を送りあうメッセージ・ツールに転用して使いだしたのです。この発展的利用は大いに流行って、今日的なメール・メッセージ文化の源流になります。

ポケベルの発展的利用には、ダイヤル式からプッシュ式、コインからプリペイド・カードといった、電話にまつわる技術革新や、NTT が「カエルコール」や「フルサトコール」

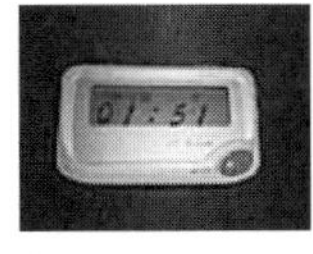

ポケベル語呂合わせ
0840：おはよう
724106：なにしてる
49：しきゅう
889：はやく
0906：おくれる
14106：あいしてる
3470：さよなら
05410：おこして
0-9-：オーケー
4649：よろしく
19：いく
1010：トイレ
026：おふろ
0103：おとうさん
0213：おにいさん
0296：おふくろ
361：さむい
59603：ごくろうさん

といったコマーシャルでうながした意識変化も影響しています。電話やポケベル、ファクシミリなどがおしゃべり的なメッセージ交換を身近にしたことが、人間関係とコミュニケーションの新しい形を作りだして、携帯電話に「キャズム」をこえさせ、「ケータイ」という必携品を生みだしたのです。

話すことから書くことへ

吉見俊哉・若林幹夫・水越伸『メディアとしての電話』弘文堂、1992年。

声だけでコミュニケーションする電話には、対面状況と異なる、特殊なことばのやりとりが存在します。「もしもし」からはじまる挨拶や「えーえー」といった頻繁な相づちなど、相手に姿を見せられない不便をたがいの耳元で補う、電話特有のコミュニケーションです。「電話でなら言える」というCMがあったように、電話を通すと、面と向かっては話せないことも話せたりします。相手がそこにいないもどかしさや頼りなさと、それとは対照的に、耳元に口を近づけて話すような距離の近さは、電話でのコミュニケーションを独自の魅力を持つメディアにして、その必要性を実感させたのです。

渡辺潤『メディアのミクロ社会学』筑摩書房、1989年。

持ちはこべる電話であるケータイにはさらに、近くにいる家族の耳を気にする必要もない、完全にパーソナルなコミュニケーションの道具という特性が加わります。ただ、電話はいきなり、自分がどこで誰と何をしているのかには関係なくかかってくるものです。そのため、ケータイの普及期には、公共空間での通話マナーがずいぶん議論を呼びました。ケータイのメール機能は、通話料の節約と通話マナーの両方に対処できる点でも注目され、1990年代末以降は、話すことより書くことの方がケータイの主な使い方になりました。

「メディア」←

スマートフォンの時代になった現在も、私たちは、さまざまな「書く」コミュニケーションを行っていますが、そこには「文字を使ったやりとり」とひとくくりにできない、さまざまな違いが見出せます。スマートフォンのメッセージアプリなどでおこなう、家族への帰宅連絡や友だちとのおしゃべりといったやりとりでは、「話す」ようにことばを連ねる、ダイアローグ型のコミュニケーションが主流になります。かつてのケータイ・メールも含め、この種のやりとりは、手紙の延長上に位置づけられる、パソコンなどでの電子メールにおける「書く」とはあきらかに異なる行為です。

そこに見出せるのは、文字を使ったおしゃべりという、独特なコミュニケーション形態です。スタンプや絵文字といった「ことばにできない」表現手段が求められるのも、「書きことば」に属さないコミュニケーションがおこなわれていることの証でしょう。また、ケータイ小説やデコメールのように、本体の画面サイズなどのハードウェア的制約が表現に影響を与える場合がある点にも、注意が必要です。

「画面」と表現
情報を見る環境（画面サイズなど）が私たちに与える暗黙的な影響を考えるには、光岡寿郎・大久保遼編『スクリーン・スタディーズ――デジタル時代の映像／メディア経験』（東京大学出版会、2019年）が有用。

モバイル的とネット的

多くの調査が、スマートフォンやケータイは、いつでもすぐ会える相手との関係を維持・強化する目的で使われるという結果を報告しています。しかし、「ネット社会」の章で確認したように、ネットでは、見ず知らずの人たちとつながって親しい関係を築くこともできます。実際、SNSなどでは、数多くの面識のない他人とのつながりが観察できます。

→「ネット社会」

こうした見知らぬ人と親しいつながりを持つ楽しみは、1986年にはじまった「伝言ダイヤルサービス」の中に若者たちが見つけたものでもありました。誰とも知らない相手と、「匿名」のやりとりを楽しむという、既存の感覚とは異なる特殊なコミュニケーションが、若者たちを中心に定着していったのです。この伝言ダイヤルサービスに見出された匿名の関係性は、その後、ポケベルや電話の番号やメール・アドレスだけで認識する相手と親しくつきあう「ベル友」や「メル友」と名づけられた関係に展開し、ケータイやネットの世界を特徴づけました。富田英典は、この関係性を「親密な他者」（インティメイト・ストレンジャー）と呼びます。そしてこうした、お互いを見知らない間柄の人たちが親しく集う場には、日本的な特徴があると言われます。

富田英典編『ポスト・モバイル社会――セカンドオフラインの時代へ』世界思想社、2016年。

富田英典『インティメイト・ストレンジャー――「匿名性」と「親密性」をめぐる文化社会学的研究』関西大学出版部、2009年。

日本では、1995年より前の特に「インターネット」以前を見る際、パソコン通信と各種の電話サービスのあいだにしばしば、文化の高低という二項対立が影響してきます。ここにはさらに、「日本人の人間関係」の章で指摘した、日本文化特有の人間関係の枠組みを考慮する必要も生じます。つまり、「身内」や「世間」を、「公共性」や「コミュニティ」、そして「社会」や「社会関係資本」という概念に対照させて考えるということです。なお、現在あるTwitterやInstagramなどでのつながりはネット上の関係ですが、その多くは、ボトムアップ型の伝言ダイヤル的つながりの延長と見なせるものです。

「日本人の人間関係」←「コミュニティ」

ポスト・モバイルの時代へ

世界的には、2010年までのネットを牽引したのはパソコンでしたが、日本のインターネットでは、iモードに代表される「ケータイ・インターネット」を別途意識する必要があります。今でこそガラケーと揶揄される存在になってしまいましたが、2000年代の日本がはぐくんだケータイ文化は一説にはiPhone開発の参考にされたとも言われ、モバイルでのネット利用を広く一般に体験させた点で画期的なものでした。また着メロに代表されるコンテンツ販売がもたらした手軽で安全な少額決済の仕組みも、日本のオンライン決済史に輝く画期的なものでした。

橋元良明『メディアと日本人――変わりゆく日常』岩波新書、2011年。

一人暮らし世帯を中心に、ケータイ利用が激増して固定電話所有が激減したことで、ケータイはこの時期に、個人コミュニケーションの中心メディアという地位を固めます。これは、「ネット社会」の章でみた「バザール」的な対話からおしゃべりへの変化と相まって、日本人に、個人がおこなう情報の受発信を、プライベートなものが主だと感じさせる結果も生みました。

「ネット社会」←

鈴木謙介『ウェブ社会のゆくえ――〈多孔化〉した現実のなかで』NHKブックス、2013年。

そして2010年代からの「パソコンとモバイル」は、世界的にもモバイル優位な関係性に変わりつつあります。モバイル通信の大容量・高速化の恩恵もあって、2010年代のスマートフォンはパソコンと同等かそれ以上のネット利用環境になっています。「モバイル・ファースト」が叫ばれ、パソコンのウェブブラウザ環境よりスマホアプリが、ネットショッピングや各種サービス利用の主軸になりつつある状況を見ると、モバイルとスマートフォンを軸に、2020年代のネットが動いていくことは間違いなさそうです。ただこれは、私たち自身に、よりしっかりした情報リテラシーが求められていることを示してもいます。

たとえば、現在すでに、見たものや思ったことを、スマートフォンから即座に投稿できる現状が、さまざまなコミュニケーションリスクにつながる実態があります。モバイル環境の性能が上がれば、投稿写真の高画質化が意図しない情報流出を招いたような、新たなリスクの発生も考えられます。また、GAFAにかぎらず、ネット事業者側の大半は各種のユーザー行動をチェックしてマーケティングなどに活かしたいと考えているようですから、消費者と企業がWin-Winの関係を築ける、透明性の保たれたサービスが構築されるようチェックすることも求められます。スマートフォンが日常的なネット利用の起点になり、プライベートなコミュニケーションとメディア的な情報摂取が同じ画面上でおこなわれる現在、情報の属性や信頼性、場の公共性などを強く意識する必要があるのです。こうしたことを考えるのも、またひとつの「リヴァイアサン」と言えそうです。

→「ネット社会」

エクササイズ

* あなたにとってスマートフォンやケータイ、ネットとはどんな存在ですか。

* SNSに日記的な雑文を投稿するとき、どのようなアカウントを用意するか、「公共性」を念頭に置いて考えてください。

26. 音楽と場

聴衆の誕生

私たちは今、多様な音楽を自由に聴くことができますが、その聴き方や聴く場所もまた、きわめて多様です。しかしこんな状況は、つい最近可能になったばかりのことで、そのことはすでに、さまざまなテーマに関連して指摘をしてきました。ここでは、それらを振りかえることからはじめましょう。

ウィリアム・ウェーバー『音楽と中産階級――演奏会の社会史』（新装版）城戸朋子訳、法政大学出版局、2015年。

私たちが耳にするクラシック音楽の作品の多くは、音楽史の「近代」と呼ばれる18世紀末から20世紀初頭のあいだにつくられました。その点については、コンサート・ホールでの〈舞台と客席〉、あるいは〈演奏家と聴衆〉の関係について、「覗き」というスタイルや、「タテとヨコのコミュニケーション」という特徴をあげて説明をしました。演奏家は聴衆に向けてではなく、舞台上の演奏家同士のコミュニケーションとして音楽を奏で、聴衆は自分の存在を目立たせないようにして、その音楽に集中する。それは、現在でも当たりまえのクラシック音楽の聴き方になっています。

渡辺裕『聴衆の誕生――ポスト・モダン時代の音楽文化』（新装版）春秋社、2004年。

「対面、傍観、覗き」←

吉成順『〈クラシック〉と〈ポピュラー〉――公開演奏会と近代音楽文化の成立』アルテスパブリッシング、2014年。

しかし、それ以前の18世紀までは、音楽は別の聴き方で楽しまれていました。この時代までの音楽は、一面では貴族階級が集まる社交の場で聴かれていて、演奏中におしゃべりをするのは当たりまえのことでした。パーティーですから、飲酒や喫煙も認められていましたし、トランプに興じて音楽などには無関心といった人もいたのです。もちろん、音楽自体がもう少し重要な機会もありました。たとえば舞踏会や教会での賛美歌などですが、それらも、音楽自体が主役の座にあるというわけではなかったのです。

こうした音楽の位置が一変したのは、19世紀に入ってからのことです。その要因は、第一に、近代化が進んで、政治的にも経済的にも力をもった「ブルジョワジー」（bourgeoisie）と呼ばれた新興の中産階級が出現したことにあります。

産業革命と市民革命で富と権力を獲得したブルジョワジーが次に求めたのは文化的な資産で、その目標になったのは、中世からつづく貴族階級が手にしていた「文化資本」でした。この新しい階級の人たちは、貴族と違って自らの力で富や権力を手にした層ですから、文化的なものについても、遊ぶとか楽しむといった発想ではなく、自分をより高めるための教養や鍛錬として受けとめました。そのことが、音楽に対してより真剣に対応するといった姿勢を作りだすのですが、同様の姿勢はやはり、貴族文化を源流にして生まれた近代スポーツにも共通しています。

音楽を集中して聴くためのコンサート・ホールが生まれ、優れた作曲家や演奏家が出現すれば、コンサートに出かける人や、印刷された楽譜を購入する人の数は増大します。音楽が価値のある芸術として確立したということは、同時に、音楽がビジネスとしても評価されるようになったことを意味します。ベートーヴェンやバッハといった、今日のクラシック音楽の「巨匠」と呼ばれる作曲家たちが天才として偶像化されましたが、それはクラシック音楽をより高級な芸術にしただけでなく、商品価値を高めるための商業的な戦略でもあったわけです。

→「Part 3 補論」

芸術と娯楽

音楽がビジネスとして成立し、人びとがそれを商品として消費するようになったのは、もちろん、クラシックにかぎりません。大都市の街路には、さまざまな露天商が並んで商いをしましたが、そこでさまざまなパフォーマンスをする人たちもまた、多様に存在していました。たとえば、ロンドンの街で、「ブロードサイド」と呼ばれる新聞の中身を歌うように読む売り子についてはすでに紹介しました。それは中世のヨーロッパを旅してまわり、あちこちで「バラッド」と呼ばれる自作の詩や歌を歌って聞かせた吟遊詩人の都市化された姿だと言えます。街路は、現在の「ストリート・パフォーマ

茂木健『バラッドの世界——ブリティッシュ・トラッドの系譜』(新装増補版) 春秋社、2005年。

ンス」につながる、音楽や演芸が上演される場として、長い歴史を持っていますし、そのことはアメリカでも、そして日本でも例外ではありません。

「場と集まり」←

今、ポピュラー音楽として多くの人に親しまれている音楽の源流は、アメリカに奴隷として連れてこられた黒人たちのなかから生まれた「ブルース」と、やはりヨーロッパからアメリカに移住をした人が生まれ故郷から持ちこんで発展させた「フォーク」や「カントリー」と呼ばれる音楽にあるとされています。こういった音楽も、もともとは仕事をしながら、酒を飲んで騒ぎながら、そして教会で口ずさむ歌として親しまれたもので、都市化の波のなかで、路上という舞台に行き着いたという歴史を持っています。

ウディ・ガスリー『ギターをとって弦をはれ』中村稔・吉田廸子訳、晶文社、1975年。

日本では明治時代の自由民権運動で、演説の代わりに「演歌」を歌う壮士と呼ばれる活動家たちが街頭にあらわれるようになりました。のちに政治色が薄れ、街頭でバイオリンを弾きながら歌う大道芸となり、歌われる場も街頭から酒場に移っていきました。見田宗介は明治から昭和にかけての日本の政治や社会の変容につれて、「演歌」自体が歌う内容を「怒り」から「うらみ」「やけ」、そして「あきらめ」へと変えていったことを分析しています。そんな「演歌」は「日本の心」と見なされていますが、それは戦後になってつくられた伝統にすぎないのです。

添田知道『演歌の明治大正史』岩波新書、1963年。

見田宗介『近代日本の心情の歴史――流行歌の社会心理史』講談社学術文庫、1978年。

輪島裕介『創られた「日本の心」神話――「演歌」をめぐる戦後大衆音楽史』光文社新書、2010年。

歌や音楽がメッセージ性を持つことは、もちろん、「ブルース」や「フォーク」にも共通した要素です。街路が公共の場であれば、そこで自らの政治的な主張や心情を歌うのはきわめて当然な行動ですが、人権を認められない黒人たちが「ブルース」にこめたのは、あからさまな意思表示ではなく後ろむきの反抗の態度でした。あるいは「フォーク」には、労働組合運動にくみして歌う一時期がありましたが、やはり政治の力で押しつぶされたという歴史があります。

大和田俊之『アメリカ音楽史――ミンストレル・ショウ、ブルースからヒップホップまで』講談社選書メチエ、2011年。

一方で、娯楽として聴かれたポピュラー音楽は、レコードとラジオによって、より多くの人に受けいれられていきました。聴かれる場は家庭のなかですから、当然、政治的なメッセージは希薄で、耳当たりの良い、誰にでも好まれるものが主流になりました。音楽性との比較でもクラシックには劣ると見なされましたから、当然、俗悪だと非難され、くだらないと軽蔑されることになりました。それを最も辛辣に主張したのはT. W. アドルノです。

彼は音楽を芸術として考え、ポピュラー音楽は芸術品ではなく文化産業の産物で、人びとはそれを車などの商品と同じように消費していると批判しました。商品としての音楽は暇つぶしの娯楽で、画一的な規格品として生産されます。他方で、人びとの音楽に対する姿勢は受動的であり、その聴き方は散漫なものでしかありません。たとえ積極的に集中して聴く人がいても、それは「文化産業」によって操られていることに気づかないだけだと決めつけました。

マックス・ホルクハイマー、テオドール・W. アドルノ『啓蒙の弁証法――哲学的断想』徳永恂訳、岩波文庫、2007年。

ポピュラーの再発見

アドルノの姿勢はきわめて明確ですが、レコードやラジオといったマス・メディアと、そこから一般的になった芸術の商品化は、彼が言うように、全面的に否定されるべきものなのでしょうか。同時代に生きて交流もあったW. ベンヤミンは、アドルノとは違って肯定的な面に目を向けて、芸術の商品化に「民主化」の可能性を見つけました。彼は、芸術作品には「今ここにしかない」という一回性や唯一性に由来する「アウラ」が存在すると考えました。その意味では、大量に複製された作品には「アウラ」は存在しないことになります。しかしベンヤミンは、それを批判的にとらえるのではなく、「複製」という新技術がもたらすであろう別の可能性に、新しい芸術のあり方を求めたのです。

ヴァルター・ベンヤミン『複製技術時代の芸術』佐々木基一編集解説、晶文社クラシックス、1999年。

もっとも、〈高級〉な芸術として権威づけられたクラシック音楽も、18世紀までの人たちには一般的ではありませんでした。そもそも音楽の演奏は、それが宮廷や貴族の屋敷であれ、酒場やカフェ、あるいは路上であれ、真剣に聴くとい

ローレンス・W. レヴィーン『ハイブラウ／ロウブラウ――アメリカにおける文化ヒエラルキーの出現』常山菜穂子訳、慶應義塾大学出版会、2005年。

うよりは、楽しむためのものだったのです。その意味では、音楽に芸術性を求め、それだけに価値を認めるという考えは、19 世紀に生まれて 20 世紀に定着したひとつの立場にすぎないものなのです。

ポピュラー音楽の状況は第二次世界大戦後に大きく変容しました。リードしたのはアメリカです。新しいレコードが開発され、その片面一曲しか録音できないドーナツ盤が、新しく生まれた「ロックンロール」という音楽を市場に送り出したのです。そのレコードを人びとの耳に届けたのは、テレビの普及によって三大ネットワークが手放したラジオ放送局でした。ラジオから流れる音楽に夢中になった少年、少女たちは、やがて自分たちの音楽をやりはじめます。

他方で、新しいレコードは、市井に埋もれていたストリート・ミュージシャンたちの歌や、20 世紀の前半に力をもった政治的主張を訴えた「フォーク」の存在を、人びとに教えました。それらもまた、自分の主張や心情を表現する新しい手段として、多くの若者に影響を与えました。

渡辺潤『アイデンティティの音楽――メディア・若者・ポピュラー文化』世界思想社、2000 年。

それが 1960 年代になると、大学紛争やヴェトナム戦争への反対、黒人の公民権獲得、そして政治や社会への批判から、自分の生き方や存在の仕方を模索する「対抗文化」と連動して、「運動」には欠かせない音楽として発展をしていきます。このような歌が歌われ、音楽が演奏されるのは、街頭や集会の場であり、街中のカフェやクラブでしたが、やがて、数千、数万の人を集める特設の野外ステージでの、大規模なコンサートに拡大していくことになりました。その頂点になったのが「ウッドストック・フェスティバル」です。

ウッドストック・フェスティバル（Woodstock Music and Art Festival）
1969 年 8 月 15 日から 17 日までの 3 日間、アメリカのニューヨーク州で開かれた、ロックを中心とした大規模な野外フェスティバル。約 40 万人の観客を集め、1960 年代のカウンターカルチャーを象徴する歴史的なイベントとして語り継がれている。

「ロック」は一方で、アドルノが批判する画一的で暇つぶしのガラクタ音楽を批判する姿勢を持ちました。若者たちが自分で作りだし、若者たちが熱狂的に支持する音楽という性格を強めましたが、それはまた、音楽産業にとっては願ってもない大きな市場となりました。ヒット曲は数百万枚の規模で売れましたし、コンサートが数万人の規模でおこなわれる

室矢憲治『'67〜'69 ロックとカウンターカルチャー 激動の 3 年間――サマー・オブ・ラブからウッドストックまで』河出書房新社、2017 年。

ことが当たりまえになったからです。しかもこの潮流は、アメリカだけでなくイギリスをはじめとしてヨーロッパに拡大し、また日本にもやってきたのです。商業的に成功したミュージシャンは巨万の富を手にすることになりました。そういう矛盾が次の世代から強く批判され、そこからまた新しい音楽が生まれましたが、多くのファンをつかむと、「ロック」と同じような過程を辿ることになり、「パンク」「レゲエ」「ラップ」「テクノ」といった音楽商品のジャンルをつくることになりました。

パフォーマンスと場

現在は、多様な音楽が消費され、多様な形で聴取されることが当たりまえの時代です。その多くは、もちろん、商品として生産されるものですから、お金を払って楽しむものが大半です。けれどもまた、現在の音楽状況のなかには、ストリートや小さな空間がパフォーマンスの場として重要な役割を果たす側面もあると言えるでしょう。そして新しい音楽は、音楽産業の企画戦略としてではなく、どこかわからない街中から、突然湧いて出たりもするのです。

スージー・J. タネンバウムの『地下鉄のミュージシャン』は、ニューヨークの地下鉄に響く音楽に注目したものです。地下鉄は人びとを輸送することが目的の交通手段で、乗客たちも移動するために利用するものです。ですから音楽演奏はその主旨とは異なりますが、現在では駅や車内の安全性や客同士の関係を良くするうえで欠かせないものになっているようです。つまり、「儀礼的無関心」を決めこんだ乗客たちのあいだに音楽が流れることで、たまたま乗りあわせたり、立ちどまって隣同士になった人たちのあいだにコミュニケーションを作りだしたりするのです。それは、ミュージシャンと乗客たちはもちろん、その場に居合わせた人たちを巻きこんだ偶発的で流動的なコミュニケーションを作りだす場だと言えるでしょう。ニューヨークですから、そこには、さまざま

地下鉄のミュージシャン

ニューヨークでは、地下鉄の構内やプラットフォームでの音楽演奏が日常の光景となっている。ミュージシャンは年1回おこなわれるオーディションを受けて、合格者はライセンスを取得する。パフォーマンスをするときには、与えられたバナーを掲げて、公式なライセンス保持者であることを提示するのである。

地下鉄にはライセンスを持たない非公式のミュージシャンも存在する。彼らは警察からの取り締まりの対象となるが、憲法の「表現の自由」を主張して、パフォーマンスの権利を勝ち取ったミュージシャンもいた。

スージー・J. タネンバウム『地下鉄のミュージシャン――ニューヨークにおける音楽と政治』宮入恭平訳、朝日新聞出版、2009年。

な人種や民族、そして階層の人たちが混在して、ひとつの音楽に耳を傾けて共感しあう場が束の間できるのです。

ニューヨークの地下鉄で見られる人びとのコミュニケーションは、「焦点の定まった相互行為」と「焦点の定まらない相互行為」に当てはめて考えることができます。日本でも街頭でのパフォーマンスは日常的におこなわれていますが、偶発的で流動的なコミュニケーションはおこりにくいのが実情です。その理由には、公共の場でのパフォーマンスに対して寛容ではない日本の行政の姿勢と、街頭を表現の場として考える土壌が育っていないという理由があげられます。そもそも日本では、パフォーマンスを公に対する自己表現として考える発想が自覚されていないのかもしれません。そのことは、たとえばライブハウスが、仲間内の発表会のように使われる現状に見つけることができるでしょう。ふと立ち寄ったライブハウスで、新しい音楽やミュージシャンと出会う。そんな期待を持ちながら出かけることは少ないはずです。

さらに、パフォーマンスにおけるコミュニケーションは、必ずしもその場である必要がなくなっています。たとえば、わざわざライブハウスへ足を運ばなくても、インターネットを経由したライブ配信でパフォーマンスを満喫できるというわけです。そうなると、ますます偶発的で流動的なコミュニケーションは、希薄なものになってしまうでしょう。

日本の野外コンサート

日本でも、フジロックをはじめとする野外フェスティバルがすっかり定着した。もっとも、こうした野外での音楽イベントは最近になってはじまったものではない。「ウッドストック・フェスティバル」と同じ年の、1969年から岐阜県の中津川市でおこなわれたフォークジャンボリーが、日本の野外フェスティバルの元祖と呼ばれている。

ちなみに、日本においても駅前の広場が音楽の場になったことがある。東京の新宿駅西口地下広場がヴェトナム戦争や日米安保条約に反対する「フォーク」を歌う場になったのも、1969年だった。しかし、「広場」は「通路」と改名されて、歌はもちろん、立ち止まることも禁止された。

宮入恭平『ライブハウス文化論』青弓社、2008年。『ライブカルチャーの教科書――音楽から読み解く現代社会』青弓社、2019年。

エクササイズ

＊クラシック音楽のコンサートとロック音楽のコンサートでの、ミュージシャンとオーディエンスの関係は、どのように異なるのでしょう。

＊ニューヨークとは違って、日本の地下鉄ではなぜ、音楽パフォーマンスがおこなわれないのでしょうか。

27. 消費とコミュニケーション

消費社会の出現

私たちがいるのは、欲しいもの、必要なものが、ほとんど商品という形で存在する社会です。そのなかには、生活するうえで毎日のように消費しつづけなければならないものもあれば、一度買えば長期間使えるものもあります。安価で使い捨てるものもあれば、大事にして使い方に気をつけるものもあるでしょう。あるいは、自分でつくる手間を省いてくれるものもあれば、手作りの楽しさをわざわざ提供してくれるものもあるのです。何でも商品化されて、何を買うにしても多様な選択肢がある。それが現代の特徴だと言えるでしょう。この章では、そんな私たちがする消費行動について、場やメディアの視点から見つめることにします。

着るものや食べるもの、そして住むところを自分でつくるのではなく、お金をだして購入する仕組みが本格化したのは、18世紀から19世紀にかけてのヨーロッパの大都市においてでした。それは「場と集まり」の章でふれたパリのパサージュやデパートの出現に特徴的ですが、新奇なもの、便利なもの、美しいもの、しゃれたものなどを展示して、人びとの興味を引きつけ、欲望をかきたてたのは、18世紀の末からフランスで開かれた「内国産業展示会」であり、19世紀の中頃に大規模化してパリやロンドンで催された「万国博覧会」でした。

→「場と集まり」

とはいえ、このような流れに乗ることができたのは、上流階級と、近代化のなかで台頭した中産階級にかぎられました。商品としての衣服を縫うお針子たちは、その服に袖を通すことはなく、自分はいつでも着古した服を着ていましたし、パンや肉や乳製品といった食生活が労働者階級に広まるのは20世紀に入ってからだと言われています。労働者階級の人たちの主食はコロンブスがアメリカ大陸から持ち帰ったジャ

南直人『ヨーロッパの舌はどう変わったか——十九世紀食卓革命』講談社、1998年。

ガイモでした。その食生活の違いは当然、体格の違いを生みだしていて、19 世紀の 100 年間で上流層の 15 歳時点での身長が 15cm も伸びて、労働者階級の同年代とは 20cm の身長差があったという記録ものこされています。もっとも、このような変化は、日本における第二次世界大戦後の体格の変化が、欧米流の食生活に原因があることを見れば、それほど驚くことではないでしょう。

日本人の平均身長の推移

	1950	2018	伸び率
男30歳代	160.3cm	172.1cm	7.4%
女30歳代	148.9cm	158.3cm	6.3%

（厚生労働省「国民栄養・健康調査」）

時と場合に応じて着る服をかえること、年齢や性別によって異なる服を着ることも、19 世紀の時代に中産階級の人たちまでに普及した生活習慣でした。北山晴一は、そこには、(1) 上流階級への憧れと、自分にも実現させる権利があると考える平等思想の定着、(2) ウィンドウ・ショッピング、そして(3) モード雑誌や新聞広告の登場と隆盛をあげています。

北山晴一『おしゃれの社会史』朝日新聞社、1991 年。

ウィンドウ・ショッピングはただ眺めてまわるだけで、必ずしも購入する行動ではありません。それは雑誌や新聞の広告を見ることでも同様ですが、このような、いわば「間接消費」が「直接消費」への欲望を、より下層の人たちのなかに植えつけていったことはたしかでしょう。そのような欲望を実現させたのは、自動織機やミシンの発明が可能にした大量生産のシステムであり、そこで生産された安価な品物を購入できるようになった庶民層の収入の増加です。その大衆消費時代はヨーロッパではなく、20 世紀初めのアメリカにまず訪れます。

F. L. アレン『オンリー・イエスタデイ——1920 年代・アメリカ』藤久ミネ訳、筑摩書房、1986 年。

フレデリック・L. アレンの『オンリー・イエスタデイ』は 1920 年代に到来したアメリカの繁栄と人びとの暮らしにおける変容を描写したルポルタージュです。それは第一次世界大戦後から大恐慌までの、わずか 10 年足らずの繁栄でしたが、そこで実現しかかったのは、現在では当たりまえのアメリカ的な暮らしの原型でした。フォードが開発した分業の徹底化と流れ作業による大量生産システムを導入した T 型は、自動車の値段を画期的に下げて、大量の消費を実現させました。そこには、自動車が一部の特権階級だけが買える贅沢品ではなく、誰もが買える大衆消費の品物だという発想がありました。この考えは、洗濯機や掃除機、アイロン、そして冷蔵庫といった電化製品の発売と普及にも貫かれましたし、健康や清潔感といった意識の広まりが、住環境（バス、トイレ、照明器具）や食生活の改善を必要不可欠のものにしていきました。もちろん、新聞や雑誌のほかにラジオや電話も必需品になりましたし、安価になった既製服が大衆的な規模での流行を作りだしました。

交換と記号の消費

このような暮らしへの変容は大恐慌と第二次世界大戦によってその普及が中断しますが、戦後には一気に加速して、アメリカはもちろん、ヨーロッパ、そして日本にも広まります。この「アメリカ化」（americanization）と呼ばれた現象について、クロード・レヴィ=ストロースがクリスマスのプレゼントに注目した興味深い指摘をしています。

彼は、1951 年にフランスで実際にあった「サンタクロースの処刑」という出来事に、アメリカ文化に対する当時のフランス人の態度を見つけました。つまり、多くのフランス人が、聖なる宗教行事であったクリスマスが、サンタクロースのプレゼントとして、親が子どもに贈り物をし、家族や親しい者同士でパーティを開くというアメリカ生まれの世俗的な行事に乗っとられることに文化的な危機感をもったのです。

しかし、レヴィ=ストロースはまた、「交換」が、人間が古くからおこなってきた社会秩序を保つためのコミュニケーションであることにも気づいていました。彼は『親族の基本構造』のなかで、「交換」の基本になったのが、ことばや財以上に女だったと指摘しています。この「未開社会」における婚姻体系を集団間の「女の交換」とする分析は、のちに、「男による女のモノ化」としてフェミニズムから批判されました。しかしその是非はともかく、「女の交換」が、近親相

クロード・レヴィ=ストロース
Claude Lévi-Strauss
1908-2009
「構造主義」の祖と言われる。「未開」から文明社会への人類の進歩という考えに異を唱え、「未開」と呼ばれる社会にも一定の秩序や構造があることを主張した。その立場から、文明社会がもたらしたさまざまな問題を批判してきている。
クロード・レヴィ=ストロース／中沢新一『サンタクロースの秘密』中沢新一訳、せりか書房、1995 年。
『親族の基本構造』福井和美訳、青弓社、2000 年。

姦を禁じて女を他集団に嫁がせることと同時に、他集団とのつながりを保つ方法だったことは間違いないのです。

レヴィ=ストロースの「交換」概念のヒントになったのは、マルセル・モースの「贈与」論でした。「贈与」は本来一方的な行為ですが、同時に、「お返しをしなければならない」と相手に思わせずにはおきません。その意味で「贈与」は、見返りを期待した互酬的なやりとり、つまり「交換」という性格を持つことになるのです。内田樹は、この「贈与」のシステムが繰りかえしを特徴とすることと、そこに、欲しいものは他人から与えられるしかないという考えの刷りこみがあることを指摘して、レヴィ=ストロースから読みとるメッセージを「みんな仲良くしようね」だと言っています。

マルセル・モース『贈与論』吉田禎吾・江川純一訳、ちくま学芸文庫、2009年。

内田樹『寝ながら学べる構造主義』文春新書、2002年。

クリスマスに代表されるさまざまなプレゼントの交換が、こういった贈与の仕組みの現代版であることは明らかです。しかも日本には、お中元やお歳暮といった習慣もあって、毎年必ず繰りかえされる、消費をうながす大きな機会や行事になっています。ちなみにアメリカでは全消費量の3分の1が、クリスマス商戦の期間に集中すると言われています。

大衆消費社会の到来には、もうひとつ、不断の「流行」という現象が不可欠でした。M-A.デカンは「良識があり、賢明で、実際的で、論理的で、経済的で、自然で、道徳的だとする立場について、それら（流行）が妄想であるという言葉が繰りかえされて」きたと言います。実際「流行」は、モノを売るために誰かが作りだしたでっちあげにすぎず、流行を追い求めることには、それにだまされてまだまだ使用できるものをゴミにしてしまうという側面を持っています。

M-A.デカン『流行の社会心理学』杉山光信・杉山恵美子訳、岩波書店、1982年。

ジャン・ボードリヤール
Jean Baudrillard
1929-2007

ポストモダンを代表する思想家。アメリカという国を、イメージが現実をつくる「シミュラークル」な国として分析した。『消費社会の神話と構造』今村仁司・塚原史訳、紀伊國屋書店、1995年。

しかしそのような批判にもかかわらず、消費社会は高度化し、流行のサイクルは加速化しつづけてきました。すでに必要なものは十分に手にしたのに、以前にも増して消費に熱心な人たちが増大し、たえず消費することが当たりまえに感じられるようになる。そういった社会が先進国に出現したのは1970年代から80年代にかけてのことでした。ジャン・ボードリヤールはそういった社会の特徴として、モノの価値を使用価値よりも記号価値に置くことに注目しました。一番わかりやすいのは「ブランド」でしょう。

「ブランド」はまず、一流のメーカーがつくる高級なモノであることを意味します。ですから、それを身につけたり所有したりすれば、その高級さや一流であることが自分を表示する記号に転化すると感じられますし、「見せびらかしの消費」を刺激して、上から下に滴り落ちる「流行」（トリクルダウン）を作りだすのです。ファッションの発信地であるパリやミラノでは、春先にはすでにその年の秋冬商品が発表されますが、その早さは、世界中の多くのアパレル企業がそのコレクションを模倣して、大きな流行を作りだすための時間確保なのだとも言われてきました。ただし、高度な消費社会のなかでは、「流行」はそういった一方向に限定されたものだけにとどまりません。

→「ステレオタイプ」

第二次世界大戦後におこった流行には、社会の上層ではなく下層から生まれたモノが少なくありません。すでにふれたように、若者と呼ばれる世代が注目されはじめた1950年代には、ロンドンのストリートから生まれた「モッズ」や「テッズ」と呼ばれる集団と、その奇抜なファッションや行動が世界に向けて発信されて流行しましたし、同時代の映画では、不良少年や少女を主人公にした物語がつくられて、その社会に反抗する姿勢やファッションが同世代の若者たちを虜にしました。このような流れは、社会の下層や周縁から発信された「記号」が上層や中心に向かって滲みあがるものですが、そんな傾向は、1970年代以降になると、いっそう顕著になって、「トリクルダウン」に並ぶ、「ボトムアップ」というもう一本の大きな流れになりました。

→「場と集まり」

たとえば、70年代のイギリスの下層階級の若者たちのあいだで広まったパンク・ファッションは、ボロボロのTシャツやジーンズ、安全ピンや缶バッジで装飾されたジャケット、そしてナチスのシンボルである鉤十字を組みあわせて、自分たちのアイデンティティを表現しました。ヨーロッパの多くの人びとにとっては忌まわしい記憶でしかないものを、自分たちの存在を社会に知らしめるもの、そして「格好いい」記号に変換したのです。

レヴィ=ストロース『悲しき熱帯』(上・下) 川田順造訳、中央公論社、1977年。

ディック・ヘブディジ『サブカルチャー——スタイルの意味するもの』山口淑子訳、未来社、1986年。

こういった「記号」の読みかえや、異質なものを同居させて別の意味をもったひとつの記号に変容させる工夫は「ブリコラージュ」と呼ばれます。もともとはレヴィ=ストロースが、アマゾンに住む「未開」民族のなかに語り継がれてきた神話に見つけた特徴を説明する文化人類学的な概念でしたが、D. ヘブディジは、それをストリートから生まれるファッションにも共通するものとして指摘しました。

消費が抱えるジレンマ

日本ではバブル景気がはじけた1990年代初め以降、人びとの消費行動は大きく変化しました。経済の落ちこみと雇用の不安が「記号」への欲望を萎えさせ、100円ショップやディスカウント・ストアが売りあげを伸ばします。また、Amazonや楽天などの巨大ネットショップや、メルカリに代表される個人間取引プラットフォームの発達は、それまで消費の場の中心を担っていた百貨店を衰退させ、消費はより迅速で便利、そして安いことが求められるようになります。

「ネット社会」←

しかし、「安さ」が求められる背景にはさまざまな問題があります。そのひとつが、20世紀から21世紀の初めにかけて語られるようになった「格差社会」です。「一億総中流」という経済成長期以来の幻想が崩壊し、正規雇用の減少と非正規雇用の増加にともなう経済力の差があきらかになりました。一方で、若くして巨額の収入を得るIT関連の起業家やYouTuberの登場が、その差を実際以上に誇張してもいます。

山田昌弘『希望格差社会——「負け組」の絶望感が日本を引き裂く』ちくま文庫、2007年。

こうした格差が切実にあらわれる消費の場は、健康にかかわる分野です。「人生100年」と言われる現代、肥満や生活習慣病には食生活の改善や運動が推奨され、生きがいをもった有意義な時間を過ごす場や機会、そして介護施設の充実が必要だとされます。他方で健康保険や年金制度の破綻が指摘されていますから、経済的な格差は、何よりいかに健康や老後のために消費（投資）できるかという、消費の記号価値より使用価値の違いになってあらわれるのかもしれません。

「安さ」の追求はまた、開発途上国と呼ばれる国々の労働力の搾取につながり、グローバルな格差を生みだします。大量生産・大量消費、そして大量廃棄というサイクルが、温暖化や環境破壊を引きおこすことが明らかになって久しいですが、今や私たちの消費行動が、グローバルな問題に影響を及ぼすものとして認識されるようになったのです。2015年に国連総会で採択された「持続可能な開発目標（SDGs）」をうけ、これまでの生産・消費を見直すようなソーシャル・ビジネスも増えていますが、「エコ」や「オーガニック」「エシカル」といったアピールが、新しい消費市場の開拓にとって、記号的な意味を持つ側面も否定できません。

何より環境問題が抱える「リスク」は、実際には私たちの暮らしを100年前に戻さなければ解決できないとの指摘もあります。しかしそれでは世界の経済は破綻してしまいますし、先進国では当たりまえの暮らしを、これから実現しようとする人びとにあきらめさせることはもっとむずかしいでしょう。

「消費」という行動が21世紀においても重要性を持つとしたら、私たちは何を、どのように消費すべきなのでしょうか。

『ザ・トゥルー・コスト』
ファッション業界の裏側に迫ったアメリカのドキュメンタリー映画。服が低価格で販売される背景には、インドやバングラデシュなどの生産現場で労働者（その多くが女性）が過酷な環境で働き、現地の環境汚染も深刻化するなど、高い代償が支払わされている実態がある。
アンドリュー・モーガン監督
2015年、アメリカ、ユナイテッドピープル

Think the Earth Project『百年の愚行』紀伊國屋書店、2002年。

ジャック・アタリ『21世紀の歴史——未来の人類から見た世界』林昌宏訳、作品社、2008年。

エクササイズ

＊「トリクルダウン」と「ボトムアップ」という文化のふたつの流れについて、具体例をあげながら、その魅力と問題点を分析してみましょう。

＊自己実現と格差の問題を「消費」を軸にして考えてください。

28. ステレオタイプ

ステレオタイプと疑似環境

私たちが今生きている世界は、メディアなしには考えられないものになっています。それは、世界中からやってくる情報や近隣のニュースはもちろん、毎日の人間関係や家族とのコミュニケーションにまでおよんでいます。ですから、私たちは自分が直接経験することよりはるかに多くの情報をもとにして、自分が生きている世界のことを理解していると言えるでしょう。

もちろん、私たちはその膨大な情報をすべて受けとりながら、この世界を理解しているわけではありません。そこから、自分の関心や利害に関係する部分を取捨選択して、それを自分の生きる世界に当てはめているのです。しかし、そうして「現実」だと思っている世界は、本当に「現実」を反映しているのでしょうか。

ウォルター・リップマン
Walter Lippmann
1889-1974
20世紀前半を代表するアメリカのジャーナリスト。『世論』では、民主主義の基盤となる国民の世論が、マス・メディアの圧倒的な影響力の下にあることを指摘。
『世論』(上・下) 掛川トミ子訳、岩波文庫、1987年。

このような認識は、もちろん、最近になってもたらされたものではありません。たとえばウォルター・リップマンはその代表作である『世論』を、太平洋の孤島で20世紀の初めにあった話から書きはじめています。イギリス人、フランス人、ドイツ人たちが仲良く住んでいたその島では、2ヶ月に一度やってくる郵便船が運ぶ新聞だけが、島外のニュースを知る唯一の手段でした。ですから、島民たちが第一次世界大戦の勃発を知ったのは6週間も経ってからのことでした。当然、島民たちの関係は、そのニュースを知った途端に戦争状態になりました。

この例をあげながらリップマンは、人間には、直接得たたしかな知識や情報よりは、与えられた意味やイメージで作りあげた考えにもとづいて行動する特徴があることに注目します。それはいわば「疑似環境」(pseudo-environment) と呼ぶべきもので、本当の「環境」とは必ずしも一致しないことを特徴とします。しかし、いったん信じたものを疑似的なものだと相対化したり疑ったりする心の余地は、信じるほどになくなって、「疑似環境」こそが本当の「環境」だと信じて疑わなくなってしまうのです。

リップマンは、このような発想の基盤には複雑で多様なもの、矛盾したことなどを調整する鋳型のようなものがあると考えて、それを「ステレオタイプ」(stereotype) と呼びました。それは私たちの習慣や好みに根ざすものであり、常識から世界観にいたるまでを解釈する根拠となるものです。国の戦争によって隣人同士が直ちに敵同士になって対立したのは、そこに隣人としての同質性に勝る、国民としての異質性という枠組みが据えられたからにほかなりません。

このような「ステレオタイプ」は国家や人種、階級、そして宗教などさまざまな枠組みのなかに存在して、その枠組みを正当化しますが、多くの場合には、それは隠されていて、ほとんど自覚されることもないのです。ただし、そうであるだけに対立する側からは、「ステレオタイプ」はいっそう歪んだものとして認識されることになり、対立点をさらに強調させてしまうのです。

しかしリップマンは、それを排除することを主張したわけではありません。彼はむしろ、「ステレオタイプ」や、それにもとづいて、環境を「疑似環境」として理解することを、ものごとを見聞きし、理解し、行動する際に不可欠の基盤としてとらえました。そうであるだけに、一見客観的に偏りなく伝えられる情報のなかにも、「ステレオタイプ」が必ず含まれていることに自覚的になることを力説したのです。

このような「ステレオタイプ」化されたものの感じ方や考え方は、P. ブルデューが指摘した「文化資本」と「ハビトゥス」という考えに重なりますし、「イデオロギー」や「ヘゲモニー」といった概念にも共通します。あるいはメディアとの関係で言えばS. ホールが提示した「コード化」と「脱コード化」にもつながります。

→「Part 3 補論」
「群集、公衆、大衆」

「ステレオタイプ」は複雑な事柄をわかりやすくしてくれる眼鏡であり、おもしろくも興味深くもさせてくれるレシピです。それだけに、そこにはまた、単純化や歪曲、あるいは偏向といった危険性がいつでも潜むことになります。その弊害が端的にあらわれるのが偏見や差別といった問題においてでしょう。

偏見と差別

偏見やそれにもとづく差別意識には、否定的な「ステレオタイプ」がつきまといます。その好例は、人種や民族、あるいは階級や宗教の違いを巡ってあらわれるものでしょう。アメリカにおける黒人（アフリカ系アメリカ人）は、「奴隷解放宣言」（1862）がリンカーン大統領によって発令された後も、さまざまな偏見によって差別をされてきました。黒人初のアメリカ大統領になったバラク・オバマとリンカーンのあいだには150年近い時間が経過しています。アメリカの国民的スポーツである野球において、黒人のメジャーリーガーが誕生したのは1947年ですし、肌の色の違いに関係なくスポーツや音楽が楽しまれるようになったのは、たとえばバスケットボールにマジック・ジョンソンやマイケル・ジョーダン、そしてポップ・ミュージックにマイケル・ジャクソンが登場した1980年代以降にすぎないのです。もちろん、こういう変化によってアメリカにおける人種差別は是正されてきていますし、偏見による差別をなくそうとする意識も高まってきています。しかし、それでもなおこの種の偏見や差別は根深くて、根絶するのはむずかしいのが現状です。

「コミュニティ」←

リンカーン像の前の
オバマ大統領

現在、私たちのまわりで問題になる偏見や差別を列挙してみましょう。日本人にとって人種的な差別意識を持つ対象は、周辺のアジア諸国、とりわけ韓国や北朝鮮、中国、そして台湾の人たちに対してのものでした。これは日本がかつて占領していたことに原因があります。中国や朝鮮半島は日本文化の多くの源流になっていますし、歴史的にもそれなりの憧れと敬意をもってつきあってきた国々でした。今ある偏見や差別意識は一時的なものですから、是正する方向で努力すれば必ず減る方向に向くはずです。2002年にサッカーのワールド・カップが日韓で共同開催され、韓流ドラマが人気になったように、文化的な交流は偏見をなくすきわめて有効な手段です。その意味でふたつの国の距離はずいぶん縮まってきましたが、ネット上では相変わらず、根拠のない露骨な「ステレオタイプ」を使った誹謗中傷が飛びかっています。

偏見や差別は、特定の集団や制度、そして個人に対する、合理的根拠のない歪められたイメージを使った攻撃です。それはときに、権力を持つ者たちが意図的に、特定の対象を攻撃するために使います。その好例はナチスがおこなったユダヤ人に対する迫害でしょう。特定の対象に汚名を着せて攻撃することで、仲間の団結力を高める戦略は、「スケープゴート」(scapegoat)化と呼ばれ、国家や民族といった大きな集団から、身の回りの人間関係にいたるまで、頻繁に見られる行動です。いったんこのような攻撃がはじまると、それに異議を唱えるのは、きわめてむずかしくなります。根拠のない偏見にもとづくだけに、同調しない仲間があらわれることを極端におそれ、押さえる力が働くからです。

偏見や差別は、その被害者になったときにこそ顕在化して、明確に自覚されると言えるでしょう。だからこそ、そういう立場にならないように、誰もが自分の弱みや欠点、あるいは汚点は隠そうとするのです。E.ゴフマンは、そのような負のしるしを「スティグマ」(stigma)と呼びました。スティグマは家畜や奴隷に焼きつける烙印を意味するギリシャ語を語源にします。負のしるしは、当然、負の「社会的アイデンティティ」の根拠になります。しかし、それに気づかれないように隠して生きるのは、常識化している偏見を認めることになります。

アーヴィング・ゴッフマン『スティグマの社会学――烙印を押されたアイデンティティ』(改訂版)石黒毅訳、せりか書房、2001年。

逆に、たとえばLGBTQ+であると公言し、同性間の結婚や結婚と同様の権利である「パートナーシップ」を認めることを要求したり、実名と顔を明かしてレイプ被害者であると訴えたり、女性がセクハラの被害体験を「# me too」と公言したり、顕在化させたりすることは、その「ステレオタイプ」が偏見で、そこには不当な差別があると訴える姿勢の表明に変わります。このような行動は、日本でも、LGBTQ+以前に、在日韓国・朝鮮人という立場などからなされてきましたが、他方でヘイト・スピーチやヘイト・デモなどもおこなわれる現実があります。

広告とブランド

ナオミ・クライン『ブランドなんか、いらない――搾取で巨大化する大企業の非情』松島聖子訳、はまの出版、2001年。

三田村蕗子『ブランドビジネス』平凡社新書、2004年。

「ステレオタイプ」には、人を魅了するために使う有効な武器という一面があります。その最たるものは広告でしょう。ベンツに乗ることが金持ちやセレブのしるしと思われたり、グッチやヴィトンのバッグを抱えて歩くことで、ヨーロッパのおしゃれなレディに変身できるかのように感じさせる仕組みです。しかし、本当にそうであるかは大いに疑問です。外車に乗るのは芸能人や成金、あるいはやくざだと揶揄される一面がありますし、ルイ・ヴィトンの日本での売りあげが一時期、世界全体の約25％（本国フランスでは8％）を占めるという現実は、それを持つことが特別ではないことを意味します。

エドワード・バーネイズ
Edward Bernays
1891-1995
「広報・宣伝（PR）の父」と呼ばれるアメリカ人広報マン。戦争宣伝から商品の売り込みまで、ありとあらゆる宣伝活動（プロパガンダ）に従事した。

とはいえ、モノを売るためには競合する商品と差別化して、より魅力的なイメージを付与させなければなりません。企業は広告によって、個々の商品はもちろん、「ブランド」によって企業イメージを高め、競合他社や製品との差別化を図り、売りあげを伸ばすことが至上命令になっているのです。そのことは、すでに一流と認知されている企業にとっても例外ではありません。信頼される「ブランド」もひとつの不祥事や商品の欠陥などで、そのイメージが地に落ちてしまうことは、枚挙にいとまがないほどの例があります。

多くのコマーシャルにはタレントや有名人が登場します。それはR. ジラールが「欲望の三角形」として指摘した、欲望喚起のメカニズムの応用です。つまり、人気者やよいイメージを持った人を使うことで、好意を持っている人やファンに、その商品に対する関心を喚起させ、欲しいと思わせることを目的にしていると言えるのです。

こういった戦略を広告に持ちこんだひとりであるエドワード・バーネイズは、そのことを、大衆の漠然とした欲望を具体的な消費の対象にふり向けて、それが自分のなかからおこる欲望だと思わせて消費行動に向かわせることだと言いました。「広告」はニュースに値するような状況を作りだす戦略であり、それがつくられたものとは思えないようにするための科学だというわけです。ここで「広告」がかきたてるのは、欲望だけではありません。清潔感と洗剤の関係については、すでに「ソープ・オペラ」というラジオ番組についてふれましたが、そのほかにも、健康不安と薬や保険など、テレビのCMを見れば気づくものは少なくないのです。

スチュアート・ユーウェン『PR!――世論操作の社会史』平野秀秋ほか訳、法政大学出版局、2003年。

→「羨望と嫉妬」「消費とコミュニケーション」

ナショナリズムとスポーツ

最後に、「ナショナリズム」や「愛国心」とスポーツの関係に顕著な「ステレオタイプ」についてふれましょう。オリンピックが「ナショナリズム」の発揚に使われたのはナチス政権下で開催されたベルリン・オリンピックからです。第一次世界大戦から第二次世界大戦にいたる激動の時代でした。戦後に開催された大会で目立ったのはアメリカとソ連が対立した冷戦構造がそのまま持ちこまれたメダル獲得競争で、共産圏諸国は国を挙げて選手の強化に取りくみました。そのような様相に大きな変化が見られたのは、アマチュア・スポーツの祭典という原則が崩れて、プロ選手が参加し、積極的に商業主義を取りこんだ1984年のロサンジェルス大会からでした。これ以降オリンピックは国家の威信をかけて戦うと同時に、大企業の宣伝にとっても重要な世界規模のイベントになります。

世界中にテレビで同時中継されて、数億、あるいは数十億の人たちの関心を集めるイベントは、スポーツをおいてほかにはありません。それは人びとが自国の選手やチームを応援して「ナショナリズム」や「愛国心」を自覚する格好の機会になりましたが、また同時に、世界中に市場を広げた多国籍企業が、そのブランドをさらに浸透させる宣伝の場にもなりました。ですから、サッカーのFIFAワールドカップといった歴史のある大会はもちろん、地味な競技の世界選手権、そしてゴルフやテニスなどの世界ツアーの大会が数多くテレビ中継されることになったのです。

このようなスポーツのイベントは、日本人にとってもまた、「ナショナリズム」や「愛国心」を自覚させる大きな機会になりましたし、海外に市場を展開する多くの企業の宣伝の場にもなってきました。そこにはもちろん、テレビ局がスポーツを、高い視聴率を稼ぐ人気のイベントとして育てあげたという一面があることも指摘しておく必要があるでしょう。「サムライジャパン」「なでしこジャパン」「日の丸飛行隊」といった命名は、そんな多くの思惑が絡んで考案された「ステレオタイプ」にほかならないのです。

香山リカ『ぷちナショナリズム症候群――若者たちのニッポン主義』中公新書ラクレ、2002年。

エクササイズ

＊日本人から見た日本人と外国人から見た「日本人」の違いを「ステレオタイプ」に注目して考えてみましょう。

＊私のなかにある「偏見」と「差別意識」を自覚的に検証してみましょう。

補論

映画と映画館

映画館で映画を見るのは、家でテレビを見るのとはずいぶん違います。映画がはじまれば館内は暗くなって、私たちはそこに居合わせた観客のひとりになります。上映中の入退場が禁止されているわけではありませんが、スクリーンに集中している人にとっては、気を散らす迷惑な行為と感じられるでしょう。その意味で、映画館での映画鑑賞は「集中的な視聴」を基本にしていると言えます。しかし、こういった態度は、映画の歴史のはじめからのことではありません。

加藤幹郎によれば、アメリカでの初期の映画は、街の教会、仮設テント、見世物小屋などで簡易的に上映され、1本の長さが数十秒から数分のストーリーもないフィルムが、細切れで上映されていたようです。新しいメディアである映画は、多くの人にとってはちょっとした気晴らしや好奇心で見るものであり、途中での入退場は当たりまえのことでした。また、初期の音のないサイレント映画の時代には、音を補うために、ピアノ伴奏があり、歌があり、ときには歌手と観客の大合唱がおこることもあったようです。まさに観客参加型のライブ・パフォーマンスの場だったと言えるでしょう。日本では、映像にあわせて語る弁士の話術が観客をスクリーンの世界に誘いこんで、映画をおもしろく、理解しやすいものにしましたから、観客たちの反応も、芝居小屋や演芸場のようににぎやかだったと言われています。

加藤幹郎『映画館と観客の文化史』中公新書、2006年。

そういった意味で、初期の映画館はクラシックのコンサートホールよりはパブやミュージック・ホールに近い、大衆的な娯楽の場としてはじまったと言えるでしょう。しかし、1930年代になると音の入ったトーキー映画が主流になり、映画の長編化やカラー化も重なって、観客に静かに集中して見ることを要求するようになりました。ニッケルオディオンと呼ばれる安価な常設映画館が普及して、映画館は多くの人を呼びよせる娯楽の中心になりましたが、同時に、視聴の仕方や楽しみ方が、コンサートホールほど厳格ではないにしても、自由に参加できるものではない、覗き型のコミュニケーションを前提にしたものにかわっていきました。

「対面、傍観、覗き」←

とはいえ、映画館での映画の見方は、その土地や観客、そして映画の種類によってかなり異なりました。たとえば『ニュー・シネマ・パラダイス』は第二次世界大戦後間もない時期の、イタリアの田舎（シチリア島）にある小さな映画館を舞台にしています。映画技師の老人と映画好きの少年のほのぼのとした関係を中心にした物語ですが、舞台になった映画館がその村の集会場であり、村人たちがそこに夜ごと集まってみんなで映画を見ることに大きな楽しみを見いだしている様子が描かれています。これは、都会で見ず知らずの人たちとたまたま同席して映画を見るのとはずいぶん違う光景で、日本ではその暖かい人間関係に共感して、多くの人が映画館に足を運びました。

『ニュー・シネマ・パラダイス』
映画監督として成功した男が、幼い頃に慕っていた映写技師アルフレードの訃報を故郷の母からの電話で知り、シチリアで過ごした少年時代、青年時代を回想する。葬儀のため帰郷した男は、アルフレードの形見のフィルムを渡される。映画への愛が詰まった作品。
ジュゼッペ・トルナトーレ監督
1989年、イタリア／フランス

また映画は、異国に移り住んだ人びとの文化的な適応に大きな役割を果たしたと言われています。映画の普及した20世紀の初頭には、イタリアや東ヨーロッパの貧しい人たちがアメリカに大挙して移住をしました。安価な映画は単に娯楽や気晴らしのためだけでなく、移民の英語教育やアメリカ文化に慣れるための第一歩としても機能したのです。もっともそれ以前に、ヨーロッパで貧しい暮らしをする人たちにとって、アメリカ映画はアメリカという国の物質的な豊かさや、それを誰もが手にするチャンスを提供する社会であることを強く印象づけました。同様のことは、日本においても第二次世界大戦後の地方から大都市への移動のきっかけになっているはずです。戦後にヒットした歌謡曲が東京への憧れと望郷の思いをテーマにしていたことを指摘しましたが、大ヒットした曲は必ず映画化もされて、多くの観客を動員したのです。

スチュアート・ユーウェン、エリザベス・ユーウェン『欲望と消費——トレンドはいかに形づくられるか』小沢瑞穂訳、晶文社、1988年。

「都会と田舎」←

日本の映画はテレビの急速な普及によって、瞬く間に斜陽産業になりました。他方でアメリカ映画は、テレビとは異なる世界を提供する娯楽として成長してきました。ここには、巨額の制作費をかけて、テレビにはまねのできない興奮や感動を味わうことのできる作品を作りだしたハリウッドの戦略がありました。しかも映画館は都心の繁華街ではなく、郊外のショッピング・センターに併設され、買い物のついでに見ることのできるものになりましたし、自動車に乗りながら見ることのできる施設もつくられました。

映画は、テレビとは違う楽しみや興奮を味わうことのできるメディアです。そのことが日本でも見直されて、洋画に勝る興行収入をあげる邦画が何本もつくられるようになりました。そこには、ビデオやDVD、あるいはネット配信による映画の楽しみ方とあわせて、映画館という場が持つ魅力が見直されてきたという理由も少なくないように思われます。

スポーツとメディア

スポーツが「ナショナリズム」を高揚させる手段として注目され、それがメディアによって実践されてきた歴史と現状については、すでに「ステレオタイプ」の章でふれました。ここでは、そのスポーツとメディアの関係について、アメリカとヨーロッパ、そして日本の対応の仕方の違いを軸に補足することにします。

→「ステレオタイプ」

スポーツを報道した最初のメディアは新聞でした。新聞はスポーツを出来事の報道として記事にしましたが、そこにはまた、スポーツが読者の関心を引き寄せて部数を拡大させる格好の材料であるという認識もありました。そのことにいち早く気づいたのはアメリカで、新聞は野球のメジャーリーグや大学のバスケットボールにオールスター・ゲームを導入するなどして、話題性を作りだすことに積極的でした。同様のことは、日本における新聞と野球の関係にも言えます。甲子園の高校野球は朝日新聞社と毎日新聞社が企画してはじめて、現在でも主催する大会ですし、プロ野球はそれに対抗して読井上俊・亀山佳明編『スポーツ文化を学ぶ人のために』世界思想社、1999年。

売新聞が立ちあげたリーグでした。対照的にイギリスの国民的スポーツであったサッカーのプロリーグは、新聞の時代はもちろん、ラジオやテレビが普及しても、メディアとの関係はあくまで試合結果の報道にかぎられました。それは、スポーツを呼び物にしてメディアの拡大を目指そうとする姿勢と、メディアによって観客が減ることをおそれたプロ・リーグの態度の違いだったと言えるでしょう。

ここにはもちろん、スポーツが心身を鍛錬する教育としてイギリスではじまったというアマチュアリズム信奉の精神の重視という理由もうかがえます。スポーツは見るものである前にするものである。こんな考えは、当然、プロスポーツをアマチュアとは違う、一段低いものと見なします。実際サッカーを観戦して楽しむのは労働者階級の人たちでした。たとえば、ウィンブルドンのテニス大会にプロの参加が認められたのは、開催されたときから90年後の1967年で、ここにはテレビの影響と商業化の波に抗しきれなくなったという事情を指摘することができます。

アメリカにおけるメディアとスポーツの関係は、アマチュアリズムよりはコマーシャリズムを優先した形で展開されました。アメリカでは『ニューヨーク・タイムズ』などの有力紙にしても、その購読者の範囲はかぎられています。ですから、メジャーリーグのファンもチームがある東部の大都市にかぎられていたのですが、ラジオの中継が全米をネットするようになると、チームのない南部や西部でも、それを聞いて楽しむファンが増えるようになりました。全米各地へのチームの分散を可能にしたのは、何よりジェット旅客機の開発による移動時間の短縮が理由ですが、そこにはまたテレビ中継によるファンの拡大という要因を見過ごすことができません。

日本においてもプロ野球の人気の高まりが、ラジオとテレビの中継に起因することは間違いありません。プロ野球は第二次世界大戦で中断された後、1950年にセントラルとパシフィックの2リーグに分かれて再開されています。テレビで中継がはじまったのは1953年からですが、読売巨人軍の試合を中心にしたためにセリーグの巨人と阪神だけに人気が偏って発展することになりました。さまざまな改革によって、こういった偏重はずいぶん是正されてきましたが、一部の球団を除けば財政的には赤字で、親会社の支えがなければ維持できない状況はかわっていません。

欧米のプロスポーツは、各都市を代表するチームと、それを支え、応援する市民たちとの関係を何より大事にして発展してきました。その原則は、小都市をフランチャイズにするマイナーリーグにも貫かれていて、それが財政や観客数はもちろん、選手層の厚みや育成のシステムを形成するうえで、重要な役割を果たしてきました。

宇佐見陽『大リーグと都市の物語』平凡社新書、2000年。

とはいえ、テレビ中継が国際的なものになって、財政的に豊かになったプロスポーツでは、巨額のお金を使って優秀な選手を獲得して、世界中にファンを持つチームへの改造を目指す傾向が目立つようになりました。そのことがかえってチームやリーグの財政を圧迫し、入場料の値上げが地元の人の観戦をむずかしくしています。

グローバル・ヴィレッジと部族的連帯

スポーツは新聞からはじまってラジオやテレビ、そしてインターネットと、メディアとの関係のなかで発展し、変容をしてきました。何かのスポーツのどこかのチームのファンになって応援すれば、選手やファン同士のあいだに連帯感を感じることができます。選手と同じユニフォームを着て、ボディ・ペインティングをすれば、そこにはひとつの部族集団があらわれます。オリンピックやサッカーのワールドカップは、そのイベントを世界大にして、数十億人もの人たちをひとつの試合に注目させるようになりました。

このような光景は今ではありふれていますが、M. マクルーハンが「グローバル・ヴィレッジ」（global village）と「部族的基盤」と名づけて指摘したのは、1960年代初頭のことでした。彼がそのとき念頭に置いたのはラジオや電話の聴覚メディアが主で、テレビに注目するのはしばらく後のことですし、コンピュータやインターネットはまだ登場していない時代のことです。

マクルーハンが「グローバル・ヴィレッジ」の概念と対比させたのは「グーテンベルクの銀河系」です。つまりグーテンベルクの印刷術がもたらした文化が、人びとの緊密なつながりよりは個人であることの重要性であったのとは対照的に、電子的なメディアの普及が、ふたたび部族を基盤にした連帯に回帰して、しかもそれが小さな集団ではなく、世界大規模の村にまで拡大するという指摘でした。

「話すことと書くこと」←

たしかに、映画やラジオ、テレビ、そして電話が普及した1960年代でも、ひとつの出来事や流行が世界中を駆けめぐる現象はおこりはじめていました。その典型は若者を対象にした音楽やファッションでしょう。たとえばビートルズのデビューは1962年ですが、イギリスはもちろんアメリカやオーストラリア、そして日本でも爆発的なヒットをして、それ以前のポピュラー音楽の状況を一変させました。

もっともマクルーハンは、電子メディアによってもたらされるグローバル・ヴィレッジと再部族化を肯定的にとらえていたわけではありません。彼はむしろ、ヒトラーがマイクロフォンとラジオを大衆の扇動にうまく使ったことなどを念頭に置きながら、口承的な世界が持つ感情的な伝染性に警鐘を鳴らしたのです。第二次世界大戦後の世界は、アメリカを中心にした資本主義諸国とソ連を中心にした共産主義体制が、核兵器の保有を競って争う冷戦構造を作りだしました。「グローバル・ヴィレッジ」とは、世界中の人たちがそんな危機的状況を共有させられるようになったことと、そういう危険から目を背けて楽しいことに夢中になる現実逃避の「部族的」な連帯意識を蔓延させた世界でもあったのです。

マクルーハンは現在では、メディア論の草分け的な存在として評価され、「ポップカルチャーの大祭司」(The High Priest

マクルーハン理論
『メディア論——人間の拡張の諸相』(みすず書房、1987年)や『グーテンベルクの銀河系——活字人間の形成』(みすず書房、1986年)はマクルーハンの代表作として知られている。そのほかにも、論文や雑誌のインタビューなど彼のエッセンスをまとめたものとして、マーシャル・マクルーハン、エドマンド・カーペンター『マクルーハン理論——電子メディアの可能性』(平凡社、2003年)やエリック・マクルーハン、フランク・ジンクリーン『エッセンシャル・マクルーハン——メディア論の古典を読む』(NTT出版、2007年)などがある。

of Pop-Culture）と呼ばれたりもしています。しかしアカデミックな世界では、その斬新すぎる発想ゆえに、まじめに受けとられることは少なかったと言えるでしょう。マクルーハンが他界したのは1980年ですが、当時の電子メディアの主役はまだテレビでした。彼が再評価されるのは、パソコンが普及しはじめた80年代の後半以降のことで、その真価が多くの人に認められるのは、インターネットが普及した90年代後半のことです。

現代は、世界中の多くの人たちが、同時に、ひとつのスポーツ・イベントに熱狂したり、ひとつの歌や曲に夢中になったり、同じような服装をしたり、同じようなものを食べたり、飲んだりする光景が当たりまえになった時代です。そしてまた、温暖化や公害、人口爆発と食糧難、そして資源の枯渇といった地球そのものの問題に直面して、何らかの対応に真剣に取りくまなければならない時代でもあります。

マクルーハンが「グローバル・ヴィレッジ」と言ったのとほぼ同じ時期に、アメリカの代表的な建築家だったバックミンスター・フラーは、このような危険を予見して、「宇宙船地球号」という概念を提案しました。有限な資源はいつかは枯渇してしまうし、廃棄したゴミはたまるばかりで消えることはないのですから、そこを改めなければ、地球という宇宙船はすぐにだめになってしまいます。そんなフラーの鳴らした警鐘が半世紀経って、きわめて切迫した問題として検討されはじめてきています。

もっともこのような危機は、人間にとってのものであって、地球自体にとっては関係ないことだとも言えます。誕生してから46億年も経過した地球には、全体が火の海であったときや凍結した時代があり、大陸と海の形や大気の成分も大きく変容してきているのです。その意味では、村や宇宙船としての地球という比喩があらわすのは、メディアの発達や物質的な豊かさがもたらした「世界」に閉じこもって、その外の様子に気づかない、私たちの意識にすぎないのです。

ポストコロナの時代
「グローバル・ヴィレッジ」や「宇宙船地球号」といった概念は、グローバリゼーションの理想を示唆している。気候変動や資源の枯渇、さらにはウイルスの脅威にさらされるポストコロナの時代に生きる私たちには、グローバルな協調が求められているのかもしれない。

A.カミュ『ペスト』宮崎嶺雄訳、新潮文庫、1969年。

グレタ・トゥーンベリ（2003-）

スウェーデンの環境活動家。2018年、15歳の時に「気候のための学校ストライキ」という看板を掲げて、気候変動対策をスウェーデン議会の外で呼びかけたことから、学生たちの間に学校ストライキのムーブメントが広がった。

マレーナ・エルンマン、グレタ・トゥーンベリ『グレタ たったひとりのストライキ』羽根由訳、海と月社、2019年。

R.バックミンスター・フラー『宇宙船地球号操縦マニュアル』芹沢高志訳、ちくま学芸文庫、2000年。

結　び

ここまで読んで、「コミュニケーション」について、今までとは違う見方、受けとり方、そして対応の仕方を自覚できるようになったでしょうか。ひょっとしたら、「コミュニケーション」が何なのか、どうおこなえばいいのか、かえってわからなくなったという人がいるかもしれません。きちんと理解するためには、勉強してきたことを幹と枝と根に分けて整理することが必要です。ここでは、最後に復習として、幹と根になる部分を中心に振りかえってみることにします。

「コミュニケーション」を考えるための出発点は、「分離」と「結合」、「コミュニケーション」と「ディスコミュニケーション」の関係としてとらえることでした。どんなに親しい関係でも、たがいが別々の人格であるかぎりは100パーセントの「結合」はありえませんし、まったく「分離」した間柄でも、関係がないことを確認しあい、表示しあうことは必要です。その意味では、私たちが持つ人間関係の両端を示す「親しき仲にも礼儀あり」と、「袖振りあうも多生の縁」ということわざを思い出すことが役立つでしょう。

アイルランドのロック・グループ「U2」の歌に、「君がいてもいなくても」という題名の歌があります。「ぼくは生きられない」とつづくこの歌に示されているのは、引きつけあう関係だけにまた反発もしあうという「結合」と「分離」をめぐる矛盾です。その原因は、たがいがそれぞれ、確固とした「アイデンティティ」を持っていること、持つべきだと考えていることにあります。人はひとりでは生きられない。けれどもまた、自分が自分でなくなるところにもいたくない。同様の問題は、恋愛や結婚はもちろん、友情、そして親子や家族の関係にも共通したものです。

この「アイデンティティ」の問題は、日本人にとっては、明治時代以降に近代化をめぐってあらわれました。夏目漱石や森鷗外、あるいは島崎藤村といった作家が描いたのは、「近代的な自我」の確立を目指す人間と、そこに立ちはだかり、つきまとう、伝統的な「自己意識」や人間関係との闘いでした。その自他がたがいに分離し、独立していることを前提にした欧米の人間関係は、現在でも、日本人のなかに定着しているとは言えません。そのことは、「個性」ということばが独立や孤立といった姿勢を欠いている点や、友だちの関係が同時に「世間」であるかのような、最近の若い人たちの状況にもあきらかでしょう。

亀山佳明『夏目漱石と個人主義――〈自律〉の個人主義から〈他律〉の個人主義へ』新曜社、2008年。

ことばとしては、また外見的には欧米から取りいれられたものなのに、日本では別の意味や用途として使われている。「コミュニケーション」はその最たるものだと言えるかもしれません。その意味で、この本では、「コミュニケーション」に関連して取りあげた多くのテーマについて、もともとはどこでどんな理由ではじまったものかという話題に注目しました。たとえば、「公衆」「公共の場」「社交性」「コミュニティ」、そして「社会」といったことばが持つ意味の違いは、「コミュニケーション」について考える上で、かなり重要な点になったはずです。その意味では、右図のように、自らが日常的におこなっている「コミュニケーション」を、「アイデンティティ」と「コミュニティ」との関係でとらえてみることが大事だと言えるでしょう。

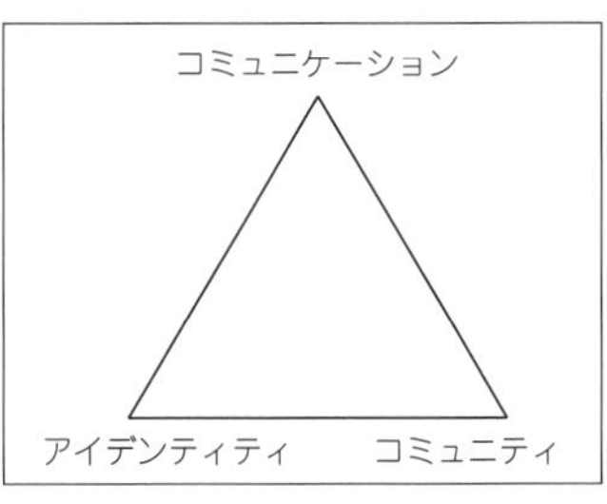

ことばは「コミュニケーション」にとって、最も基本となるメディアです。ことばがわからなければ、意思の疎通はうまくはいきません。しかし、ことばが万能なものではなく、表現されたことばが、伝えたい思いの一部でしかないと感じることは、たとえば「ことばにできないほど悲しい」といった言い方にあらわされています。「話せばわかる」といった言い方がある反面で、「言わぬが花」ということわざもあります。はっきり言うことと、あえて言わないことのあいだに

は、また、「分離」と「結合」に対する意識の違いにもとづいた、「コミュニケーション」についての欧米と日本のズレがあります。そのことはたとえば、京都で古くから言われている「ほんまのことは言うもんやない、わかるもんや」という戒めにうまくあらわされていると言えます。

人間関係における「結合」と「分離」は、そのなかで意図的に表示するものと隠すものの関係にも当てはまります。「タテマエ」は「ホンネ」を隠しますし、「嘘」は「本心」を隠します。化粧は「素顔」を、衣服はからだを隠すためのものだと言うこともできるでしょう。何かを表示すれば、それによって何かが隠されるわけです。ところが、「結合」と「分離」が曖昧に同居するといった場合も少なくありません。「遊び」は矛盾しあうメッセージを同居させることで成りたつ行為ですし、同様のものには「ダブルバインド」や「コケットリー」などがありました。こういった特徴はまた、喜怒哀楽といった感情と結びついて、その時々の微妙な気持ちを複雑に表面化させることになります。コミュニケーションの難しさを実感する一番のポイントと言えるでしょう。

もうひとつ、「メディア」と「コミュニケーション」について考える際にも、基本は「結合」と「分離」でした。つまり、「コミュニケーション」を可能にする「メディア」は、どんなものでも、「結合」させる部分と「分離」させる部分をもっていて、それが「メディア」特性になるという点です。

音だけ、映像だけ、一方向性、時間差といった制約が、逆に、ほかの「メディア」との違いを目立たせ、そこに独特の使い方や特性を作りだすことは、さまざまな「メディア」についてふれた章で考えてきたことです。現在では、その個々に多様な特性を持つ「メディア」を用途によって使いわけることが当たりまえになっています。ただ便利だというだけでなく、使いながら、ときにその特性を考えてみると、個々のメディアが成りたたせている「コミュニケーション」の特質を見つけるきっかけが見つかるかもしれません。

新版 あとがき

この本の初版が出版されてから10年が経ちました。その間、いくつもの大学で講義のテキストとして使われ、増刷を重ねてきました。監修者としては感謝の念に堪えませんが、それだけに、この10年のさまざまな変化に対応して、改訂版を出さねばという気持ちになりました。

「コミュニケーション」について考えた時に、この10年で何が変わったのでしょうか。最も気になったのはメディア、とりわけインターネットとそれを利用するデバイス（道具）の進化でした。スマホが普及してケータイがガラケーと呼ばれるようになり、iPadなどのタブレットが生まれて、PCがインターネット利用の主ではなくなりました。いつも携帯しながら必要な情報をネットで調べることができる。あるいは社会的ネットワークに多様なものが生まれ、SNSと総称されて、個人間はもとより、政治や経済、あるいは社会についての情報の発信・受信に利用されるようになりました。

このような変化にともない、モノの消費の仕方にも変化があらわれましたし、文化的な事柄の発信や表現と、それらの享受の仕方も変わりました。また、「コミュニケーション」や「人間関係」にかかわる変化は、ほかにもいろいろありました。少子高齢化が進行し、家族の形が変わりつづけていますし、恋愛や結婚の形、そしてそもそも男と女という性別のあり方にも疑問が呈され、LGBTに代表される多様な性を主張する運動が、多くの国で正当なものとして認知されるようになりました。

今回改訂した部分の多くは、このような変化に対応したもので、「ネット社会」と「スマホとネット」の章はほぼ全面改訂となりました。もちろんこのような変化は、継続中ですから、数年後にはまったく新しい道具や機能が生まれて、それが主要なものになることがあるかもしれません。

もちろん、このような変化にもかかわらず、ほとんど変える必要がないテーマもありました。たとえば理論的な内容を主にしたPart1では、「コミュニケーション」や「人間関係」について、画期的な理論が登場していないこともあって、修正はごくわずかです。また、それぞれのテーマでの歴史的な事柄を扱う記述についても、大きな変更はなされていません。その意味では、この本全体では、新版とするほどの大きな修正は施されていないと言えるかもしれません。

ただし、大きな予兆は感じています。改訂版を出すことを決めた時点で直面したのは新型コロナ・ウイルスの世界的な蔓延と、その対応に苦慮する各国の様子でした。これは20世紀初頭に起きた「スペイン風邪」以来の大きな出来事ですが、政治や経済、社会や文化のあらゆる面にわたって、大きな変化をもたらす危険性や可能性があるように思います。

民主主義が崩壊してしまうのか、新しい形で進化するのか。グローバル化が退行してしまうのか、別の形があらわれるのか。経済活動の休止によって、大気や水の汚染が緩和されましたが、これを機会に、環境問題に真剣に取り組む機運が盛りあがるのか、あるいは沈滞した経済活動を、復活させ、経済成長に力を注ぐのか。そんな大きな岐路が今やってきたと言えるのかもしれません。このことは当然、私たちの暮らしや人間関係にも大きな変化をもたらすでしょう。そうであれば、このテキストにも全面的な変更が必要になります。

最後に私的なことを。監修者である渡辺は大学を退職し、研究者としても一線を退きました。一緒にこの本を作った人たちも、すでに若手ではなく中堅と言われる世代になりました。したがって、どこをどう修正するかについては、共著者の人たちに任せることを基本にしました。大変な状況のなかでの改訂作業になり、携わったすべての方々に感謝をしておきます。

写真クレジット

p. 27 『カッコーの巣の上で』	カッコーの巣の上で ブルーレイ ￥2,381＋税／ DVD ￥1,429＋税 ワーナー・ブラザース ホームエンターテイメント Ⓒ 1975 Warner Bros. Entertainment Inc. All Rights Reserved.
p. 61 『絶対の愛』	絶対の愛 DVD 発売中 3,800 円（税抜） 発売元：株式会社ハピネット 販売元：株式会社ハピネット ©2006 KIM Ki-duk Film.All rights reserved.
p. 101 『お葬式』	「お葬式 Blu-ray」 Blu-ray 発売中 ￥4,700 ＋税 発売・販売元：東宝 ©1984 伊丹プロダクション
p. 143 『さらば青春の光』	さらば青春の光 Blu-ray：1,886 円＋税／DVD：1,429 円＋税 発売元: NBC ユニバーサル・エンターテイメント
p. 217 『ザ・トゥルー・コスト』	ザ・トゥルー・コスト～ファストファッション真の代償～ 配給元：ユナイテッドピープル 個人観賞用 DVD 3,500 円（税別） 教育機関用 DVD 30,000 円（税別）

※上記は 2020 年 11 月 30 日現在の情報です

人名索引

【あ行】

【か行】

【は行】

【ま行】

【や行】

【ら・わ行】

事項索引

【あ行】

【か行】

【さ行】

【た行】

【な行】

【は行】

【その他】

監修者紹介

渡辺 潤（担当：序、Part 1-1〜7 章、補論、Part 2-10 章、11 章、補論、結び）
東京経済大学コミュニケーション学部教授を経て、現在、東京経済大学名誉教授
『アイデンティティの音楽——メディア・若者・ポピュラー文化』（世界思想社、2000 年）、『〈実践〉ポピュラー文化を学ぶ人のために』（共編著、世界思想社、2005 年）、『ライフスタイルとアイデンティティ——ユートピア的生活の現在、過去、未来』（世界思想社、2007 年）、クリス・ロジェク『カルチュラル・スタディーズを学ぶ人のために』（共訳、世界思想社、2009 年）、『「文化系」学生のレポート・卒論術』（共編著、青弓社、2013 年）、『レジャー・スタディーズ』（編著、世界思想社、2015 年）

執筆者紹介（執筆順）

佐藤生実（担当：Part 2-8 章、Part 3-15 章、Part 4-27 章）
武庫川女子大学ほか講師
クリス・ロジェク『カルチュラル・スタディーズを学ぶ人のために』（共訳、世界思想社、2009 年）、「ファッション・リサイクルの現在」（『武庫川女子大学生活美学研究所紀要』24 号、2014 年）、『発表会文化論——アマチュアの表現活動を問う』（共著、青弓社、2015 年）、『レジャー・スタディーズ』（共著、世界思想社、2015 年）

武田和彦（担当：Part 2-9 章、Part 3-17 章、19 章、補論、Part 4-補論）
白梅学園大学・短期大学事務職員
「「アイドル」の変遷——日本の「アイドル像」の成立過程を巡って」（東京経済大学『東経大論叢』29 号、2008 年）

加藤裕康（Part 2-12 章、Part 3-18 章）
聖学院大学、関東学院大学ほか講師
『ゲームセンター文化論——メディア社会のコミュニケーション』（新泉社、2011 年）、『デジタルゲーム研究入門——レポート作成から論文執筆まで』（共著、ミネルヴァ書房、2020 年）、『多元化するゲーム文化と社会』（共著、ニューゲームズオーダー、2019 年）、「ビデオゲームはスポーツなのか」（『中央公論』1618 号、2018 年）、『現代メディア・イベント論』（共著、勁草書房、2017 年）

三浦倫正（みうらみちまさ）（担当：Part 2-13 章、Part 3-21 章、Part 4-28 章）
桜丘中学・高等学校教諭
『「文化系」学生のレポート・卒論術』（共著、青弓社、2013 年）、『レジャー・スタディーズ』（共著、世界思想社、2015 年）、『「趣味に生きる」の文化論——シリアスレジャーから考える』（共著、ナカニシヤ出版、2021 年）

瀬沼文彰（せぬまふみあき）（担当：Part 2-14 章）
西武文理大学サービス経営学部准教授
『キャラ論』（Studio Cello、2007 年）、『笑いの教科書』（春日出版、2008 年）、『ユーモア力の時代』（日本地域社会研究所、2018 年）

宮入恭平（みやいりきょうへい）（担当：Part 3-16 章、補論、Part 4-22 章、26 章、補論）
法政大学、関東学院大学ほか講師
『ライブハウス文化論』（青弓社、2008 年）、『「文化系」学生のレポート・卒論術』（共編著、青弓社、2013 年）、『発表会文化論——アマチュアの表現活動を問う』（編著、青弓社、2015 年）、『J-POP 文化論』（彩流社、2015 年）、『ライブカルチャーの教科書——音楽から読み解く現代社会』（青弓社、2019 年）、『「趣味に生きる」の文化論——シリアスレジャーから考える』（共著、ナカニシヤ出版、2021 年）

川又実（かわまたみのる）（担当：Part 3-20 章）
四国学院大学社会学部准教授
「「郡上村」の窓から異世界を俯瞰する——むらの社会・文化は《変化》を止めない」（共著、東京経済大学『コミュニケーション科学』41 号、2015 年）、『地域活性化の情報戦略』（共著、芙蓉書房出版、2017 年）、「事業主における「地域」イメージ——香川県善通寺市を事例に」（四国学院大学『論集』156 号、2019 年）

吉田達（よしだいたる）（担当：Part 4-23〜25 章）
東京経済大学ほか講師
『ケータイ社会論』（共著、有斐閣、2012 年）、「ネット社会と自由の伝統」（共著、東京経済大学『コミュニケーション科学』27 号、2007 年）、「オンライン・コミュニケーションと「集まり」の構造——ネット社会と自由の伝統（その 2）」（共著、東京経済大学『コミュニケーション科学』29 号、2009 年）

新版　コミュニケーション・スタディーズ

2021年2月10日　第1刷発行　　定価はカバーに
2022年5月20日　第2刷発行　　表示しています

監修者　渡辺（わたなべ）　潤（じゅん）

発行者　上原寿明

世界思想社

京都市左京区岩倉南桑原町56　〒606-0031
電話 075(721)6500
振替 01000-6-2908
http://sekaishisosha.jp/

(印刷　太洋社)

落丁・乱丁本はお取替えいたします

日本音楽著作権協会（出）許諾第2009660-202号

ISBN978-4-7907-1748-5